Annegret Schowalter

Tauchnitzhaus

Ein Vorwende-Roman aus Sachsen

Impressum

Reihe Leben | Rellin Verlag

Autorin | Annegret Schowalter

Herausgeberin | Martina Rellin
Gestaltung | Rellin Schreibwerkstatt
Fotos | AS
Druck | BoD Norderstedt
ISBN | 978-3-9814798-6-7
www.rellinverlag.de
info@rellinverlag.de

Alles muss klein beginnen,
lass etwas Zeit verrinnen.
Es muss nur Kraft gewinnen,
und endlich ist es groß.*

Gerhard Schöne

*Aus dem Mutmachlied für einen Aufbruch, CD 1,
Du hast es nur noch nicht probiert, Titel 11, 1988)

Vorwort

Liebe Leserinnen und liebe Leser,

irgendwann an einem Tag mit launischem Aprilwetter packte mich die Arbeitswut: Ich nahm mir das Arbeitszimmer vor, öffnete den alten Büroschrank und zog beinahe vergessene Umzugskartons aus der Ecke neben dem Schreibtisch. Die verschiedensten Fotoalben tauchten auf: aus meiner Kindheit und Jugendzeit, aus NS-Zeit und Krieg. Nach dem Einzug ins renovierte elterliche Haus vor fünfzehn Jahren hatte ich in den Schrank Vieles eilig hineingestopft. Nun quoll es hervor: Schulhefter, Mappen aus der Zeit der Berufsausbildung, Poesiealben, Zeugnisse, Mietverträge, Lose-Blatt-Sammlungen, Abizeitung, Trauerkarten von Mutters Tod, Bastelarbeiten der Kinder und und und.

Ein kunterbuntes Durcheinander, mein ganzes Leben lag offen – und zog wie im Zeitraffer an mir vorbei. Zu guter Letzt flatterten mir auch noch die kopierten Blätter mit dem Aufdruck *BStU* (Bundesbeauftragter für die Unterlagen der Staatssicherheit der ehemaligen DDR) entgegen: meine Stasi-Akte.

Das war die Initialzündung. Ich wusste plötzlich: Ich will anfangen mit dem Schreiben. Es entstand nach und nach die Geschichte der Angelika Findeisen, deren Leben teilweise durchaus ähnlich verlief wie das meine. Deren Verwandte und Freunde natürlich ganz andere waren als meine, aber die vergleichbar viel Glück oder Pech hatten wie die Menschen, die ich kannte und kenne.

Beide erblickten wir, also Angelika und ich, das Licht der Welt Mitte der 1950er Jahre. Unsere Eltern und Großeltern waren geprägt von einem oder gar zwei schrecklichen Kriegen. Die Soldatenzeit der Väter war präsent und auch die NS-Zeit der Mütter im *Bund Deutscher Mädel* wirkte mehr oder weniger unterschwellig lange in die Kinderjahre hinein. Wie sich meine Mutter auskannte in der Natur, was sie alles wusste über Pflanzen, Bäume und Pilze! „Das haben wir alles im Seminar gelernt", sagte sie immer. Ganz genau hieß das: *Nationalsozialistisches Kindergärtnerinnenseminar.* Und immer, wenn sie eines der vielen ihr bekannten deutschen Volklieder sang, kam von ihr der Nachsatz: „Das war doch unsere Jugend!"

Es ist schwer auszuhalten, wenn gerade besonders geliebte Verwandte, wie Tante Lene in Angelikas Geschichte, unerschütterlich an Hitler geglaubt haben. Auch ich habe diese Erfahrung gemacht und im Tagebuch meiner Lieblingstante lesen müssen: Jetzt haben doch diese Halunken versucht, unseren Führer umzubringen! Den Nachlass dieser Tante aus ihrer sowjetischen Haft in Bautzen nach dem Krieg habe ich im Jahr 2010 an die inzwischen in Bautzen etablierte Gedenkstätte übergeben.

Wie sich die Naziherrschaft und die Gräuel des Krieges in den Köpfen und Herzen unserer Eltern verarbeiten ließen, davon habe ich bis heute nur eine vage Ahnung und bedauere es zutiefst, nicht intensiver nachgefragt zu haben. Jetzt ist es zu spät.

Die frühen Kinderjahre verlebte Angelika, ähnlich wie ich, behütet und in Harmonie. Eine sächsische Kleinstadt-Welt mit ihrer schönen Umgebung und all ihrer Idylle und Abgeschirmtheit bot dafür den beschaulichen Rahmen.

Mehr Dynamik ins Mädchenleben kam mit der Pubertät und dem wachsenden Bewusstsein dafür, wie eingesperrt und benachteiligt man in der DDR lebte. Freundeskreise und auch die Kirche boten einen geschützten Raum, in dem wir uns treffen konnten und wo Kommunikation mit Gleichgesinnten möglich war. Zum Beispiel in der *Jungen Gemeinde* fanden wir eine Nische, in der wir uns wohlfühlten. So war die sozialistische Schule mit ihrem ideologischen Druck halbwegs zu ertragen.

Der andere Teil Deutschlands, der Westen, war für Angelika wie für mich gleichermaßen ein Sehnsuchtsort, das ferne unerreichbare Paradies. Lediglich Rentner aus der DDR durften dahin reisen. Sie kamen meist mit mühsam geschlossenen Koffern zurück, prall gefüllt mit West-Ware, an die in der DDR kaum einer herankam. Nur zu gut erinnere ich mich an Bittbriefe, die ich als Teenager an meine Patentante in Hannover schrieb, beispielsweise wünschte ich mir ein Paar kniehohe Lederstiefel in Beige. Und ich bekam sie, welch ein Fest!

In diesem Buch finden sich an einigen Stellen Auszüge aus der fiktiven Stasi-Akte der Angelika F. – ich selbst habe in all den Jahrzenten in der DDR niemals irgendeine Berührung mit der Staatssicherheit wahrgenommen. Umso erstaunter war ich später darüber, was alles in meiner Stasi-Akte zu lesen war. Über irgendwas musste wohl berichtet werden, selbst wenn nur der Kleidungsstil Gegenstand war.

Zur *Wendezeit* 1989/90 in Leipzig zu leben, das hatte schon etwas Atemberaubendes. Die Entwicklung in der DDR von der letzten, vollständig manipulierten Kommunalwahl im Mai 1989 bis zum Fall der Mauer im November desselben Jahres mit dem Anschwellen der Montagsdemonstrationen, der Gewalt und den Verhaftungen bis hin zum Gelingen der

Friedlichen Revolution – dies alles gehört für mich zu den Wundern der deutschen Geschichte.

Angelika durchlebt diese Ereignisse verwoben mit ihrer unglückseligen Ehe-Story. Immer wieder wird sie durch die neuen Wendungen und Möglichkeiten im gesellschaftlichen wie politischen Leben davon abgehalten, im Privaten konsequente und zukunftsträchtige Entscheidungen im Interesse ihrer Kinder zu fällen. Gelingt ihr der Bruch, wird ihr eine neue Zukunft offenstehen?

Ich habe in dem hier vorliegenden Band mit großer Freude und in vielen Stunden versucht, ein ostdeutsches Leben – oder besser: die erste Hälfte davon – zu skizzieren. Wir erleben Angelika als Vorschulkind, als *FDJlerin,* als Abiturientin, als junge Ehefrau und Mutter, als Krippenerzieherin und später als Erzieherin im evangelischen Kindergarten – von den 1960er Jahren bis zur Wendezeit und den Anfängen im vereinten Deutschland. Wir sehen zwischendurch immer wieder, was die Staatsicherheit für berichtenswert erachtet. Und wir können nachempfinden, wie das Leben in der DDR in dieser Familie lief, wie man sich *durchschlängelte* und versuchte, das Beste aus allem zu machen.

Und dann? Wie Angelika die immensen Umbrüche und Neuanfänge nach der deutschen Wiedervereinigung meistert, wie sie sich später in Bayern behauptet und was das Leben in der zweiten Hälfte für sie bereithält – davon wäre in einem weiteren Buch zu berichten.

Viel Freude beim Lesen wünscht

Annegret Schowalter

Inhalt

Ermittlungsbericht 12.06.1963

Personalien:
Findeisen, Ernst
Findeisen, Hannelore
Findeisen, Angelika, geb. 27. 05. 1956

Die Eheleute Findeisen gehören der Intelligenzschicht an. Sie bewohnen ein luxuriöses Eigenheim und besitzen derzeit einen PKW Wartburg, vorher Moskwitsch. Von ihrer Einstellung und Lebensauffassung her werden sie als sehr "bürgerlich" bezeichnet. Die Eltern verhalten sich in politischer Hinsicht stets zurückhaltend und äußern sich kaum. Sie sind zu schlau, ihren wahren Standpunkt preiszugeben.
Als "Einzelkind" erhielt die A. so gut wie jeden Wunsch erfüllt und wird weitgehend von Problemen ferngehalten. Sie wird zu gutem Benehmen und Höflichkeit angehalten. A.F. ist ein freundliches Mädchen von zarter Konstitution mit einem guten Gesundheitszustand. In ihrer Persönlichkeit wird sie als eher labil bezeichnet. Sie ist stets sauber, ordentlich und oft auch modisch gekleidet.

Unterschrift: gez. IME Braun

Unter der Käseglocke (Jan. 1961 - Jan. 1968)

Wadenwickel

Tauchnitz, Januar 1961

„Darf ich wenigstens unten im Wohnzimmer aufs Sofa und fernsehen, Mutti? Ach bitte!“ Hannelore Findeisen bleibt hart: „Nein, Geli, heute ist Bettruhe angesagt. Mit deinem Fieber bleibst du hier oben in deinem Zimmer und ruhst dich aus. Erst mal sehen, was die Ärztin sagen wird.“ – „Oooch nee!“, faucht Angelika wie ein widerspenstiges Kätzchen und dreht sich mit einer heftigen Bewegung zur Wand. Sie stößt die ungeliebte Käte-Kruse-Puppe in hohem Bogen beiseite und zieht sich die Bettdecke über ihren Blondschopf. Los, geh, Mutti! Geh endlich raus aus meinem Zimmer, grollt die Fünfjährige lautlos. Endlich hört sie das Knarzen der Türschwelle vom Kinderzimmer zum Flur und lugt vorsichtig unter der Decke hervor. Keiner mehr zu sehen. Das Mädchen wirft sich herum und stöhnt. Das kann ja ein öder Tag werden.

Draußen im Korridor hört sie Mutters Stimme: „Ernst, sei so lieb und ruf in der Kinderarztpraxis an. Wir brauchen einen Hausbesuch. Angelika ist glühend heiß, ich sorge mich wirklich sehr!“ – „Wird erledigt, meine Liebe“, antwortet Ernst Findeisen sachlich-zackig aus seinem Arbeitszimmer. „Beruhige dich bitte, Hanne. Ich weiß, du musst an Christine denken. Aber das hier ist ganz sicher nichts Schlimmes.“ Ernst tritt auf den Flur hinaus, schaut gütig über seine Goldrandbrille und streckt etwas unbeholfen die Hand aus, um seine Frau am Oberarm zu berühren. Hannelore weicht ihm aus und rennt bereits geschäftig die Treppe des Einfamilienhauses hinunter. „Lauf doch nicht davon, Hanne!“, hört Geli ihren Vater noch rufen. Das ist ihr jedoch egal. Sie ist heute eine Gefangene.

Die Ärztin hat ihren Besuch für den Nachmittag angekündigt. Geli langweilt sich über den Tag entsetzlich, sie grummelt und schimpft in Gedanken vor sich hin. Es hilft nicht viel, dass Mutter ihr nach dem Frühstück ein Kapitel aus *Zäpfelkerns Abenteuer* vorliest und ihr das *Paul-Simmel-Buch* mit den lustigen Karikaturen bringt. Die Stunden ziehen sich dahin wie zäher Sirup.

Um die Mittagszeit hört Angelika ihren großen Halbbruder Gerhard aus der Schule heimkommen. Gleich ruft sie ihn voller Hoffnung zu sich: „Bitte, Gerhard, darf ich mir ein paar von deinen Micky-Maus-Heften angucken? Mir ist so langweilig!“ – „Hm, meinetwegen. Sei vorsichtig damit, ja? Du weißt, die sind aus dem Westen. Und ich muss jetzt fürs Abi büffeln ... uff!“ Ah, Micky Maus, das fetzt, freut sich Geli. Sowas gelingt ihr beim Großen nicht oft, die zerlesenen Hefte sind ihm heilig.

Gegen Abend schellt die Haustürklingel, gleich darauf hört Geli die Ärztin im Treppenhaus munter mit den Eltern plaudern. „Sie wohnen hier wirklich besonders schön, mit diesem Ausblick, beneidenswert. Und der große Garten ist so gepflegt, wie schaffen Sie das, neben Ihrer Zahnarztpraxis?“ – „Sie haben recht“, antwortet Hannelore nicht ohne Stolz, „da hat mein Vater seinerzeit ein gutes Händchen gehabt bei der Wahl des Bauplatzes. So schlimm ist das nicht mit dem Garten, wir bewältigen es gemeinsam, nicht wahr, Ernst?“

Hannelore nimmt der Ärztin den Mantel ab und begleitet sie nach oben zum Kinderzimmer. Am Krankenbett wendet sich die Ärztin mit dem merkwürdig hinkenden Gang an Geli: „Na, mein zartes Spätzchen, hast du schlechte Laune?

Das geht vorbei. Lass mal sehen." Frau Doktor untersucht das Kind und überschaut schnell die Situation: harmloser bakterieller Infekt. „Legen Sie ihr Wadenwickel an, Frau Findeisen, auch ruhig einen feuchten Halswickel, bei Bedarf Fieberzäpfchen, dazu stündlich gurgeln und viel trinken, dann ist die Kleine in ein paar Tagen wieder fit. Keine Sorge, das steckt Angelika locker weg!" Die erfahrene Ärztin weiß nur zu gut, woher die übergroße Sorge der Eltern Findeisen rührt: Das erste gemeinsame Kind, die kleine Christine, hatten sie im Alter von fünf Jahren verloren.

Vatis Praxis

Tauchnitz, Februar 1961

Dicker Schneematsch liegt vorm Haus, unablässig tropft es vom Dach. Ernst Findeisen kommt für die Mittagspause aus der Zahnarztpraxis nach Hause und steigt laut schimpfend aus dem Auto: „Eine Schande ist das, die Straßen in der Stadt sind so schlecht geräumt, man kommt kaum vorwärts!" Hannelore, die bunte Trägerschürze vorm Bauch, hält die Haustüre auf: „Jetzt komm rein, der Kartoffelbrei wird kalt und die Leber hart."

Schnell nimmt Ernst am Esstisch Platz und breitet die Damastserviette auf seinem Schoß aus. Geli schnuppert. Der vertraute Zahnarztgeruch – er gehört einfach zu Vater dazu. Bei Tisch ist heute, wie so oft, die Praxis Gesprächsthema, Geli kennt das zur Genüge. Ihr Vater spricht von KO-Patienten. Geli stutzt. „K.o., wie beim Boxen?", fragt sie dazwischen. Die Mutter zieht die Augenbrauen hoch und sieht die Kleine scharf an. „Psst, wir haben was zu besprechen. KO steht für Kieferorthopädie. Iss bitte weiter!" Ernst wendet sich an seine Frau: „Hanne, wenn ich mit den KO-

Behandlungen anfange, gibt es vorher Einiges zu bedenken. Die viele Schreiberei zum Beispiel und das Verschicken der Gipsmodelle, das könntest du übernehmen. Und auch die Fragebögen mit den Eltern gemeinsam ausfüllen. Zwei Nachmittage pro Woche in der Praxis, kannst du dir das vorstellen? Für den Haushalt suchen wir uns jemanden." Dabei schaut er zu seiner Tochter hinüber und lächelt sie kurz an. Aha, denkt sich Geli, da wird sich wohl was ändern im Haus.

Hannelore ist in Gedanken schon ganz in der Praxis: „Na, Erfahrung habe ich sicher genug, in Großvaters Praxis hab ich als junges Mädel auch mitgeholfen, das weißt du ja, Ernst."

Jetzt tauschen sich die Eltern über die mehr oder weniger nervigen Patienten aus: „Stell dir vor, Hanne, unser Stammpatient der Uhrmachermeister, heute wieder mal typisch: Seit Wochen quälen ihn Beschwerden, aber er lässt sich nicht in der Praxis sehen. Und dann ist er verwundert, wenn er plötzlich 'ne gehörige dicke Backe bekommt! Ausgerechnet am Freitag sitzt er endlich im Wartezimmer, vorm Wochenende! Nicht zu fassen!" Hannelore pflichtet ihrem Ehemann wie gewöhnlich bei, in der ihr eigenen resoluten Art: „Genau, Ernst, und da kannst du noch froh sein, dass er dich nicht am Sonntag rausgeklingelt hat. Hatten wir ja auch schon. Was die Leute sich so denken."

Nachmittags hat Hannelore Einkäufe in der Innenstadt geplant. „Zuerst muss ich aber zu Vati in die Praxis und mir Geld holen. Jetzt trödele nicht so herum, Geli, sonst ist im Gemüseladen alles ausverkauft." Ungeduldig wartet Hannelore, bis Angelika ihre Schuhe zugebunden hat und schon laufen sie los. Durch das düstere und feuchte Treppenhaus des Gebäudes am Marktplatz geht es hinauf in den ersten Stock in die Zahnarztpraxis. Geli mag den Geruch hier: Eine Mischung aus Plumpsklo und Nelkenöl, unverwechselbar – und für Geli zeitlebens ein Stückchen Heimat. Selbst das schrille Kreischen des Bohrers hat für sie nichts Furchterregendes an sich, zumindest, solange sie nicht selbst auf den Behandlungsstuhl muss.

Ihr Vater steht im langen weißen Kittel am Behandlungsstuhl, während Hannelore auf ihn zutritt. „Ernst, ich muss einkaufen ..." Ernst nickt kurz und führt die Hand mit einer ausladenden Bewegung unter seinen am Rücken geöffneten Kittel zur Geldbörse in der Hosentasche. Dabei schlägt der weite Kittel zur Seite und Geli denkt unwillkürlich an einen Engelsflügel, der sich da bewegt. Auf Zehenspitzen verlassen Mutter und Tochter die Praxis.

Petronella Postler — Tauchnitz, März 1961

Wie wird das werden, wenn Mutter bald nicht mehr immerzu zu Hause ist, fragt sich Geli. „Mutti, wenn ich aus der Schule komme, wer ist dann da?" – „Keine Sorge, Süße. Ich geh immer erst um zwei in die Praxis. Gerhard ist im Haus, solange er noch in Tauchnitz wohnt. Und du wirst immer älter und kannst bald mal ein paar Stunden allein bleiben. Ach, und dann kommt in Zukunft Frau Postler zweimal die Woche und hilft mir beim Saubermachen. Sie kann übrigens auch nähen! Und sie ist sehr nett." Geli versucht sich eine Putzfrau an der Nähmaschine vorzustellen, es gelingt ihr nur schwer, sie ist gespannt.

Die temperamentvolle Frau Postler steht eines Morgens aufgeregt plappernd im Hausflur der Findeisens, um ihren

Dienst anzutreten. Geli hält sich an der Küchenschürze ihrer Mutter fest. Resolut kommt die Postlern auf die Kleine zu und spricht sie lächelnd an: „Guten Morgen, junges Frollein, ich bie de Petronella Postler, ich kumm aus Nixdorf im Biehmschen. Dort rollen alle so mit dem ‚R', da staunst du, woas? Hahaha, mir wern uns schon vertroagen, nich woahr?" Geli weicht noch ein Stück hinter Mutters Bein zurück und wundert sich. Sie beobachtet, wie Frau Postler sich unter unablässigem Geschnatter einen merkwürdigen Turban um den Kopf schlingt. Warum muss diese komische Frau beim Putzen wie der *Kleine Muck* aussehen?

„Mutti, wie redet die Frau denn? Und wo kommt sie her?" Geli schaut ihre Mutter mit großen Kulleraugen an. „Das ist der typische Dialekt der Deutschen aus Böhmen", erfährt sie. „Nach dem Krieg durften die nicht mehr in Tschechien wohnen. Über die Vertreibung dieser Leute wirst du später in der Schule noch hören, vielleicht. Jetzt lass uns mal arbeiten!" Geli weiß Bescheid: Jetzt der Mutter lieber aus dem Weg gehen.

Hannelore schildert Ernst am Abend, wie es ihr mit der neuen Haushaltshilfe ergangen ist: „Stell dir folgende Szene vor, Ernst: ‚Frau Findeisen, hatten Sie hier schon poliert?', so hat die Petronella mich kontrolliert. Dabei hat sie emsig mit dem Fensterleder auf der Glasplatte herumgewienert, als wäre da alles noch mordsdreckig. Und sie wollte unbedingt sofort alle Betten sommern, weil der Wind draußen so schön blödern würde, wie sie es ausdrückte. Die ist ein Unikum, die Postlern, das sag ich dir! Naja, jeder Mensch ist anders albern ..." Ernst lächelt: „Du immer mit deinen Sprüchen, Hanne!" Hannelore wirft den Kopf in den Nacken und lacht aus vollem Halse.

Dankbar für die Hilfe im Haushalt weist Hannelore Frau Postler in die anstehenden Arbeiten ein: „Jetzt im Frühjahr sollten wir das Parkett im Erdgeschoss spänen, das alten Bohnerwachs muss runter." Mit Stahlspänen in der Hand und auf Knien, eine Mordsarbeit, Geli kennt das schon. Mit Frau Postler aber bekommt die Arbeit eine für das Kind sehr vergnügliche Wendung. „Frau Postler, bitte, darf ich ...?", bettelt sie. „Auf gieht's, steig halt auf, du wilde Reiterin!" Und auf dem Rücken der stämmigen Frau Postler, die auf allen Vieren wie wild das Parkett bearbeitet, reitet Geli stolz durch das Wohnzimmer. So ist sie wenigstens niemandem im Wege.

An Tagen wie heute, wie auch beim Doppelfenster-Einhängen oder Blumenkästen-Herrichten, herrscht Mutter ihre Jüngste nämlich oft hektisch und schlecht gelaunt an: „Steh doch nicht ständig im Weg rum, Mädel! Geh zur Seite, mach lieber was mit als zu stören." Angelika zieht dann immer den Kopf ein, verkriecht sich vorsichtshalber in ihr Zimmer und schnappt sich ein Buch.

Ein paar Wochen später übernimmt die Petronella zum ersten Mal für einen Tag das Zepter in der Küche. „Sie will heute böhmische Krautnudeln kochen und sie stellt die Nudeln sogar selbst her", sagt die Mutter. Angelika guckt gespannt zu und staunt, wie ihre Mutter das Chaos hinnimmt, das die Postlern anrichtet. Sie staubt das Mehl in alle Richtungen, sie mischt und knetet und schneidet zum Schluss den Teig in kleine Fleckerl, wie sie es nennt.

Am Mittagstisch lässt sich Ernst Findeisen mit einem „Hmm, das schmeckt himmlisch, Frau Postler. Das sollten Sie öfter machen!" vernehmen und häuft sich noch eine Kelle auf den Teller. Seine ausgeprägte Stirnglatze glänzt

imposant, als er sich wieder über seine Mahlzeit beugt.
„Kann ich auch noch mehr haben?", fragt Geli plötzlich und zur Überraschung aller. Spitzbübisch lugt sie in die große Schüssel vor sich. Hannelore strahlt über das ganze Gesicht und wirkt äußerst zufrieden, ist sie doch in ständiger Sorge wegen Angelikas schlechtem Appetit. „Aber her mit deinem Teller – und alles aufessen!"

Die Osterfeiertage nahen, die Frauen haben gemeinsam alle Fenster im Haus frisch geputzt. Die Forsythie blüht üppig im Vorgarten, gerade lacht die Sonne vom strahlendblauen Himmel, aber von Westen her kommen dunkle Wolken herangezogen.

Angelika hört von ihrem Zimmer aus eine laute Stimme und läuft die Treppe hinunter. Im Flur rennt die Postlern hektisch von einem Fenster zum anderen, aufgeregt und mit schriller Stimme schimpfend: „Frau Findeisen, Frau Findeisen, schauen Sie doch! Alles voller Fliegen, an den frischen Fenstern. Nee, diese Ludersch, diese Ludersch! Aber Sie sagen ja goar nichts?" Aufgebracht wedelt die Petronella mit dem Poliertuch herum, sichtlich erbost über ihren mangelnden Erfolg. Hannelore Findeisen hebt die Schultern und verbeißt sich mühsam das Lachen. „Ist schon gut, Frau Postler, das lässt sich nicht ändern. Schauen Sie den Himmel an, der ist inzwischen so dobersch, wie zum Runterfallen, die dicken Regenwolken – das ist eben Aprilwetter." Und Geli denkt: Die Postlern, die ist noch lustiger als Mutters komische Sprüche. Ich mag sie richtig gern.

Angelika hilft ihrer Mutter beim Wegräumen des Osterschmucks im Wohnzimmer. „Vorsichtig mit den Häschenfiguren, die sind noch von deinen Großeltern! Schön locker einwickeln in das Seidenpapier und in den Karton legen!" Hannelore, bemüht um einen freundlichen Ton, streckt stöhnend das Kreuz durch: „Ich habe heute solche Rückenschmerzen ..."

Nach dem Staubwischen ordnet sie die Familienfotos wieder in der Schrankwand an. Einen kleineren Fotorahmen behält sie in der Hand, verharrt kurz und staubt ihn mit leisem Seufzen ab. Geli reckt den Hals. „Mutti, erzähl doch mal über das kleine Mädchen im Kinderkarussell, da, auf dem Foto. Nie sagst du was darüber." Hannelore zuckt leicht zusammen und schaut ihre Tochter traurig an. Sogleich vertieft sie sich wieder ins Packen und Räumen.

Die Kartons mit dem Osterschmuck finden, wie gewohnt, ihren Platz auf dem Dachboden. Mutter ist an die alte Kommode im kalten Dachkämmerchen herangetreten: „Komm, Geli, ich zeig dir was", sagt sie und öffnet die unterste Schublade. Darin liegt ein kleines blaues Flanellmäntelchen, weiß gepaspelt, mit passender Mütze. „Unser Püppchen, Christine", sagt Mutter leise, ihre Stimme bebt. Angelika erstarrt, jede Frage bleibt ihr im Hals stecken. Püppchen. Die Eltern sprechen sehr selten von ihrem erstgeborenen Kind und wenn, dann immer traurig und fast heimlich.

Bei einem Friedhofsbesuch an Christines Grab sagt Hannelore zu Angelika, während sie gerade ihr Taschentuch wieder in die Handtasche stopft: „Weißt du, wenn man zu viel weint, muss Püppchen im Himmel ein ganz schweres

Tränenkrüglein tragen, das wollen wir doch nicht." Geli sind Tränen in die Augen gestiegen, die ihr jetzt übers Gesicht laufen. „Meine große Schwester ...! Mutti, das ist so traurig." Erschrocken nimmt Hannelore ihre Tochter still in die Arme und streicht ihr übers Haar.

Tante Lene

Tauchnitz, Sommer 1961

„Kommt wieder Tante Lene aus Meißen zu mir, wenn ihr nach dem Westen fahrt?", fragt Geli voller Vorfreude. Hannelore ist sehr beschäftigt mit dem Kofferpacken für die lange Reise. Vater macht im Hof bereits den Wartburg flott für die Fahrt: waschen, polieren und Chromleisten putzen. Hannelore unterbricht kurz das Falten ihrer besten Seidenbluse und schüttelt die frischen Dauerwellenlocken. „Natürlich kommt Tante Lene. Das macht sie gerne und sie freut sich auf ihre gelehrige Großnichte, hat sie gestern am Telefon gesagt." – „Juhu, meine allerliebste Lene-Tante kommt, da lerne ich wieder Französisch mit ihr!" Gelis Augen leuchten. Helene, von allen Lene genannt, ist überaus beliebt in der Familie. Mit ihrer respektablen Gestalt, ihren klaren hellblauen Augen und der vom vielen Rauchen tiefen Stimme ist die pensionierte Lehrerin für Englisch und Französisch für Geli ein ganz besonderer Mensch

Kaum in Tauchnitz angekommen, nimmt Tante Lene die Kleine auf den Schoß und singt mit ihr das französische Lied *Au clair de la lune, mon ami Pierrot* und Geli strahlt glücklich. Abends kommt die Tante mit an Gelis Bett, das dicke Geschichtenbuch unterm Arm. Geli kuschelt sich wohlig in die Kissen und hört zu. Ist das schön, Tante Lene nimmt sich Zeit, geduldig und gütig.

Nachdem das Vorlesen beendet ist, fragt Angelika ihre Lieblingstante: „Weißt du eigentlich, warum ich nicht in den Kindergarten gehe?“ Tante Lene wiegt den Kopf mit den kurzen grauen Locken, nimmt die Brille ab und denkt nach. „Ich glaube, deine Eltern wollen dich am liebsten immer nah bei sich haben. Und du hast doch hier nette Spielkameraden, die auch zu Hause sind und mit denen du viel erlebst, oder?“ Ja, genau, gleich sprudelt es aus Geli heraus wie ein Wasserfall: „Na klar, ganz viel machen wir zusammen – Dörthe, Evelyn, Ulrike und ich! Oben auf dem Berg im Wald, da sammeln wir immer Beeren, im Himbeerparadies. Einmal haben wir ein Liebesspärchen auf einer Bank beim Knutschen beobachtet. Die haben uns gar nicht bemerkt und wir haben lange zugeguckt. Ist das schlimm? Das Mädchen kenne ich sogar aus der Nachbarschaft, 10. Klasse ist die, glaub ich.“ Geli kichert und gluckst beim Erzählen, ihre Augen leuchten: „Bei Dollis, also Dörthes, Haus ist eine alte Scheune, mit Heuboden. Dort riecht es so gut! Wir bauen uns oft eine Bude im Heu und essen darin Kuchen und trinken Limo. Ulrikes Elternhaus am Markt hat einen Taubenschlag, ganz oben auf dem Dachboden. Von da kann man ganz weit über die Stadt und die Berge gucken – auch unser Haus kann man sehen, Tante Lene! Und die Vögel kann man beobachten und lauschen, wie die Tauben gurren“, schwärmt Geli.

Lene lächelt über den Redeschwall der Kleinen. Aber die ist immer noch nicht fertig. „Weißt du, vor dem riesigen Dalmatiner und dem Pferd bei meiner Freundin Evelyn, da hab ich Angst. Evi hat mich gefragt, ob ich mal reiten will und mich Angsthase genannt. Ist doch gemein, was? Evis Bruder hat mich dann aufs Pferd gehievt und Evis Mutter hat die Longe festgehalten. Du, ich hab die Luft angehalten und gezittert und gebibbert da oben. Heilfroh war ich, als ich wieder runter durfte." Tante Lene zieht ihre Großnichte an sich. „Na siehst du, das ist doch alles richtig spannend. Wozu brauchst du einen Kindergarten, meine Angelique. Und jetzt schlaf schön. Morgen gehen wir Pilze suchen."

Tante Lene steht vom Bett auf. „Halt, warte, eins muss ich dir noch schnell erzählen, Tante Lene. Vor einer Weile haben die Eltern mich mal mit nach Westberlin genommen und da war so ein tolles großes Kaufhaus, wo der Elefant Dumbo stand, zum Drauf-Reiten. Ich hab ganz sehr gebettelt, aber ich durfte nicht. Wir haben nicht so viel Westgeld, hat Mutti gesagt. Und weißt du, was sie dann für mich gekauft haben? Solche blöden Unterhöschen mit Rüschen am Po, die ich gar nicht wollte!" Tante Lene schmunzelt und streichelt dem Mädchen übers Haar. „Na sowas! Jetzt ist aber endgültig Schluss. Kussi, Nachti, meine Süße!"

Zwei Wochen sind vergangen. „Sie kommen, sie kommen, Tante Lene!", ruft Geli von ihrem Beobachtungsposten am Dachfester. Die Eltern Findeisen kehren zurück von ihrer Rundreise zu den westdeutschen Verwandten und Freunden. Geli saust sofort zum Auto, brennend neugierig wühlt sie in Taschen und Beuteln nach Mitbringseln. „Legosteine, ist das toll! Und so viel Schokolade! Danke, danke!" Das Mädchen strahlt und rennt ins Kinderzimmer, um gleich mit dem Bauen anzufangen.

Einige Tage später, die Familie sitzt morgens noch am Frühstückstisch, schaltet Ernst Findeisen wie gewöhnlich die Nachrichten vom Radio-Sender *RIAS Berlin* an. *Eine freie Stimme der freien Welt* – Geli weiß damit nichts anzufangen. Plötzlich schauen sich Vater und Mutter entsetzt an, Hannelore schlägt die Hand vor den Mund, ihre Augen weiten sich: „Hast du das gehört, Ernst? Man zieht Stacheldraht in Berlin? Das kann doch nicht wahr sein, die können doch Westberlin nicht einfach abriegeln!“ – „Was ist los?“, fragt Geli vorsichtig. „Mein Mädel, es scheint so, als ob wir dir in Zukunft keine Schokolade aus dem Westen mehr mitbringen können ...“ Ernst schaut sorgenvoll. Geli meint, ein Zittern in Vaters Stimme bemerkt zu haben.

Bald schon steht die Berliner Mauer, offiziell *antifaschistischer Schutzwall* genannt – und Deutschland ist geteilt.

Weihnachten

Tauchnitz, Dezember 1964

„Mutti, wie lange dauert es denn noch bis Weihnachten? Dann kommt doch Tante Lene wieder!“ – „Mädel, Weihnachten kommt nicht schneller, wenn du immer und immer wieder fragst.“ Mutter Hannelore atmet hörbar aus, mit ihren acht Jahren ist Geli ganz schön aufgeweckt. Angelika zieht den Kopf ein, kann sie es doch kaum erwarten, dass ihre geliebte Großtante aus Meißen wieder mal ins Tauchnitzer Haus kommt. Sie stapft trotzig davon und schmettert im Treppenhaus lauthals *„Au clair de la lune ...“*, wie von Tante Lene gelernt. Oben auf dem Kinderzimmersofa drückt Geli ihren Lieblingsteddy fest an sich: „Brummi, warum kann Tante Lene nicht immer bei uns sein? Ach, ich hab Sehnsucht ...“ Geli träumt noch ein wenig vor sich hin, bis sie zum Tischdecken fürs Abendbrot gerufen wird.

Einige Tage vor Weihnachten ist Tante Lene endlich angereist und nimmt wie gewohnt mit der vorgebundenen blaugeblümten Kuchenschürze ihre Tätigkeit in der Küche auf. „Tante Lene, was machst du denn da?“ Die kleine Geli reckt neugierig den Hals nach den vielen Schüsseln, Schalen und Töpfen, die hier herumstehen. „Ich spicke den Hasen mit Speck, mit meiner Froschgieke, so geht's am besten! Nimmst du wohl die Fingerchen weg, du Neugiersnase!" Die Froschgieke ist ein unansehnliches, langes und spitzes Klappmesser, wohl sehr scharf. Lene hat das Messer immer dabei, ein Andenken an einen ihrer vielen Brüder, wie sie sagt. Die Brüder sind fast alle im Krieg gefallen, hieß es, aber Geli versteht nicht, was damit gemeint ist.

Den gesamten 24. Dezember über wartet Geli voll quälender Ungeduld auf die Bescherung am Abend. Sie dümpelt im Haus umher, alle sind beschäftigt. Tante Lene arbeitet in der Küche, wo sie eine Spezialität nach altem Familienrezept herstellt: Gänsewurst, eine Art Pastete aus lecker gefülltem Gänsehals. Das Mädchen schaut eine Weile zu, kostet vom Fleischteig und ekelt sich ein wenig vor der grausigen blutroten Masse, die Tante Lene hinzugibt. „Was ist das denn?" – „Das ist Gänseleber, durch den Wolf gedreht, zusammen mit Speck, Zwiebeln, getrockneten Pilzen und vielen Gewürzen kommt das ins Hackfleisch für die Füllung." Helene macht einen Schritt zur Küchentür und ruft nach ihrer Nichte. Hannelore kommt gelaufen und vergewissert sich: „Hast du die Gans denn schon fertig für den Ofen?" – „Klar, wie immer mit Äpfeln und Beifuß im Bauch, ein Prachtexemplar! Aber zuerst muss die Gans noch eins auf den Popo kriegen, nach alter Tradition, du weißt, sonst wird sie nicht gut."

Was machen die beiden denn da für ein Theater, fragt Geli sich verwundert. Mit gespielt toternster Miene sieht sie ihre Mutter zu einem Klaps ausholen, der unter der Zauberformel „Ei-der-tausend-sapperloter" auf dem Gänsehintern landet, bevor das Festessen für den ersten Feiertag unter hellem Gelächter der beiden Frauen in der Backröhre verschwindet. Geli stibitzt ein paar von den Apfelstückchen für den Kartoffelsalat und schaut aus dem Fenster. Vater Findeisen und Gelis großer Bruder Gerhard befreien den Zufahrtsweg zum Haus vom frisch gefallenen Schnee. Hohe Berge türmen sich am Wegrand auf. Aber zum Schneemannbauen oder Schlittenfahren hat Geli heute keine Lust.

Mutter Hannelore huscht gerade wieder geschäftig zwischen dem für alle verschlossen Weihnachtszimmer und dem Dachboden hin und her. Vom Obergeschoss aus lugt Geli durchs Treppengeländer und versucht, einen Blick ins Zimmer zu erhaschen, ohne Erfolg. Nicht einmal an den Fernseher gelangt sie heute. Plötzlich horcht sie auf: Hört sie da nicht die Mutter mit dem Weihnachtsmann sprechen? Eben war doch eine ganz tiefe Stimme zu hören gewesen. „Ja, so machen wir das, Weihnachtsmann!“, vernimmt sie jetzt deutlich Hannelores Stimme. Wie aufregend!

Oben im kleinen Arbeitszimmer gibt es am Nachmittag Kaffeetrinken mit dem traditionellen Weihnachtsstollen, der heute feierlich angeschnitten wird. Schnell räumen alle danach den Tisch ab, da hört Geli ein durchdringendes Quietschgeräusch aus dem Bad. Das ist die Schiebetür des großen Schuhschrankes, Vater holt seine guten Schuhe heraus. Mutter kommt bereits in der eleganten Persianer-Pelzjacke die Bodentreppe herunter und hält Geli den hellblauen Teddymantel entgegen, den Frau Postler für sie aus Mutters altem West-Wintermantel gezaubert hat. Alle steigen ins Auto, endlich geht es zur Christvesper in die altehrwürdige Tauchnitzer Stadtkirche. „Wo ist Gerhard, Mutti?“, wundert sich Geli. „Der ist schon vorausgegangen, er wollte unterwegs seine Freundin abholen und dann Plätze in der Kirche besetzen. Die wird wieder proppevoll sein ..." Hannelore hat an alles gedacht.

Der Pfarrer begrüßt am Beginn des Gottesdienstes vielsagend die „heute zum Heiligabend wieder so zahlreich versammelte Gemeinde" und Hannelore zwinkert ihrem Mann zu, als wollte sie sagen: Hey, der meint uns, weil auch wir uns fast nur zu Weihnachten in der Kirche sehen lassen.

Orgelspiel ertönt, Angelika zieht mit der Kurrende in die Kirche ein, alle mit Kerzen in den Händen, alle in den traditionellen Kurrendemänteln, also den schwarzen Pellerinen mit großen runden weißen Kragen. Mit durchgedrücktem Kreuz steht Geli auf dem Altarplatz neben ihrer Schulfreundin Dörthe, die Kurrende singt „Den die Hirten lobeten sehre und die Engel noch viel mehre ..." Es nimmt kein Ende, das alte Quempas-Lied.

Während der Predigt stecken die Kurrendekinder auf der Orgelempore die Köpfe zusammen. Geli stupst Dörthe an. „Hey Dolli, was kriegst'n du zu Weihnachten?" – „Das weiß ich doch nicht." – „Das weißt du nicht, wieso das denn?" Geli verachtet die Wohlerzogenheit ihrer Freundin ein wenig, spürt aber auch einen Anflug von schlechtem Gewissen. Denn obwohl verboten (Mutter Hannelore: „Nicht stöbern auf dem Dachboden, Geli, du Saumensch!"), hat Geli in der Adventszeit fast alle ihre Geschenke aufgespürt.

Wieder zu Hause ist immer noch nicht Zeit für die Bescherung. Man macht sich fein fürs Abendessen. Samtkleid, Lackschuhe, Haare kämmen. Es gibt Wiener Würstchen und Kartoffelsalat, dazu einige wenige Scheibchen von der unvergleichlichen Gänsewurst. Geli hat keinen Appetit.

Endlich erklingt es, das Glöckchen aus dem Weihnachtszimmer! Nichts wie rein, schnell *Ihr Kinderlein, kommet* mit

Vater am Klavier gesungen, kurz Christbaum bestaunt, dann hin zu den Geschenken auf dem langen Tisch. All die schönen Sachen sieht Geli nun vor sich liegen: ein Friseurkasten für die Puppen, Schal und Mütze mit rot-weißen Streifen, ein buntes Handtäschchen – und ein richtiger kleiner Herd mit Pfannen und Töpfen! Endlich gehört mir das alles wirklich, denkt sie im Geheimen.

„Ihr müsst jetzt alle in meinen Kaufmannsladen zum Einkaufen kommen!" Sogar der hochgewachsene Bruder Gerhard hockt sich brav vor die Ladentafel und kauft ein. Seine Freundin, die hübsche Gabi mit der Hochfrisur, staunt nicht schlecht über ihren Freund. Sie ist zum ersten Mal Weihnachten bei den Findeisens. „Jetzt backe ich am neuen Puppenherd Minipfannkuchen für alle. Mutti darf ich?" Heute darf Geli ganz viel, wie toll. Sie bedient die Familie, die bei Wein und Bier in der Sesselecke beim Christbaum zusammensitzt. Tante Lene trägt gerade ihr diesjähriges Weihnachtsgedicht aus eigener Feder vor, alle lauschen andächtig. Hannelore hat feuchte Augen. Geli aber ist das viel zu langweilig.

Vater hat jetzt ein ernstes Gesicht aufgesetzt und beginnt von früheren Zeiten zu erzählen: „Heilig Abend in der Gefangenschaft? Wollt ihr das wirklich hören?" Er schaut kurz fragend zu Hannelore. Kein Protest. „Ihr müsst euch vorstellen, grimmiger Frost in Odessa, wir Kriegsgefangenen sind in einem eiskalten Krankenhaus untergebracht und hocken im Dunkeln um ein winziges Kanonenöfchen herum. Stieren schweigend ins Feuer, hängen unseren Gedanken nach, sind froh, noch am Leben zu sein. Plötzlich hört man von irgendwoher ein paar Melodiefetzen, nur sehr leise zuerst, ganz allmählich wird es deutlicher: Jemand singt *Stille Nacht, heilige Nacht.* Alle lauschen, keiner sagt ein Wort, jemand schnieft. – Das war so ein Moment, irgendwie ganz besonders, sowas vergisst man nicht ..."

Ernst schweigt eine Weile und starrt in den Christbaum, dann räuspert er sich und trinkt einen kräftigen Schluck Bier. Geli hört selten zu, wenn Vater von der Gefangenschaft erzählt. Jetzt hat sie jedoch gespannt gelauscht, auch wenn sie nicht alles verstanden hat.

Spätabends nimmt sie alle Lieblingsgeschenke mit ins Bett. „Tante Lene, bitte, bitte, bitte, eine Gute-Nacht-Geschichte ...!" – „Na gut, *Peterchens Mondfahrt* lesen wir weiter, ja?" Mit einem übermütigen Jubelschrei saust Geli die Treppe hoch.

Ermittlungsbericht Tauchnitz, 24.01.1966

Personalien:
Findeisen, Angelika, geb. 27.05.1956

Die Entwicklung der A. F. ist bestimmt einerseits von der Erziehung in der Schule und andererseits von der Erziehung im Elternhaus, wobei letztere für sie ausschlaggebend wurde. Die Eltern halten sich durch ihre berufliche Tätigkeit für etwas Besonderes. Ihr Haus ist auf das Modernste eingerichtet. Man achtet auf ein gepflegtes Grundstück und hat öfter Helfer in Haus und Garten, die entlohnt werden. Auf christliche Erziehung der A. F. wird großer Wert gelegt. Sie wird seitens der Eltern zu guten Umgangsformen angehalten. A. ist Mitglied im Kinderchor der Kirche und besucht diese aus Anlass kirchlicher Veranstaltungen. Die A. erhält außerdem Klavierunterricht. Im Haus der Familie F. wird mehrmals im Jahr Besuch aus der BRD empfangen, der mit eigenem PKW anreist. Die Aufenthalte der Bürger aus der BRD werden den Vorschriften entsprechend im Hausbuch dokumentiert. (ABV-Kontrolle erfolgte turnusmäßig) Intensive Versuche der F.s, Radio- und Fernsehsender der BRD zu empfangen, sind an der umfangreichen Antennenanlage ersichtlich.

Unterschrift: gez. IME Braun

Indianer-Fasching

Tauchnitz, Februar 1966

Schon wieder kommt Geli mit einer neuen Idee in die Küche gelaufen: „Darf ich die bunten Spieße für die Kinderbowle nehmen, Mutti? Ich freu mich so auf den Hausfasching! Bitte mach wieder das lustige Ratespiel mit uns, wie beim Kindergeburtstag! Und gibt es wieder Tanzmusik, Vati, und so eine tolle Dekoration im Wohnzimmer wie letztes Jahr?" Hannelore und Ernst schmunzeln sich kurz zu, sie sind einverstanden. Geli springt übermütig durchs Haus, zappelig und voller Vorfreude fiebert sie dem Fest am Wochenende entgegen, zu dem sie alle ihre Freundinnen und Freunde einladen durfte.

Frau Postler hat ein zünftiges Indianerkostüm für Geli genäht. „Klasse, Frau Postler, danke!" Geli reckt bedrohlich die Streitaxt in die Luft. „Das sieht ja richtig echt aus! Genau, wie ich's mir gewünscht hab!" Nicht immer sind die Schneidereien von Frau Postler ganz nach Angelikas Vorstellungen. Die Röcke zum Beispiel: zu lang – keine echten Miniröcke! Immer schummelt die Postlern ein paar Zentimeter mehr dran. Aber diesmal – alles perfekt, Geli fühlt sich wie eine echte Indianerin, die Faschingsfeier kann steigen.

Geli staunt, als sie am Sonnabendnachmittag ins Wohnzimmer kommt: Die Eltern haben am Esstisch sogar eine kleine Bar installiert, mit bunter Markise drüber. Da klingelt es auch schon, Geli saust zur Tür. Alle Gäste kommen in lustig-bunten Kostümen und es wird ein fröhlicher Nachmittag.

Am Faschingsdienstag erinnert Hannelore ihren Mann beim Frühstück: „Du weißt Bescheid, Ernst – wie jedes Jahr zu Fasching sind nur bis mittags Patienten bestellt, dafür hat deine Helferin gesorgt. Kurz vor zwei komme ich mit Geli in die Stadt, hole in der Bäckerei die bestellten Pfannkuchen ab und wir sehen uns vom Praxisfenster aus den Faschingsumzug an. Bin gespannt, was es diesmal für lustige Wagen geben wird ..." – „Mutti, ich will mich anscheuseln! Was gibt es noch alles oben in der Faschingskiste? Können wir mal zusammen kramen?" Hannelore schmunzelt gutmütig: „Klar finden wir da was zum Verkleiden, auch für mich und Vati, wenigstens einen tollen Hut vielleicht. Und du, Geli, könntest dieses Jahr in das Till-Eulenspiegel-Kostüm reinpassen, das noch von Gerhard oben liegt. Komm, lass uns nachsehen auf dem Dachboden!"

Die mächtigen Paukenschläge der Tauchnitzer Blaskapelle hallen bereits seit geraumer Zeit durch den Talkessel der Stadt. Der Faschingszug formiert sich oberhalb der Schule und zieht in einer weiten Schleife ins Zentrum zum Marktplatz. Geli beugt sich aus dem Praxisfenster: „Da kommen sie, ich sehe schon die Musiker und dahinter die Reiter und die Funkengarde!" – „Lass deinen Pfannkuchen nicht aus dem Fenster fallen, gleich tropft die Marmelade heraus, pass doch auf!" Hannelore steht mit einem feuchten Geschirrtuch bereit. Geli hat eher Sorge, dass ihr die ausladende Eulenspiegelmütze mit den Schellen daran vom Kopf rutscht und auf die Straße segelt – das wäre peinlich!

Bunt geschmückte lustige Wagen ziehen jetzt unten vorbei. Luftschlangen und Konfetti wirbeln durch die Luft, dicht gedrängt stehen die Tauchnitzer an den Straßenrändern. „Hihi, wir haben die besten Plätze, Vati!" Gelis Gesicht leuchtet begeistert, Zucker- und Marmeladespuren passen perfekt zu ihrem Kostüm. Ernst deutet amüsiert auf einen von Pferden gezogenen alten Jauchewagen mit der

Aufschrift: Wir schippen Scheiße für den Export! „Die trauen sich was!", schmunzelt Ernst. „Dabei müssen sie alle Texte und Beschriftungen der Umzugswagen vorher beim Rat der Stadt zur Genehmigung einreichen, das hat mir ein Patient erzählt."

Es hat zu schneien begonnen, dicke Flocken schweben herab und mischen sich mit dem Konfettiregen. Heute scheinen alle Leute gute Laune zu haben. Der Tauchnitzer Faschingsumzug ist ja auch etwas ganz Besonderes, darauf sind alle Ortschaften ringsherum neidisch, da ist Geli sich sicher. „Komm, Mutti, gehen wir doch auf den Markt und sehen uns die Wagen aus der Nähe an!"

Mit weit herausgestreckter Zunge versucht Geli, Schneeflocken zu erhaschen, dabei hält sie mit beiden Händen ihre Eulenspiegelmütze fest. Sie sieht Dörthe nicht kommen, die im Cowboykostüm mit ihrer Mutter unterwegs ist und plötzlich an Gelis Schellen an der Mütze zupft: „Na, du Schelm? Das passt ja perfekt zu dir!" – „Und du? Ohne Pferd unterwegs heute?", neckt Geli zurück. Dann dreht sie sich zu ihrer Mutter um: „Wir wollen Zuckerwatte, dürfen wir?" Hannelore zückt ihre Geldbörse und schon sind die Freundinnen zur Schlange am Verkaufsstand unterwegs.

Schlaganfall

Tauchnitz, Frühjahr 1966

Angelika lauscht ängstlich, was Mutter mit tränenerstickter Stimme ihrem Bruder im Westen am Telefon berichtet: „Ernst hatte einen Schlaganfall, seit gestern liegt er in der Dresdener Klinik. Ich bin wirklich sehr in Sorge, ich hoffe, dass ich mit einem Arzt sprechen kann, wenn wir morgen hinfahren." Geli, die eine Weile vor Schreck wie gelähmt am

Treppengeländer gelehnt hat, geht bekümmert in ihr Zimmer. So angespannt und aufgeregt wie Mutti klingt, frage ich sie lieber nicht aus, denkt sie.

Der Atem stockt Geli, als sie ihren Vater im Krankenhausbett liegen sieht: „Vati, dein Gesicht sieht ganz anders aus! Warum kannst du die Hand nicht bewegen? Du riechst gar nicht mehr nach Zahnarzt. Wirst du denn wieder richtig gesund?“ Geli schaut verstört zuerst ihren Vater an und danach in alle Gesichter der Erwachsenen, die um das Krankenbett stehen. Aber keiner gibt ihr eine Antwort.

Abends im Bett brütet Angelika vor sich hin. Sie vermisst den Vater, sorgt sich um ihn und träumt von den Graumännlein-Geschichten, die er ihr oft auf Wanderungen im nahen Mittelgebirge erzählt. Wie gern würde sie jetzt mit Vati im Wald herumstromern und unter Baumwurzeln nach Eingängen ins unterirdische Reich des kleinen grauen Männchens suchen. Vielleicht könnte der Waldgeist sogar helfen bei Vatis Krankheit, er kann doch ganz sicher zaubern, daran glaubt Geli fest.

Jetzt rächt es sich, dass Hannelore das Autofahren in der Vergangenheit gerne Ernst überlassen hat. Nun aber muss sie ans Steuer, um ihn in der Klinik besuchen zu können. Mit Hilfe einer Freundin beginnt sie zögerlich wieder mit dem Fahren. „Du verhältst dich mucksmäuschenstill während der Fahrt, Angelika! Ich kann mich sonst nicht richtig konzentrieren.“ Angelika schrickt zusammen, Mutter ist wie jedes Mal sehr nervös vor der Fahrt.

Nach seiner Entlassung aus der Klinik wird Ernst für einige Zeit Invalidenrentner. „Wenn Sie nach der Krankheit wieder fit werden wollen, sollten Sie sich recht viel bewegen, Herr Findeisen!“, empfiehlt der Arzt mit strengem Blick.

„Kaufen Sie sich am besten einen Hund und gehen Sie mit dem jeden Tag spazieren." Schön für Geli! Der kleine drollige Pudel, ein schwarzes Wollknäuel, bringt Leben ins Haus und ist ihr ein lustiger Spielgefährte, mit dem sie ums Haus jagt und auf der Wiese im Garten herumtollt.

Hannelore ist nach Ernsts Genesung noch mehr als zuvor auf die Interessen ihres Mannes bedacht. Ohnehin gibt sie ihm stets recht und stellt ihre Bedürfnisse in den Hintergrund. „Der Vati will pünktlich um zwölf essen, er braucht seine Mittagsruhe; der Vati kann es nicht leiden, wenn Spielzeug rumliegt; der Vati möchte, dass du regelmäßig Klavier übst; er will in Ruhe Nachrichten hören ... Angelika geht das auf die Nerven. Immer nur Vati, Vati, Vati!

Dass Ernst Findeisen als zeitweiliger Rentner nun in den Westen reisen darf, ist ein willkommenes Trostpflaster nach der Zeit der Krankheit. Geli ist begeistert von Vatis Mitbringseln, als er nach zwei Wochen von seiner Reise zurückkehrt. Sofort probiert sie die beiden Mini-Kleidchen aus Trevira 2000 an und fällt ihrem Vater um den Hals: „Die sind süß und so kurz, genau richtig, danke! Hihi, Waschen, Trocknen, Tragen, steht da dran. Und die vielen Karl-May-Bücher, die du geschmuggelt hast, Vati, große Klasse! Ich muss sofort mit dem Lesen anfangen." Geli saust die Treppe hoch in ihr Zimmer, drei der zerlesenen Taschenbücher unterm Arm.

Gelis großer Bruder Gerhard hebt die alten West-Schauspielerkalender, die er jedes Jahr zu Weihnachten geschickt bekommt, in seinem Zimmer auf. Geli hat eine Idee: „Sag mal, brauchst du die noch? Ich würde so gerne Pierre Brice und Lex Barker in meinem Zimmer aufhängen!" Die Winnetou-Filme aus dem Westen sieht man nicht in DDR-Kinos.

Trotzdem kennt Geli zumindest die Hauptdarsteller und findet sie toll. Im Osten hat man immerhin Gojko Mitic, den sogenannten DDR-Chef-Indianer, in Filmen wie Die Söhne der großen Bärin. Auch nicht übel, findet Geli, aber alles aus dem Westen fetzt einfach mehr!

Steilwandzelt & Jagdunfall Tauchnitz, Mai 1966

Die warme Maisonne brennt vom Himmel. Angelika spielt im Schatten des Kirschbaumes hinterm Haus mit Evelyn Verkleiden. Dazu haben sie die Faschingskiste auf dem Dachboden geplündert. Unendliche Schätze, herrlich altmodische Kleider, Schmuck, lange Handschuhe, Hüte und andere Utensilien kamen dort zum Vorschein. Die Freundinnen tanzen und posieren auf der Wiese und schlüpfen in immer andere Rollen. Angelika liebt dieses Spiel, das von ihrer Mutter *Anscheuseln* genannt wird.

Da hören die Mädchen plötzlich Vater Findeisen rufen: „Hallo! Alle bitte sofort runterkommen unter die Kastanie! Ich hab euch was zu zeigen." Geli traut ihren Augen kaum: Da steht ein riesiges Zelt in strahlendem Gelb und Blau, wie ein Haus, zum Aufrecht-Reingehen! Ernst Findeisen erläutert: „Das ist ein sogenanntes Steilwandzelt. Brandneu! Gerhard und ich haben es grade aufgebaut. Na, was sagt ihr?"

Der Stolz über die Neuanschaffung ist ihm anzumerken und er streckt selbstzufrieden seinen Bauch heraus. Hannelore steckt den Kopf ins Zeltinnere: „Herrlich, dass wir hier drin auf richtigen Liegen schlafen können und nicht mehr auf dem Boden rumkriechen müssen wie sonst beim Zelten! Das wird mein Rücken mir danken ..."

Geli und Evi schweben in ihren langen Abendkleidern einmal um das Hauszelt, schlüpfen quietschend hinein und ziehen von innen die Reißverschlüsse zu. „Das Kaffeetrinken könnt ihr uns hier drin servieren!“, hört man Geli aufgekratzt rufen.

Am nächsten Schultag wartet Geli ungeduldig auf das Pausenklingeln. Endlich große Pause! Geli schnappt sich ihre Brotbüchse und setzt sich auf dem Schulhof neben ihre Freundin Dörthe: „Hey, Dolli, weißt du schon das Neueste: Wir fahren dieses Jahr im Sommer mit einem ganz tollen Hauszelt nach Ungarn, an einen See, den Balaton. Dort ist das Wasser immer schön warm. Das wird toll, ich freu mich ganz sehr drauf. Und was machst du in den Ferien?“ Dörthe rollt mit den Augen. „Na, was schon? Ferienlager, wie immer. Ist auch schön, an der Ostsee. Meine Eltern fahren nicht weg.“ Gelis Blick fällt auf Dollis Pausenbrot: „Hast du wieder Brunnenkresse und Butter drauf? Wollen wir tauschen – ich hab Leberwurst ...“

In aller Frühe, kaum ist es hell geworden, schreckt Geli aus dem Bett hoch. Was war das? Irgendein lautes Geräusch hat sie geweckt. Sie lauscht hinaus ins Morgengrauen – da ist es wieder, dieses durchdringende, rasselnde Scheppern, es scheint vom Dach zu kommen. Noch einmal ertönt es nach ein paar Augenblicken, dann bleibt es still. Geli fällt zurück in ihre Kissen, schläft wieder ein.

„Was war das, Vati, heute am frühen Morgen? Ich bin so erschrocken ...“ – „Ein Specht war das, Geli, am Antennenmast, ich hab ihn vom Balkon aus gesehen. Der soll das bloß nicht noch mal machen!“ Ernst scheint einen Plan zu haben. Der Specht aber wetzt weiterhin seinen Schnabel gelegentlich in aller Herrgottsfrühe an der Findeisenschen Antenne.

„Das klingt ja wie ein Maschinengewehr, dagegen müssen wir was machen! Ich hab eine Idee, ich werd mir von meinem Kollegen, du weißt schon, der Jäger ist, ein Luftgewehr borgen, Hannelore. Wenn ich dem Vogel damit einen Schrecken einjage, lässt er uns bestimmt in Ruhe."

Ernst bringt tatsächlich einige Tage später eine Flinte heim, die Angelika neugierig beäugt. „Du musst aufpassen, wenn der Specht in der Nähe ist, Geli. Wir werden ihn erschrecken!" Geli hat verstanden. Nicht lange und sie kommt ins Haus gestürmt: „Vati, Vati, da ist er, da oben, auf dem Dach vom Nachbarhaus! Siehst du ihn?" Ernst, ganz Mann der Tat, legt an, zielt kurz und schießt – und was passiert? Fassungslos sieht die Familie das Tier auf das rote Ziegeldach fallen und danach auf den Rasen sinken. Geli steht reglos da, mit bebender Stimme fragt sie: „Was ist mit dem Specht passiert, Vati?" – „Meine Geli, ich wollte eigentlich nur vorbeischießen, ich hab noch nie irgendwas getroffen – aber ich habe ihn wohl doch erwischt ..." Leicht beschämt verzieht Ernst das Gesicht und lächelt sein verschmitztes Heinz-Rühmann-Lächeln. „Komm her, nicht weinen, wir machen ihm ein schönes Grab dort am Zaun, mit Blümchen drauf. Nicht wahr, Hannelore?"

Der arme Specht wird im Familienkreis beigesetzt, in einer Zigarrenschachtel und in eine schöne Papierserviette gehüllt. Angelika verspricht: „Ich gieße die Gänseblümchen auf dem Grab jeden Tag."

Jungs

Balatonszárszó/Ungarn, Juli 1966

Am ungarischen Campingplatz angekommen, bauen Ernst und Gerhard das Prachtzelt auf, eine echte Attraktion. Die

Leute bleiben staunend stehen, sowas hat man noch nicht gesehen. „Vati, da draußen stehen Leute, die haben gefragt: Dürfen wir mal reinschauen in das tolle Zelt?", sagt Geli schüchtern. Und Vater Findeisen zeigt mit stolzgeschwellter Brust alles sehr gern her.

In der flirrenden Hitze liegt der Balaton glänzend wie geschmolzenes Blei in der Ebene und lockt zum Bad. Geli rennt begeistert in das seichte, warme Wasser, sie kann nicht genug kriegen vom Planschen und Toben. Plötzlich platscht etwas direkt neben ihr aufs Wasser. Sie fährt erschrocken herum. Wer hat sie da vollgespritzt? Aber es ist nur ein Ball – die Ballspieler, drei ungarische Burschen, schauen etwas verlegen drein. „Äntschuldigunk ...!", nuschelt einer. Sogar Deutsch können die, denkt Angelika. Sehen gar nicht schlecht aus.

Bald lernt sie László und seine Brüder, Arztsöhne aus Budapest, näher kennen und findet sie richtig nett. „Willst du mit unserem Boot mitfahren?" Angelika glaubt ihren Ohren nicht zu trauen. Ja, sie ist gemeint mit der Einladung! Ihr wird heiß und kalt und sie klettert begeistert an Bord.

Jeden Sommer gibt es in den nächsten Jahren ein fröhliches Wiedersehen mit den drei Brüdern. Von Weitem schon grüßt Geli dann fröhlich durch den Zaun des Strandbades: „Hey, szervusz, ihr drei! Bin wieder da! Ich habe Appetit auf Lángos!" Und bald darauf verschmausen sie in froher Runde im Schatten der großen Bäume die hauchdünnen, knusprigen Hefefladen, die es am Verkaufsstand für wenig Geld gibt. Angelika versucht sich gern an der ungarischen Sprache voller Ypsilons und Ös: „Köszönöm, nadyon jó!", antwortet sie László auf dessen Frage, wie es ihr gehe. Danke, sehr gut!

Auf dem bunten Bauernmarkt hat Angelika richtig Spaß: Paprika, Tomaten, Aprikosen ersteht sie oder kauft Brot, Milch, Käse im Laden, kein Problem für das sprachbegabte Mädchen. Stolz trabt sie mit dem gefüllten Einkaufskorb zum Campingplatz zurück.

Einmal gibt László ihr abends beim Abschied einen kleinen Kuss und sagt mit einem zärtlichen Blick leise „Szép kishlány ..." Da braucht sie keine Übersetzung, schönes Mädchen, das hat sie verstanden. Schnell rennt sie zum Zelt zurück, etwas erschrocken über so viel Nähe. Beim Einschlafen träumt sie davon, in Lászlós Armen zu liegen.

Bruder

Tauchnitz, September 1966

Gerhard ist ein stiller, kluger Schweiger, immer vorbildlich und vernünftig, nie macht er Probleme. Geli bekommt das nicht selten von ihren Eltern vorgehalten. Hannelore setzt dann eine vorwurfsvolle Miene auf: „Solche Schwierigkeiten wie mit dir hatten wir mit Gerhard nie! Nimm dir ein Beispiel an ihm, du kleines Saumensch ..." Gelis Laune wird dadurch nicht besser, eher wächst ein kleiner Groll ihrem Bauch auf den großen Halbbruder.

Gerhard liebt Flugzeugmodelle, er hat schon eine ganze Reihe selbstgebauter großer Prachtexemplare in seinem Zimmer aufgehängt. Heute, am Sonntag, sitzt er wieder seit Stunden am Wohnzimmertisch, hört Tanzmusik von den Sputniks und leimt mit Engelsgeduld und viel Fingerspitzengefühl winzige Plastikteilchen aneinander. Plötzlich fliegt die Türe auf, Geli kommt mit ihrem neuen Roller herein und beginnt, damit durchs Erdgeschoss zu toben. Immer im Kreis: Flur – Wohnzimmer – Esszimmer – Küche – Flur. Eine

Weile erträgt Gerhard dies stoisch. Dann plötzlich reißt ihm der Geduldsfaden, was etwas heißen will: „Mensch Meyer, lass doch mal das ständige Rumgetobe, muss das denn sein?" Geli gibt schnippisch zurück: „Braucht dich doch nicht zu stören, ich fahr ja nur im Kreis, muss doch den neuen Roller ausprobieren ...! Und Mutti hat gesagt, ich darf das!"

Ätschebätsche, oller Streber, fügt sie in Gedanken hinzu und ist schon wieder auf der nächsten Rollerrunde unterwegs. Die etwas verzogene Göre mit Spitznamen wie Quirlequietsch, Wildfang und Zappelphilipp stellt die Nerven ihres großen Bruders wieder einmal auf eine harte Probe. Sie ahnt nur vage, dass Gerhard es nicht leicht hat. Aus ihm kriegt sie nichts heraus und Mutter spricht kaum über Gerhards Kindheit und die Sache mit seinem Vater. Ein paar Einzelheiten hat Geli aber doch ab und zu gehört: Dass Gerhards Vater aus dem Krieg nicht zurückgekehrt ist und dass er seinen kleinen Sohn wohl nur einmal auf dem Arm gehabt hat, während eines Fronturlaubs. Und dass Hannelore vor Kummer krank war, als sie über Monate nichts von ihrem Liebsten an der Front hörte. Mutter muss Gerhards Vater sehr geliebt haben, so hört es sich für Angelika an.

Als Mutter und Tochter gemeinsam in alten Fotos kramen, hält Hannelore das Foto eines Brautpaares lange in der Hand, steckt es dann aber hastig in den Karton zurück. „Gerhards Vati ...", sagt sie nur leise und atmet tief durch. Geli denkt abends im Bett darüber nach, wie das für ihren Bruder gewesen sein muss, als seine Mutter plötzlich einen neuen Mann hatte. Ernst Findeisen, Angelikas Vater.

Einen großen Bruder mit fester Freundin zu haben, davon kann Geli zuweilen profitieren: Sportunterricht im

Sommer am Freibad, die Mädchen laufen im Gänsemarsch über die Wiesen, von hinten kommt Pitt mit dem Fahrrad, schreit noch: „Weg da!“, Geli stolpert vor Schreck, stürzt und rumms, fährt der Pitt sie über den Haufen. „Ey, sag mal, bist du verrückt, du blöder Heini? Die Hose ist neu! Mensch, ein riesengroßer Riss hier!“ Geli heult und tobt und ist allein mit ihrem Problem. Zum Glück hat sie sich nicht wehgetan. Nur die Hose ...! Sie beichtet es Gerhards Freundin, der schönen Gabi. Und Gabi hilft. „Komm, wir reden mal zusammen mit der Mutti, ja?“ – „Das würdest du tun? Das fetzt ja!“ Pffff ..., da fallen Geli Steine vom Herzen! Vor Erleichterung wird ihr ganz schwindlig, am liebsten würde sie Gabi jetzt um den Hals fallen.

Bedauerlicherweise verpetzt Gabi Geli aber manchmal bei den Eltern. „Wer war denn der junge Mann, mit dem du gestern Markt-Ringel gedreht hast? Gabi hat dich nämlich gesehen!“, so nehmen Findeisens ihre Tochter prompt beim Abendessen ins Gebet. Mutter stemmt die Hände in die Hüften: „Hier wird nicht mit Jungs rumpoussiert! Ein für alle Mal. Das gehört sich nicht, noch dazu in deinem Alter!“

Angelika durchfährt es heiß. Sie presst die Lippen aufeinander und schweigt. Es ist klar, ihre Eltern verstehen sie einfach nicht! Mit wütenden Schritten stampft sie ins Obergeschoss und igelt sich in ihrem Zimmer mit den Schauspielerbildern ein. „Blöde Ziege, willst dich bloß bei den Eltern einkratzen!“, schimpft sie in Richtung Gerhards Freundin. Dass sie sich für Jungs interessiert, scheint in den Augen der Eltern etwas Unanständiges zu sein, das sie unbedingt unterbinden müssen. Warum bloß? Ständig Kontrolle, Gängelei und Verbote – was wollen sie eigentlich damit erreichen, fragt Geli sich und lässt sich missmutig auf ihr Sofa fallen.

„Mutti, in der Kurrende, da sind zwei Mädchen, die sind keine Pioniere und sie werden auch nicht in die Freie Deutsche Jugend gehen, das haben sie gesagt.“ Hannelore und Ernst blicken einander vielsagend an. Nach einer kleinen Pause antwortet Ernst: „Das mag schon sein, Geli. Das müssen die Eltern der Mädchen selber wissen. Wir halten es für besser, dass du dort mitmachst. Es soll dir später mal nichts im Wege stehen, für ein Studium oder so, weißt du?“ – „Der Vati hat recht“, pflichtet Hannelore wie erwartet bei und nimmt Angelika mit in die Küche. „Du weißt doch, Vati war über vier Jahre in russischer Kriegsgefangenschaft. Er hat ganz bestimmt mit dem Sozialismus nicht viel am Hut. Man muss einfach mitspielen, wenn man was werden will in diesem Staat.“

Ernst ist den beiden in die Küche gefolgt und setzt nach: „Über die Russen brauchst du mir nichts zu erzählen ...!“, sagt er bitter „Und mit dieser DDR, das wird sowieso nicht ewig gehen, kannst du glauben. Im Deutschlandfunk hab ich einen Kommentar gehört, da staunst du nur! Wenn wir nur bald die neue Antenne auf dem Dach hätten, um endlich Westfernsehen zu ranzukriegen.“

Leider fruchten alle Versuche nicht – Westfernsehen zu empfangen ist im Wohnhaus der Findeisens trotz riesiger Antennenanlage ausgeschlossen. Ernst sitzt weiterhin am Radio und informiert sich über UKW bei RIAS, Bayerischem Rundfunk und Deutschlandfunk. Geli ist es untersagt, ihn dabei zu stören.

Ernsts Leidenschaft gilt klassischer Musik wie Opern und Sinfonien. Während der Sonntagsfrühstücke legt er gern

eine Schallplatte aus seiner umfangreichen Sammlung auf: Beethoven, Schubert, Liszt oder Grieg. Angelika mag die schönen Melodien, besonders die traurigen, melancholischen Stücke. Ernst spielt auch Klavier, ab und zu erklingen Operettenmelodien, die Angelika schmalzig und altmodisch findet. Ihr Lieblingsschlager ist und bleibt Marina, Marina, Marina – sie trällert ihn, wo sie geht und steht.
Die Pioniernachmittage und gemeinsamen Unternehmungen in der Schule findet Geli manchmal sogar ganz nett, wenn auch immer und überall die Freundschaft zur Sowjetunion und der Aufbau des Sozialismus als große Überschriften dienen. Fahnenappelle und sozialistische Lieder wie Kleine weiße Friedenstaube, Der kleine Trompeter – das fängt früh an, Geli zu nerven und sie schimpft zu Hause: „Mann, dieses ewige sozialistische Blablabla, das hängt mir zum Halse raus. Langweilig ist das!“ Hannelore schüttelt nur tadelnd den Kopf.
Viel lieber singt Angelika in der Kurrende der evangelischen Kirchgemeinde, da geht es lustig zu. Wie gut, dass die rührige Kantorin bald nach Angelikas Einschulung Mutter Findeisen beim Einkaufen angesprochen hat: „Wäre das nicht was für die kleine Angelika, ein Kurrendekind zu werden? Na, wie ist es, hast du Lust zum Singen, Kleine?“ Die Dame mit dem straffen Haarknoten im Nacken hat sich freundlich zu Angelika hinuntergebeugt. „Wenn Mutti es erlaubt, naja ...“, gibt das Mädchen leise zur Antwort. Das Singen in der Kurrende und später im Chor gehört für Angelika fortan zum Leben.

Vitamin B & Liebeskummer

Tauchnitz, Mai 1970

Hannelore wieselt nervös zwischen Bad und Schlafzimmer hin und her. Donnerstags trifft sich der Kegelclub zum Kegelabend. Angelika kennt die Nöte ihrer Mutter an diesen Abenden. Hannelore verschiebt Kleiderbügel im Schrank und seufzt: „Was ziehe ich nur an, Geli? Die werden wieder alle so hochelegant sein … Die Gerda war sicher extra beim Friseur, sie kommt zum Kegeln derart aufgetakelt an, du glaubst es nicht. Die steckt sogar ihre Brillantringe an! Ich komme mir da immer vor wie Lieschen Müller vom Lande."

Geli hat von ihrer Mutter den Sinn fürs Praktische geerbt. Flink greift sie sich den kleinen Hocker aus dem Bad: „Quatsch mit Soße! Los, setz dich hin, ich föhne und toupiere die Haare etwas, danach ordentlich Lack drauf – gleich siehst du aus wie die Queen persönlich!" Hannelore schaut überrascht in den Spiegel und schmunzelt dankbar. „Bist schon ein fixes Kerlchen, meine Geli! Danke dir."

Die Freunde ihrer Eltern aus dem Tanzclub und dem Kegelclub kennt Angelika gut. Ärzte, Handwerker, enteignete Unternehmer – alles nette Leute, die gern ein wenig vornehm tun, besonders die Damen. Zur Silvesterfeier tragen sie stets lange Kleider, die Herren erscheinen mit Anzug und Schlips. Angelika schmunzelt jedes Jahr aufs Neue über dieses Getue.

Alle im Freundeskreis pflegen gute Kontakte nach *drüben*, also nach dem Westen. Keiner, wirklich keiner, ist für den DDR-Staat eingenommen. Man kann im Freundeskreis frei sprechen, das ist klar, und man hält zusammen, einer hilft dem anderen mit seinen Beziehungen. „Du brauchst

Raufasertapete und Latexfarbe? Ich red mal mit X,Y oder Z, einer kann sicher was besorgen ... " – „Ah, du hast eine Anhängerkupplung anzubieten zum Tausch, das ist natürlich von Vorteil!" Gleiches gilt für Bretter, Dachkippfenster, Ziegel oder Wandfliesen ... Für Angelika ist das Alltag, so läuft das.

Auch günstige Möglichkeiten zum Westgeld-Tauschen teilt man unter der Hand miteinander. Schließlich will ja jeder im Intershop ein paar Westartikel einkaufen können oder bei einer Westreise nicht völlig mittellos dastehen. Wenn einer etwa *verbotene Druckartikel*, also West-Zeitschriften wie *stern, Bunte* oder *Quick* bekommen hat, gehen diese von Hand zu Hand.

Der Teenager-Geli klopft das Herz bis zum Halse, als sie im Wohnzimmer in Vaters Leseecke einige dieser Hefte findet. Mit glühenden Wangen liest sie: Alles über Liebe und Sex, von Oswald Kolle oder dem Paar Masters und Johnson in nie geahnter Breite und Offenheit und reichlich bebildert! Ob man die Zeitschriften absichtlich herumliegen lässt, damit ich sie finde, fragt Geli sich. Da brauchen die Eltern mit mir wenigstens nicht über diese Themen zu sprechen ... Gierig liest Angelika weiter, stockt aber immer wieder und lauscht beklommen zur Tür, ob nicht einer ins Zimmer kommt.

Nach einem Kurzurlaub im Thüringer Wald, in einem der DDR-typischen FDGB-Ferienheime, also vom Freien Deutschen Gewerkschaftsbund, schildert Geli ihrer Freundin Evi auf dem Schulweg ihre Eindrücke: „Das riesige Haus stand mitten im Wald, jeden Tag musste ich mit den Eltern wandern gehen. Öde! Alles war vorgeschrieben dort, mehrere Essensdurchgänge, feste Plätze im Speisesaal, Schlange-

Stehen. Und die anderen Gäste: Vorwiegend äußerst linientreue Feriengäste mit Parteiabzeichen an der Jacke, du verstehst?“ Evi schnaubt verächtlich und grient: „ ... genau nach dem Geschmack deines Vater, oder?“ – „Und, Evi: ich hab mich ganz doll verliebt ...“

Angelika erzählt von ihrem entsetzlichen Liebeskummer, den ein junger Leipziger, Betreuer einer Gruppe französischer Kommunisten, verursacht hatte. „Er hat mir abends was zu trinken spendiert und mir versprochen, dass er ganz bestimmt nach Tauchnitz kommt zum nächsten Radrennen. Und als die Eltern am Morgen nach dem Tanzabend über seine komischen Flecken am Hals lästerten, wollte ich Genaueres wissen. Meine Mutter hat sich vielleicht betteln lassen und auf ihren Lippen rumgebissen. ‚Man nennt es Knutschflecke‘, hat sie dann gesagt. Da wusste ich Bescheid. Der wollte gar nichts von mir, der Mistkerl! Hat mir nur was vorgemacht.“

Evelyn versteht ihre Freundin nur zu gut, sie hat gerade etwas ganz Ähnliches erlebt. Gleich vertraut sie sich der Freundin ebenfalls an. All die Schmerzen, die Verletzungen, die unsägliche Einsamkeit und diese herzzerreißende Sehnsucht nach Zärtlichkeit während der Teenagerzeit – Angelika hält alles in ihrem Tagebuch fest, das sie Dizzy nennt:

Liebe Dizzy,
so sehr hatte ich heute auf Post von meinem Franzosen gehofft, du weißt ja, wen ich meine ... Wieder nichts! Er hatte es wirklich bei der Abreise nochmal ganz fest versprochen, bald zu schreiben. Jetzt habe ich kaum noch Hoffnung, dass er wirklich zum Radrennen herkommen wird, stell Dir das vor. Alles Lüge! Du weißt, wie weh mir das tut, Du bist die

Einzige, der ich wirklich alles sagen kann. Besonders blöd ist, wenn Mutti mich so neugierig ansieht und am liebsten alles aus mir herauspressen würde. Sie erfährt nichts, würde mich sowieso nur auslachen ...

West-Cousine Sandra

Tauchnitz, Juli 1970

Angelika pfeffert ihre Schultasche mit kühnem Schwung in eine Ecke ihres Zimmers – endlich, die Sommerferien beginnen. Erst im letzten Moment fällt ihr das Päckchen mit den Pausenbroten ein, das unberührt noch in der Tasche liegt. Auweia, nicht dass nach den Ferien wieder die Maden darin wimmeln, wie letztens nach den Winterferien. Schnell in die Mülltonne damit!

„Morgen kannst du nicht so lange schlafen, Geli!" Hannelore ist mit Staubsauger und Wischeimer unterwegs ins Obergeschoss. „Wir holen Sandra in Dresden vom Zug ab." Schön – Westbesuch, denkt Angelika. Sie erinnert sich gern an den letzten Besuch der gleichaltrigen Cousine aus Niedersachsen mit den dichten roten Locken, der bereits einige Jahre zurückliegt.

„Schau mal, Geli, ich hab was für dich", sagt Sandra beim Auspacken ihrer Taschen. „Ein *Tie Schört*, gefällt's dir?" – „Bitte, was? Ach so, T-Shirt! Dazu sagen wir hier Nicky! Aha. Schön." Angelikas Antwort kommt leicht verstottert rüber. Ob Sandra mich jetzt auslacht, denkt sie.

Tags drauf verkündet Vater Findeisen am Frühstückstisch: „Heute wird eine Fuhre Braunkohlenkoks angeliefert. Für dich zum Verständnis, Sandra: Damit heizen wir unser Haus. Also, ihr wisst Bescheid: Arbeitseinsatz!" Oh ja, Geli kennt das nur zu gut. Mit allen verfügbaren Behältnissen bugsieren sie alljährlich das hochbegehrte Brennmaterial in den Keller, da es die Brennstofffirma üblicherweise einfach vors Haus der Eltern kippt. Kümmert euch! Servicewüste DDR ... Eine Riesenschweinerei, dieses Kohlenschleppen.

Trotz rabenschwarzer Gesichter sind jedoch alle bester Laune. Noch dazu hilft ein junger Mann aus der Nachbarschaft mit, der heftig mit den Mädels schäkert.

Nach der Drecksarbeit Duschen und Eincremen. Mann, riechen sie beide jetzt gut nach Cousines *Creme-21*-Körpermilch – nein, Bodylotion heißt das! Perfekt für den Abend. „Wir sind eingeladen, Sandra – nix wie weg hier! Das wird 'ne super Fete heute Abend bei Wolli. Wirst sehen, der Jürgen hat sicher wieder tolle Musik auf seinem Tonband, er nimmt immer die West-Hitparade auf.".

Die Mädchen eilen durch den lauen Sommerabend zu Wollis Gartenlaube und Angelika stimmt Sandra ein: „Wir haben schon klasse Partys hier im Ort gefeiert, am Swimmingpool bei einem von uns zu Hause, in leeren Fabrikhallen und in Kellern. Es läuft immer so: Jeder hilft wie er kann und bringt etwas mit, es wird improvisiert und alles irgendwie beschafft. Und das Wichtigste: Man kann sich auf alle verlassen – *gesinnungsmäßig*, weißt du, was ich meine?" Sandra versteht offenbar nur wenig von dem, was Angelika da so bejubelt und hebt verunsichert die Schultern.

Die Teenager-Truppe, zumeist Freunde aus der *Jungen Gemeinde* der örtlichen evangelischen Kirche, feiert bereits fröhlich, als die Mädchen eintreffen. Den Schrebergarten von Wollis Eltern haben die anderen am Nachmittag hergerichtet, es fehlt an nichts, stellt Angelika fest: billiger Wein und Bowle, Schmusebeleuchtung, Girlanden-Dekoration, dazu Schnittchen und die begehrten und raren Erdnussflips, alles da. „Mensch, Wolli, klasse habt ihr das vorbereitet! Ist ja genial!“, ruft sie aufgekratzt. „Guck mal, wen ich mitgebracht habe!“ Angelika platzt fast vor Stolz, ihre attraktive West-Cousine vorstellen zu können. Sandra schüttelt ihre flammend rote Mähne und grüßt selbstbewusst in die Runde, als kenne sie alle schon lange. Angelika sieht, dass Wolli glasige Augen kriegt bei Sandras Auftritt – Geli fühlt sich sofort unscheinbar, wie eine graue Maus, mit ihrem schlaffen Blondhaar und den etwas abstehenden Ohren. So geht es ihr öfter.

Aus den respektablen Lautsprecherboxen, Marke Eigenbau, erklingt die allerbeste Partymusik, abwechselnd von Bob Dylan, Mick Jagger oder CCR. Nach ein paar Gläsern Bowle legt sich Gelis Schüchternheit. Spätestens als Jürgen sie bei Schnulzmusik zum Tanzen holt *(Nights in white satin...)* ist die Welt für sie in Ordnung. Auch Sandra amüsiert sich prima, tanzt öfters mit Wolli und immer wieder hört man die beiden schallend laut lachen.

Ausgiebig angeheitert ziehen Sandra und Angelika spätabends durch die schlafende Kleinstadt zurück zum Findeisenhaus. Geli stupst ihre Cousine mit dem Ellenbogen in die Seite. „Na, wie hat's dir gefallen bei den Ossis, hä? Der Wolli, hicks, der war vielleicht scharf auf dich, ojojoi!“ – „Ja, war nett. Bloß dass ihr so viel rumschmust auf euren Feten, das ist ... naja, das gibt's bei uns nicht. Und du hast ganz schön viel getrunken, finde ich.” – „Ey, Cousine, lass gut sein, so wohlerzogen und etepetete kenn ich dich ja gar nicht! Bei uns ist das normal, Kuschelecke muss sein.“

Angelika staunt im Stillen: Ist da tatsächlich der Osten mal dem Westen in einer Sache voraus? Ganz anders als beim Brennstoff? Was den Brennstoff für die Heizung im

Elternhaus angeht, gibt es bald eine Lösung: Sandras Vater, der West-Onkel, sorgt für Gasbrenner und Steuergerät und ein erfinderischer DDR-Installateur für alles Andere. „Ist das nicht eine logistische und technische Meisterleistung von unserem Klempner? Schaut euch das an, wie er hier vom Keller mit der Leitung um die Ecke gegangen ist, einfach genial!" Ernst führt stolz ein paar Interessierte im Haus herum zur Besichtigung der Heizungsanlage und alle staunen über die wahrhaft abenteuerliche Konstruktion. Es hatte lange gedauert, weil man auf die Teile aus dem Westen warten musste. Was hatte Mutter Findeisen manches Mal geschimpft: „Verflixt, mein Herr Bruder stellt sich mal wieder an mit dem Besorgen der Gasbrenner! Der hat eben keine Ahnung, was der Heizkessel mit dem Koks in der Küche für'n Dreck macht, der muss es nicht saubermachen ..." Geli findet wichtiger: „Hurra, keinen Koks mehr schleppen!"

Angelikas Mutter beklagt sich immer mal wieder, dass sich ihr Bruder und die Nichten und Neffen *von drüben* recht selten melden: „Sie könnten doch einfach anrufen, sie können ja sogar durchwählen!! Als ob sie uns vergessen hätten ..." Einen ganzen Tag muss sie im Osten oft warten, bis das bei der Vermittlung angemeldete Telefongespräch nach der Bundesrepublik zustande kommt. „Möchten Sie das Gespräch dringend oder normal anmelden?" – „Bitte dringend!!" Egal, das hilft sowieso nichts, es geht nicht schneller. So wartet Hannelore gottergeben, bis der Anruf vermittelt wird, falls er überhaupt kommt. Jedoch sind die Verwandten dann möglicherweise gar nicht zu Hause, alles umsonst.

Die Mangelwirtschaft der DDR mit ihren Tücken gehört zum Alltag. „Bei euch ist es wohl etwas besser geworden mit der Versorgung?“, sagt Hannelores Bruder aus Niedersachsen bei seinem Kurzbesuch. Hannelore holt tief Luft und beschreibt die Lage: „Naja, mein Lieber, es geht folgendermaßen: Schlagsahne dienstags bestellen, donnerstags abholen. Schnittkäse vom Laib gibt es immer nur von einer Sorte. Fruchtjoghurt oder Naturjoghurt, mehr Auswahl ist nicht. Am Tomatenketchup, Pflaumenmus oder Radeberger Bier steht ein Schild *Bitte nur zwei Stück entnehmen.* Bei einer Schlange am Gemüse- oder Schallplattenladen muss man sich sofort anstellen, auf jeden Fall! Erst dann ermitteln, was es gibt ... Und beim Fleischer krieg ich einen gefüllten Perlonbeutel zugesteckt – weil das unsere Patienten sind – und ich sehe erst zu Hause den Inhalt: Schinken, Schweinslendchen, Rouladen oder auch mal Zunge. Ja, so läuft das hier. Hunger leiden wir nicht. Auf ein neues Auto warten wir dreizehn Jahre!“

Eifrig steuert Angelika ihre Erfahrungen vom Milchkauf im *Konsum*-Lebensmittelladen bei: „Seit einiger Zeit gibt es Tütenmilch, keine Glasflaschen mehr. Wie toll! Man holt eine Tüte aus der Transportkiste und hält sie zunächst an einem Zipfel in die Luft. Sie tropft. Leckt die Tüte oder rühren die Tropfen von der trüben Suppe in der Kiste her, das ist die Frage. Hm, da liegt ja ein Lappen am Kistenrand, man könnte die Tüte also abwischen. Aber: Das ist nur am Vormittag zu empfehlen, am Abend erscheint der Lappen nicht mehr sehr appetitlich ... Das ist Innovation nach DDR-Art, versteht ihr?“

Die Bundesbürger lachen Tränen bei dieser Schilderung von Angelika. Aber ist das wirklich zum Lachen? Hannelore wird wieder ernst und ergänzt: „Wenn du an der Ostsee Urlaub machst, kriegst du Hähnchenschenkel, Broiler genannt, in Zeitungspapier am Stand, natürlich ohne Serviette. Kneipen gibt es fast keine, an den wenigen vorhandenen muss man Schlange stehen. Als Quartier bekommt man dort ohnehin nur die letzte Kaschemme – feucht und modrig, wenn du Pech hast. Die nobleren Unterkünfte und die Zimmer in den Heimen des *Gewerkschaftsbundes FDGB* sind weitestgehend Partei-Bonzen vorbehalten. Ab und zu kriegst du vielleicht vom Nachbarn einen daumendünnen Räucheraal. Die fetten Aale gehen in den Westen, damit sie Devisen bringen, oder zu den Russen, wie so Vieles. Plastiktüten aus dem Westen werden wie Schätze aufbewahrt und das Geschenkpapier und Schleifenband aus euren Weihnachtspaketen bügelt Frau Postler zur Wiederverwendung. Wisst ihr das eigentlich alles?"

Hannelore hat sich in Rage geredet, sie lehnt sich jetzt auf ihrem Stuhl zurück und beißt die Lippen aufeinander, als sei ihr das Gesagte ein wenig peinlich. Ernst hat auch etwas beizutragen: „Der Cognac, den wir gestern Abend getrunken haben, Schwager, der ist natürlich aus dem *Delikat*, dem Edel-Geschäft für den gehobenen Bedarf mit den Phantasiepreisen. Den Fusel aus dem *Konsum* hätte ich dir nicht vorsetzen wollen!" Angelika ergänzt: „Das Knabberzeug übrigens auch und die Ananaskonserven für die Bowle, alles *Delikat*!" Sie muss an den herrlichen Duft aus den West-Paketen zu Weihnachten denken, den findet sie jedes Mal berauschend. Aber das behält sie jetzt doch lieber für sich. Es muss ein Paradies sein, da drüben im Westen, denkt sie sehnsuchtsvoll.

KOPIE BStU - KOPIE BStU - KOPIE

Tauchnitz, Sachsen, 11.1.1971

Sei gegrüßt, meine liebe "West-Cousine"!

Ich nenne Dich gleich mal so, ganz frech, weil sie mich hier in der Jungen Gemeinde immer so nach Dir fragen, liebe Sandra. Dein Besuch bei uns im letzten Sommer hat bleibenden Eindruck hinterlassen, kannst du glauben!

Eigentlich hätte ich ja noch paar Hausaufgaben zu erledigen, aber das stinkt mich so an, dass ich lieber fix ein paar Zeilen an dich absondere. Da kann ich mich auch gleich für den tollen Kalender zu Weihnachten bedanken, der einen schönen Platz neben dem Spiegel in meinem Zimmer bekommen hat. Ein Glück, dass er drin blieb im Paket. Druckerzeugnisse, weißt schon ... Hast Du dich auch ein bissel über die Keramikfigur gefreut? Ich fand sie ganz neckisch und dachte, sie passt zu Dir. - Silvester hab ich in kleiner Runde mit paar Leuten aus der JG gefeiert, auch Wolli (von dem ich Dich herzlich grüßen soll!) und Jürgen waren dabei, die kennst du ja. Getroffen haben wir uns bei Martin, der wohnt im Diakonat und hat genug Platz. Es war ganz nett und nicht zu sehr alkoholisch. Ein wenig schon, muss ja, oder? Übrigens waren auch zwei West-Cousinen dabei, die hier zu Besuch waren über die Feiertage. Und du warst zu Hause zum Jahreswechsel? Hat zumindest Deine Mama am Telefon erzählt. Ist ja nicht so prickelnd, oder? - Was soll ich noch schreiben? Hab furchtbare Halsschmerzen, die ich ewig lange schon nicht loswerde. - Wenn du mal wieder herkommen tätest, würde ich mich irre freuen. Überleg es Dir mal, vielleicht hast Du Lust.

Deine dich liebende Base (schön, nicht wahr?)

(Auf dem Umschlag die Adresse: Sandra Hesse, Bad Pyrmont, BRD, Absender: Angelika Findeisen, Tauchnitz, DDR.
Auf Blättern und Umschlag Aufdruck KOPIE BStU, das Signum des Bundesbeauftragten für die Unterlagen der Staatssicherheit der ehemaligen DDR.)

Jugendweihe

Tauchnitz, Frühjahr 1971

„Es ist entschieden, du nimmst an der Jugendweihe teil, Angelika! Und zwar deshalb, weil wir das besser für dich finden. Punkt." Ernst Findeisen hat offensichtlich die Debatte satt. „Aber in der Kurrende sind mindestens vier, die alle nur zur Konfirmation gehen, nicht zur Jugendweihe, Vati! Und ich will wirklich kein Gelöbnis ablegen, der DDR zu dienen, versteht ihr das denn nicht?" Hannelore legt ihrer Tochter beschwichtigend den Arm auf die Schulter. Ernst versetzt: „Dazu ist alles gesagt, Ende der Diskussion."

Missmutig nimmt Angelika an den *Jugendstunden* teil, die auf die Jugendweihe vorbereiten, nur manchmal berührt sie etwas wirklich. Sie besichtigen gemeinsam mit der Patenbrigade aus einem Tauchnitzer Betrieb das große Erntemaschinenkombinat im Nachbarort. Ganz schön beeindruckend, schätzt Geli ein, diese riesigen Maschinen, teilweise fast wie Roboter arbeitend, erstaunlich.

Beim Besuch einer Gemäldeausstellung in Dresden ist der Lehrer für Kunsterziehung als Sachverständiger dabei und erläutert vor verschiedenen Gemälden den *Sozialistischen Realismus*. Namen ziehen an Angelikas Ohr vorbei: Willi Sitte, Werner Tübke, Wolfgang Mattheuer. Arbeiter und Bauern oder Brigaden sieht man auf den Bildern, Menschen beim Aufbau des Sozialismus – blablabla, Angelika ist angeödet. Einzig das Gemälde *Am Strand* von Walter Womacka fesselt sie. Ein Liebespaar an der Ostsee, ganz ohne Politik, wie schön! Ansprechende Farben, offene Gesichter, positive Ausstrahlung, Angelika will gar nicht wieder weg von dem Bild. Als Abschluss ihrer Vorbereitung auf die *Sozialistische Jugendweihe* besucht Angelika mit ihrer Klasse das

Konzentrationslager Buchenwald bei Weimar. Die Jugendlichen haben in der Nacht in der Jugendherberge wenig geschlafen und sind zappelig und unruhig, als eine Mitarbeiterin der Gedenkstätte die Gruppe zur Führung in einem kleinen Kinosaal begrüßt. „Nun aber bitte Ruhe. Wir beginnen mit einer halben Stunde Informationsfilm."

Es wird dunkel, der Film läuft. Mit schreckensweit geöffneten Augen verfolgt Geli die entsetzlichen Bilder vom Lagerleben. Zum Skelett abgemagerte halbnackte Menschen mit leerem Blick, zusammengepfercht in drangvoller Enge in schmutzigen, dunklen Baracken. Später riesige Leichenberge, LKW und Eisenbahnwaggons voller lebloser Leiber – das ist das Grauenvollste, was sie je gesehen hat, kaum auszuhalten! Geli schaut nicht länger auf die Leinwand. Sie kämpft noch eine Weile mit Übelkeit, als alle wieder an der frischen Luft sind. Auch die anderen sind zunächst merklich stiller auf dem Rundgang durch die Gedenkstätte.

Erst im Bus auf der Heimfahrt löst sich die Spannung ganz allmählich und das Necken, Scherzen und Flirten beginnt wieder. Keiner erwähnt den Buchenwald-Besuch auch nur mit einem Wort. Als es draußen dunkel wird, zieht Ruhe ein im Bus. Angelika lehnt sich zurück und versucht ein wenig zu schlafen. Doch plötzlich tauchen die Bilder von der Kinoleinwand wieder vor ihr auf. Das Grauen, das sie gern so schnell wie möglich wieder vergessen wollte, meldet sich zurück, es hat sich eingegraben in Gelis Kopf.

Geli fasst einen Entschluss: Ich muss Mutti fragen, ob sie von den Konzentrationslagern gewusst hat, als sie ein junges Mädchen war. Ob sie wusste, dass es Menschen gab, die andere als Untermenschen ansahen und sie wie Vieh, wie Abfall behandelten?

Gleich am nächsten Tag nach dem Mittagessen setzt Geli ihren Vorsatz in die Tat um und stellt alle Fragen, die ihr in der Nacht gekommen sind. Hannelore atmet tief ein und zögert mit einer Antwort. Hilfesuchend schaut sie zu Ernst, dann stößt sie hervor: „Also, aus unserer Stadt sind auch zwei Familien auf einmal nicht mehr dagewesen, Geschäftsinhaber aus der Innenstadt. Das hat man so hingenommen, man wusste, dass das Juden sind, man hat einfach nicht weiter nachgefragt, warum und was mit denen passiert. Ich weiß noch, dass meine Mutter, deine Großmutter, sehr, sehr betroffen war, sie hat gerne dort eingekauft." – „Ja, aber die KZs, Mutti?" Hannelore windet sich, sie presst hervor: „Mädchen, von den KZs haben wir nichts gewusst."

Geli schaut von Mutter zu Vater, sie ist nicht zufrieden: „Sagt mal, sind das überhaupt Menschen, die so etwas tun mit ihren Mitmenschen? Und Tante Lene? Was war eigentlich der Grund für ihre Verhaftung nach dem Krieg? Hat sie während der NS-Zeit wirklich nur in der Kleiderkammer gearbeitet und in der Suppenküche Essen ausgeteilt? Sie hat gesagt, sie war bei den Russen im KZ."

Ernst räuspert sich und wendet seiner Tochter zu: „Wir wissen nicht, was Tante Lene gemacht hat, außer bei der Versorgung von Bedürftigen in ihrer Stadt zu helfen. Die Besatzungsmächte in Deutschland, also Amerikaner, Engländer, Franzosen und Russen, haben alle nach Kriegsende Menschen eingesperrt. Die gingen sicher nicht gerade zimperlich mit denen um, da sind wohl auch schlimme Dinge geschehen. KZ kann man diese Gefängnisse aber nicht nennen." Hannelore ergänzt: „Ja, Tante Lene hat es manchmal so genannt in ihren wenigen Erzählungen, sie spricht ja kaum über ihre Monate in Bautzen in russischer Haft." Ernst setzt mit bitterem Tonfall hinzu: „Du darfst nicht vergessen: Die Deutschen haben den Krieg angefangen!“

Eins ist Geli klar: Der Ausflug nach Buchenwald war zwar nicht das Schönste während der Jugendweihe-Vorbereitung, aber es war mit Abstand das eindrücklichste Erlebnis für sie.

Einige Wochen später. Der Tauchnitzer Kinosaal ist vorbereitet für die Jugendweihe, die feierliche Aufnahme der Jugendlichen in der Kreis der Erwachsenen. Fahnen stehen da, die DDR-Fahne, die rote Arbeiterfahne und die blaugelbe Fahne der FDJ. Am Kinovorhang prangen nebeneinander das DDR-Emblem mit Hammer, Zirkel und Ährenkranz, das Emblem der FDJ und das Wappen von Tauchnitz mit den drei Hügeln. Seitlich auf der Bühne ist ein großes Foto des Staatsratsvorsitzenden Walter Ulbricht angebracht, umrahmt von Asparagustöpfen und einem Gesteck aus roten Plastiknelken. Auf der anderen Seite der Bühne steht das Rednerpult, ebenfalls rot und grün dekoriert.

Geli und Hannelore waren beim Friseur, haben aber gewöhnliche Sonntagskleidung an, während einige Klassenkameradinnen und deren Mütter wie für eine Hochzeit hergerichtet zur Feierstunde erscheinen. Geli zieht spöttisch die Mundwinkel nach unten. Ich sitze hier nur, weil meine Eltern das wollen, aus diesem einzigen Grund, grollt sie im Stillen. Der Schulchor betritt die Bühne, alle Kinder in weißen Pionierblusen mit blauen Halstüchern. Der Chor singt *Unsre Heimat, das sind nicht nur die Städte und Dörfer ... und wir lieben die Heimat, die schöne und wir schützen sie, weil sie dem Volke gehört ...* Verlogener Text, denkt Geli, unser Bach in der Stadt hat braunes Wasser und stinkt. Umweltschutz gibt es hier nicht!

Der Schuldirektor tritt ans Pult und begrüßt die Jugendlichen und alle Gäste. Es folgt ein Instrumentalstück, von Schülern der Musikschule dargeboten. Danach ergreift der *Erste Sekretär der SED-Kreisleitung* das Wort und redet lange über den Aufbau des Sozialismus und die Rolle der Jugend dabei, als *allseitig entwickelte sozialistische Persönlichkeiten.* Er versäumt nicht, den Blick auf den bösen Aggressor im Westen zu lenken. Dieser versuche die Entwicklung hin zum Kommunismus unter Führung der internationalen Arbeiterklasse, die sich nach *Marx, Engels* und *Lenin* gesetzmäßig vollziehe, heimtückisch und böswillig zu hintertreiben. Blablabla, Geli verdreht die Augen, das Gerede kennt sie zur Genüge. Wenn der Krampf hier nur schon zu Ende wäre! Sie stöhnt lautlos und wirft ihren Eltern verzweifelte Blicke zu.

Bei der eigentlichen Jugendweihehandlung müssen die Jugendlichen ein Gelöbnis ablegen, aktiv beim Aufbau des Sozialismus mitzuhelfen. „Ja, das geloben wir!“, ertönt von den Jugendgeweihten im Sprechchor zwischen den jeweils vorgesprochenen Abschnitten. Nach Händeschütteln mit allen Funktionären erhalten alle den dicken Bildband *Weltall, Erde, Mensch* ausgehändigt. Geli lässt sich erleichtert wieder in ihren Kinosessel fallen, jetzt ist es bald überstanden. Der Schulchor, diesmal mit Unterstützung einiger FDJler, stimmt das Weltjugendlied an: *Unser Lied die Ländergrenzen überfliegt, Freundschaft siegt, Freundschaft siegt!* Schon wieder Lug und Trug, grollt Geli, Ländergrenzen kann vielleicht ein Lied überfliegen – wir aber dürfen nur in ausgesuchte *sozialistische Bruderländer* reisen!

Ein junger Vietnamese tritt ans Mikrofon und stellt sich als Vertragsarbeiter aus dem nahen Erntemaschinenwerk vor. In passablem Deutsch überbringt er Glückwünsche seiner sozialistischen Bruderorganisation in Vietnam. Nochmals irgendeine Fiedelei von der Musikschule, jetzt erheben sich alle im Saal und singen die Nationalhymne der DDR.

Endlich ist die öde Feier vorbei. Geli stürzt ins Freie, boxt einem Mädchen, das sie vom Konfirmandenunterricht kennt, mit verschwörerischem Blick übermütig in die Rippen und hakt ihre Mutter unter. Die Familie macht sich auf den Heimweg. Gefeiert wird nicht.

Durchschlängeln

Tauchnitz, September 1971

Für Angelika hat das 9. Schuljahr begonnen, sie besucht jetzt die EOS, die *Erweiterte Oberschule,* in Tauchnitz. Und dies, obwohl sie kein Arbeiterkind, christlich orientiert und ihr Vater Zahnarzt in eigener Niederlassung ist, also eigentlich ein kleiner Kapitalist. Natürlich ist Angelika pro forma Mitglied der *Freien Deutschen Jugend* geworden, etwas anderes kommt für Findeisens nicht in Frage, wieder aus Sorge um Benachteiligungen. EOS, das heißt: Hier weht in politisch-ideologischer Hinsicht ein schärferer Wind, das weiß Angelika von ihrem Bruder. Die Lehrer legen Wert darauf, dass die Schüler sich zum Staat, zum Sozialismus bekennen. *Allseitig entwickelte sozialistische Persönlichkeiten* sollen sie werden!

Angelika kommt mittags aus der Schule heim, schmeißt mit Schwung ihre Schultasche in die Ecke und baut sich in Türrahmen zur Küche auf: „Jetzt wird es ernst. Wisst ihr was, die wollen, dass ich in der FDJ eine Funktion übernehme. Wie soll ich mich denn bloß verhalten? Ich müsste immer so tun, als ob ich das alles in der DDR toll finde –

dass wir hier so gut wie eingesperrt sind und nicht mal Musik von den *Rolling Stones* hören oder mit einer West-Plastetüte in die Schule kommen dürfen! Soll ich immer nur lügen?“

Das Elternpaar schaut sich betreten an. Was sollen sie ihrer Tochter sagen? „Mach es irgendwie so wie Gerhard“, beginnt Vater Findeisen und schaut dabei ernsthaft über die dicke Brille. „Der hat das schlau angestellt. Mit seinem Tuberkulose-Verdacht hat er sich immer gut rausreden können, dass er nicht so viel mitmachen kann in der FDJ und so. Und nun studiert er Medizin!“ Mutter Hannelore nickt eifrig. Ernst fügt hinzu: „Musst dich halt irgendwie *durchschlängeln* ... Das schaffst du schon, da bin ich sicher. Ich hab das bei den Nazis ähnlich gemacht. Nur nicht exponieren ...“ Hannelore wiegt fast unmerklich ihren wohlfrisierten Kopf mit den ersten grauen Strähnen und blickt schweigend zur Seite. Wie immer, wenn sie nichts weiter sagt, ist aber ihr Mund in ständiger Bewegung.

Das *Durchschlängeln* – genau, das stößt Angelika in ihrer EOS-Zeit oft mächtig sauer auf! Diese Schere im Kopf, dieses mit gespaltener Zunge reden, auf zwei Schultern tragen müssen. Immer mehr lernt sie das hassen. Aber welche Perfektion man darin erreicht! Umfangreiche Aufsätze schreibt Angelika zu Themen wie *Dank euch, ihr Sowjetsoldaten!* Phrasen über Phrasen, aber im Ergebnis Note 1,0.

Am Familientisch offenbart sich Angelika den Eltern: „Ihr habt ja keine Ahnung, wie das ist. Beispiel: In Geographie hängt eine Weltkarte vorne, auf der man sieht, wo der Sozialismus bereits gesiegt hat. In Geschichte: Arbeiterbewegung hinten und vorne. Zum Glück gibt es aber ein paar Lehrer, die nicht stur nach Lehrplan und Parteiprogramm vorgehen. Meine Klassenlehrerin an der Grundschule beispielsweise, die war so eine. Und jetzt an der *EOS* der *Flatcher*. Bei dem macht Deutsch richtig Spaß. *Flatcher* hat gefragt, ob jemand einen Kurzvortrag über die *Buddenbrooks* halten will. Das ist mal was ganz anderes, als immer nur *Sozialistischer Realismus*, der einem zum Hals raushängt. Ich hab mich gleich gemeldet für den Vortrag!"

Ernst nickt anerkennend und Hannelore schmunzelt, während Geli fortfährt: „Oder Physik beim *Strammi*, das ist richtig gut – Naturwissenschaft ohne ideologisches Beiwerk. Feine Menschen sind das, man merkt ihnen an, dass sie gerne Lehrer sind. Und Mitglied in der *Sozialistischen Einheitspartei Deutschlands* sind beide auch nicht." Jetzt horcht Ernst auf: „Wie das? Ganz sicher bekniet man doch alle Lehrer, dass sie *Genossen* werden ..." Geli zuckt mit den Schultern: „Keine Ahnung, wie sie das geschafft haben, Vati. Gerhard hat gemeint, vielleicht sind sie in einer der *Blockparteien* wie *CDU* oder *Liberaldemokratische Partei*, damit man sie mit der *SED* in Ruhe lässt. Er kennt *Flatcher* und *Strammi* noch aus seiner Schulzeit und fand sie prima."

Ermittlungsbericht Tauchnitz, 24.5.1972

Personalien:
Findeisen, Angelika, geb. 27.05.1956

Gesellschaftliche Arbeit und Einsatz von Seiten der Eltern der A.F. sind nicht bekannt. In ihren politischen Einstellungen vertreten sie kirchliche Glaubensrichtungen. Ob evangelisch oder katholisch, konnte nicht gesagt werden. Zeitweilige wirtschaftliche Probleme in der DDR werden kritisiert, wobei aktive Mithilfe an deren Beseitigung nicht erkennbar ist. Vielmehr wird der Lebensstil in der BRD verherrlicht. Die Eltern der A.F. pflegen intensive Beziehungen zu Bürgern aus dem kapitalistischen Ausland und es existiert ein großer Bekanntenkreis sowie zahlreiche Besucher mit dieser Herkunft. Die A.F. nahm zwar der Jugendweihe teil und ist Mitglied der FDJ, jedoch erhielt sie auch die kirchliche Konfirmation, welche als Familienfest gefeiert wurde.

Unterschrift: gez. IME Braun

Konfirmation

Tauchnitz, April 1972

Ein richtig großes Fest feiert die Familie zu Angelikas Konfirmation. Da sie im Vorjahr an der Jugendweihe teilgenommen hat, ist sie jetzt *Nachkonfirmandin* – ein Jahr Abstand zu dem staatlichen Akt fordert die Kirchenleitung. Seit Wochen schon laufen die Vorbereitungen, Hannelore hat den Kopf voll und klagt über schlimme Rückenschmerzen, ihre Laune ist nicht die beste.

Am Palmsonntag ist Geli Hauptperson und strahlt übers ganze Gesicht. Sogar ihr Kleid ist diesmal goldrichtig: kurz genug! Sie ist sehr zufrieden. „Guck mal, Dolli", flüsterte sie vor Beginn des Festgottesdienstes ihrer Freundin und Mitkonfirmandin zu. „Ein echter Minirock! Frau Postler hat es endlich mal genauso gemacht, wie ich's mir gewünscht hab!" Dörthe wirft ihren dicken blonden Seitenzopf über die Schulter: „Mein Rock ist aber trotzdem kürzer!", versetzt sie nicht ohne Triumph. „Und was ich dir noch sagen wollte, Geli, wir fliegen dieses Jahr im Urlaub ans Schwarze Meer, nach Bulgarien!" – „Oh, das ist doch mal was, toll." Angelika hebt anerkennend den Kopf und fügt hinzu: „Hast du mitgekriegt, dass die Lokalzeitung einen Aufsatz von mir abgedruckt hat? *Die zwei Kirschen* hieß der. Das hat unsere Deutschlehrerin eingerührt, die Gute." – „Ja klar, du bist eben die Lieblingsschülerin von der, schon immer. Naja, du musstest ja unbedingt auf die *Erweitere Oberschule* gehen, dann mach halt. Meine Eltern wollten das nicht, sonst hätte ich die Jugendweihe mitmachen müssen und das kam nicht in die Tüte. Und ich brauche nicht unbedingt ein Abitur, sagt mein Vater. Da werden wir uns wohl nicht mehr so oft sehen jetzt, denke ich“, setzt Dörthe hinzu und klingt am Schluss viel weniger schnippisch und zickig. Geli glaubt fast ein wenig Traurigkeit herauszuhören. Schade, dass Dolli nicht mit auf die EOS gekommen ist, denkt sie. Sie ist doch nicht weniger schlau als ich, in Mathe ist sie sogar viel besser! Ob ich so eine gute Freundin je wiederfinde?

Nach dem feierlichen Gottesdienst mit Einsegnung der Konfirmanden sitzen die zahlreichen Gäste aus Ost und West munter plaudernd im Findeisenhaus beisammen. Mutter hat mit Frau Postler eine festliche Tafel gedeckt, mit Silberbesteck, Kristallgläsern und Meissner Porzellan. Zum Mittagessen gibt es Gulasch mit böhmischen Knödeln, von Frau Postler vorgekocht, die Kuchen sind alle hausgebacken und sehen verlockend aus.

Selbst eine verunglückte Eierschecke ist noch schnell ersetzt worden. Hannelore schildert den Gästen gutgelaunt die Panne, die sich da ereignet hat: „Stellt euch mal vor, ich bin mit Frau Postler beim Backen. Sie macht böhmischen Kleckskuchen und ich meine allseits beliebte Eierschecke. Den Pudding für die Schecke habe ich zum Auskühlen ins Waschbecken gestellt und achte nicht darauf, dass Ernst vom Autowaschen kommt und sich mit viel Seife die Hände wäscht. Plötzlich schießt es mir ins Hirn – dort steht noch mein Pudding! Ich kriege einen Schreianfall, Ernst aber schaut nur über die Schulter und zieht sein schiefes Heinz-Rühmann-Lächeln, das kennt ihr ja. Ich konnte ihm einfach nicht böse sein … Und Frau Postler hat ganz schnell einen neuen Pudding gekocht.“

Ernst ergänzt lachend: „Als ich mal die Weihnachtsstollen aus Versehen mit Salz statt mit Zucker bestäubt hab, ist Hannelore genauso aus der Haut gefahren." Und da ist es wieder, das Rühmann-Gesicht! „Aber ich brauchte seitdem nie wie wieder beim Stollenbuttern und -zuckern zu helfen ...!"

FDJ-Kulturfunktionärin Tauchnitz, Mai 1972

Angelikas Banknachbarin Conny lässt sich im Klassenraum auf einen Stuhl fallen und faucht: „Na toll, herrliches Wetter draußen – und wir hocken in der doofen FDJ-Versammlung! Das passt mir vielleicht!" Angelika nickt ein wenig abwesend. FDJ-Nachmittag wie jeden Monat. Die Klasse hat geschlossen teilzunehmen, keiner ist begeistert über diese Veranstaltung der Freien Deutschen Jugend. Geli wartet angespannt, bis die Gruppenratsvorsitzende mit ihrer Eröffnung fertig ist und den FDJ-Sekretär der Schule begrüßt hat. Endlich erhält Angelika das Wort, als Kulturfunktionär der FDJ-Gruppe. Sie springt auf und holt tief Luft: „Also, hört mal: Ich habe Karten besorgen können für die ganze Klasse für einen Besuch des Pariser Puppentheaters *Andre Tahon*! Es gibt ein Gastspiel im Saal des *Dresdener Hygienemuseums* und wir werden dorthin fahren!" Sie lässt voller Stolz ihren Blick über die Klasse schweifen. Beinahe schwindlig ist ihr nach ihrer kleinen Rede, so sehr hat sie diesem Moment entgegengefiebert.

Sogar die Jungs nicken anerkennend, das hätten sie der Geli wohl nicht zugetraut. FDJ-Arbeit ohne Politik, eine reife Leistung. Und über die drollige *französische Raupe* in der Vorstellung lachten alle noch lange nach diesem Ausflug. Ein voller Erfolg für Geli!

Öde Veranstaltungen wie *FDJ-Studienjahr* und *aktuellpolitische Stunde* lässt man über sich ergehen, schaltet auf Durchgang, hakt es als notwendiges Übel ab, das ist Angelika seit langem geläufig. Wie zum Beispiel auch Unterrichtsstunden im Fach *Staatsbürgerkunde*, in denen viel Mühe darauf verwendet wird, das nach Lehrmeinung verkommene und verlogene System des Kapitalismus darzustellen.

Der stiernackige *Stabü-Lehrer*, der stets betont lässig und Witzchen reißend versucht, bei den Jugendlichen Anklang zu finden, hat ein anschauliches Beispiel: „Wir sprechen heute über einen dieser typischen West-Schlager, von einer Katja Epstein. *Wunder gibt es immer wieder* heißt er. Ich spiel euch den jetzt vor, passt genau auf, wir werden den Text anschließend diskutieren." Die Schüler spitzen die Ohren, West-Musik in der sozialistischen Schule! Aus dem Kassettenrecorder ertönt plärrend: *Viele Menschen fragen jeden Tag aufs neu': Warum kommt das Glück nicht zu mir? Fangen mit dem Leben viel zu wenig an – dabei steht das Glü-hück schon vor der Tüür ... Wunder gibt es immer wie-hi-der ...* Wie schon zu vermuten war: Der harmlose Schlager gerät zum Anschauungsmaterial für die durch und durch schlechte Gesellschaftsordnung im Westen. Der Lehrer holt tief Luft und bläht seinen respektablen Bierbauch auf. Er steigert sich genussvoll in seine Thematik hinein: „Ihr seht, wie der Bundesbürger verdummt, manipuliert und eingelullt wird, wie ihm die Realität verschwommen und verzerrt vorgegaukelt wird, damit er die Gesetzmäßigkeiten des *proletarischen Internationalismus* nicht erkennen kann. Auf Wunder soll er hoffen, anstatt sich seiner Kraft bewusst zu werden, um aktiv den gesellschaftlichen Fortschritt mit voranzutreiben und sich der Arbeiterbewegung anzuschließen!"

Das ist so absurd, dermaßen an den Haaren herbeigezogen – Angelika schaudert es und gleich danach verkneift sie sich ein Grinsen angesichts eines solchen Blödsinns. Instinktiv schreibt sie fast jedes Wort der sonderbaren Argumentationskette mit. Wie ist das denn dann bei *Blau ist die Nacht* von *Frank Schöbel*, dem DDR-Schlageridol? Ist der Mond dort weltanschaulich vollkommen unbedenklich? Zu gern hätte Angelika das rotzfrech nachgefragt. Das alles spielt sich jedoch nur in ihren Gedanken ab. Es ist bereits eingeübt: Mund halten, sich seinen Teil denken ...

Angelika steht mit geballten Fäusten beim wöchentlichen Fahnenappell der Schule. Dieses ewige ideologische Brimborium, denkt sie grimmig. Die Pfarrerskinder an der Schule haben's gut: Bei denen ist die Linie klar, die müssen sich nicht *durchschlängeln*, sind selbstverständlich keine FDJler und nur wegen ihrer zumeist ausgezeichneten Leistungen auf die Schule gekommen. Ich aber muss mich immerzu verstellen ... So arbeitet es in Angelika und sie unterdrückt nur mit Mühe die immer stärker aufkeimende Wut gegen das diktatorische System.

Angelika schwärmt ihren Eltern vor: „Der junge Pfarrer Klausner, der ist fetzig, mit seinem Vollbart, den langen Haaren und Jeans! Und er macht das richtig toll, könnt ihr glauben!“ Angelika fiebert geradezu jedem Treffen der Jugendgruppe in der Kirche, der *Jungen Gemeinde,* entgegen, besonders jetzt, da der junge Pfarrer seinen Dienst angetreten hat. Ihre Eltern haben ihn noch nicht kennengelernt.

Angelika bemerkt die skeptischen Blicke ihrer Eltern und ist sich nicht sicher, ob sie den Pfarrer richtig einschätzen. „Wisst ihr, wir reden dort über genau die Themen, die uns unter den Nägeln brennen: Wehrdienstverweigerung, Schwangerschaftsabbruch oder Enteignungen. Ganz frei und so wie wir denken. Wenn ich die JG nicht hätte, würde ich in der Schule verrückt werden, glaub ich.“ Welche Rolle die Jungs in der JG-Gruppe für sie spielen, darüber lässt Geli ihre Eltern im Unklaren.

Einige besonders Mutige aus der *Jungen Gemeinde* tragen seit einer Weile die Aufnäher *Schwerter zu Pflugscharen* an ihren Parkas, ein Symbol der evangelischen Friedensbewegung Sachsens. Beim JG-Treffen thematisiert Pfarrer Klausner die Aktionen der diesjährigen *Friedensdekade* und die Probleme mit der Staatsmacht. Angelika ist voller Hochachtung. Zu Wolli und Jürgen sagt sie: „Das traut ihr euch, mit den Aufnähern? Seid ihr nicht längst zur *Stasi* vorgeladen worden?“ – „Nö, nur zur Schulleitung wurden wir bestellt, aber seit ich den Aufnäher rausgeschnitten hab und nur mit dem Loch im Ärmel rumlaufe, ist Ruhe eingekehrt“, antwortet Wolli augenzwinkernd. Tolle Jungs, die man insgeheim ein wenig anschwärmen kann. Allein das ist Grund genug für Angelika, die Treffen zu besuchen. Nur: Sobald sie ihre

Traumtypen in der Nähe hat, fällt oft ihr Selbstbewusstsein in sich zusammen wie dürres Laub, sie fühlt sich unattraktiv und hat Komplexe. Wenn doch mal einer von denen mich ansprechen würde, wünscht sie sich.

Zusammengefasste Information zu Gruppierungen kirchlicher Kreise

Tauchnitz, 12. Mai 1972

Durch inoffizielle Hinweise ist seit spätestens Anfang 1972 die Existenz einer Gruppierung von Personen im Alter bis zu 30 Jahren bekannt, welche aktive kirchliche Bindungen haben und kleinbürgerlichen bzw. intellektuellen Kreisen zuzuordnen sind. Sie treffen sich in der Regel im Gasthaus "Alte Post" in Tauchnitz. Die dort geführten Diskussionen sind belanglos. Es ist zu vermuten, dass bei gemeinsamen Unternehmungen im Elbsandsteingebirge mit Übernachtungen operativ relevante Standpunkte, Absichten und Konzeptionen vertreten werden, die den politischen Untergrund charakterisieren. Die Klarstellung dieser Vermutung ist das Ziel der weiteren Ermittlungen zu dieser Gruppierung. Es gibt Hinweise für ein Sympathisieren mit der sozialismusfeindlichen Bewegung, Vertreten sozialismusablehnender Positionen und Unterhalten relevanter Verbindungen nach der BRD und Westberlin. Weiterhin relevant ist der enge Kontakt der Gruppe zum Pfarrer der ev. Kirche Tauchnitz, M. Klausner. Dieser ist bekannt aus negativen Kirchenkreisen in Leipzig zur Zeit seines Theologiestudiums, er verbüßte eine Haftstrafe wegen krimineller Protestaktionen im Zusammenhang mit dem Abriss der Leipziger Universitätskirche.

Dachboden-Party

Tauchnitz, Juni 1972

Ich müsste mal zu einer Party ins Findeisenhaus einladen, dann kämen die Jungs aus der JG-Gruppe auch, das wäre toll! Angelika träumt schon geraume Zeit diesen Traum. Den netten Jungs kann man so vielleicht ein wenig näherkommen und sie könnte zeigen, was sie draufhat. Angelika bettelt am Anfang der Sommerferien ihre Eltern: „Kann ich nicht eine Party hier machen, bei uns auf dem Dachboden wäre es prima. Darf ich? Bitte sagt ja ...!" – „Ist das nicht viel zu heiß da oben? Und es steht doch alles voll. Na, meinetwegen. Aber dass mir alles hinterher wieder so aufgeräumt wird, wie es vorher war!", erhebt Hannelore mit strengen Blick die Bedingung. Kein Problem, da ist sich Angelika sicher.

Jürgen bringt am Morgen vor dem Partytermin seine Boxen samt Plattenspieler vorbei und auch seine Plattensammlung. Interessiert schaut er sich auf dem verwinkelten Dachboden um. „Das kann ja richtig nett werden, mit den gemütlichen Ecken und den zwei Zimmerchen. Gute Idee von dir, find ich." Gelis Herzschlag scheint für einen Moment auszusetzen. Jürgen hat mich gelobt ..., darf das wahr sein? Dieser tolle Jürgen, ich fasse es nicht!

„Deine Eltern sind entspannt?", will er noch wissen. Geli rollt mit den Augen. „Nee, eher nicht, wenn ich ehrlich bin. Aber es wird hoffentlich gutgehen." Es klingelt schon wieder an der Haustür. Hannelore öffnet und ruft mit einem hektischen Unterton in der Stimme: „Geli, für dich!" Wolli steht unten, bringt sein Tonband und einige Getränkekisten. Die beiden Jungs sprechen die Technik ab, wollen noch

Girlanden und Lichterketten aufhängen, Geli ist zufrieden. Alles flutscht wie am Schnürchen.

In der Küche hört Angelika ihre Mutter lautstark Zwiebeln hacken. Hat sie etwa mit den kleinen Bouletten angefangen, die sie versprochen hat zu braten? Tatsächlich, als Geli in die Küche kommt, steckt Hannelore fast bis zum Ellenbogen im Hackfleischteig. Sie schaut beinahe amüsiert zu ihrer Tochter herüber. Ein Glück, denkt Geli, sie hat doch nicht so schlechte Laune. „Mutti, Dolli und Ricky kommen gleich noch und bringen eine große Platte mit Käsespießen und Saurem. Knabberzeug soll jeder selbst mitbringen, haben wir ausgemacht. Ich werde jetzt mal Nudelsalat machen." Hannelore hebt den Zeigefinger: „Das Nudelwasser salzig wie die Nordsee, denk dran. Sonst kriegst du keinen Geschmack rein ..." Angelika lässt das Salatbesteck fallen und umarmt ihre Mutter kurz und heftig. „Ach, du *Saumensch* ... Und ich war so lange in der *Widerbekehr*, ob wir dir die Party überhaupt erlauben sollen!", sagt Hannelore lächelnd. In der – was? Ach, unschlüssig war sie, sollte das wohl heißen, jaja, wieder einer von Hannelores tollen Sprüchen. Gemeinsam mit ihren Freundinnen räumt Geli später den Dachboden noch ein wenig um, sie schieben Kisten, Körbe und Kommoden zur Seite und ordnen Matratzen unter den Dachschrägen an. Mit einem zufriedenen Seufzer lässt sich Dolli in die Kuschelecke fallen, die beiden anderen machen es ihr unter aufgekratztem Kichern und Glucksen sofort nach. Ricky verkündet: „Prima ist das geworden, Geli! Die Party wird ein Erfolg, so sicher wie das Amen in der Kirche!" – „Himmel, die Erdbeerbowle müssen wir noch ansetzen!" Geli fährt plötzlich hoch. „Los Mädels, wir sind ja nicht zum Vergnügen hier."

„Tolle Party, Geli. Alle Achtung, wirklich.“ Jürgen hockt sich neben Angelika auf die Matratze. Geli grinst genüsslich und fächelt sich mit der flachen Hand Luft zu. Ich will mit Jürgen alleine sein, denkt sie, sagt aber :„Wollen wir eine rauchen gehen, im Garten?“

Als sie mit ihrem Schwarm nach unten steigt, kommt ihr eine Idee. Die Tür zu Vaters Arbeitszimmer steht offen, Geli zieht Jürgen kurzerhand hinter sich her und schließt die Tür. Endlich nimmt Jürgen sie in die Arme, sie küssen sich und drängen sich aneinander, er öffnet gerade ihren BH – da erscheint plötzlich Hannelore in der Tür. Jürgen verschwindet in Sekundenschnelle. Angelika steht da wie gelähmt, während ihre Mutter die Hände in die Hüften stemmt und auf ihrer Stirn eine steile Falte sichtbar wird: „Angelika, bist du noch bei Trost? Was fällt dir ein? Jürgens ganze Familie, alle sind unsere Patienten! Und du benimmst dich wie ein billiges Flittchen! Zieh dich gefälligst ordentlich an!“

Aufs Höchste empört sieht Hannelore ihre Tochter von oben herab an. Als sie gegangen ist, sinkt Angelika in Vaters Ohrensessel und pustet mit vollen Backen in den Raum. Mann, so ein Theater, denkt sie. Hätten die nicht ausgehen können während der Party? Nö, immer alles schön kontrollieren und einem die beste Feier richtig schön versauen ...! Danke dafür!

Am nächsten Morgen zitieren die Eltern die brav zum Aufräumen anrückenden Jugendlichen auch noch zum Anschiss vors Haus: „Wer hat denn bitte die Drecktapsen auf den Polstern der Hollywoodschaukel gemacht?“ Hannelores Stimme klingt giftig und schrill, um ihren Mund ist ein hektisches Zucken. Angelika wird hundeelend, am liebsten würde sie in den Boden versinken. Warum nur sind die

Eltern gar so misstrauisch und kontrollsüchtig, fragt sie sich. Wissen die gar nicht, wie sehr mich das verletzt? Sie waren doch selbst mal jung und sollten sich daran erinnern können, was sich Teenager wünschen, was ihnen wichtig ist. Leider Fehlanzeige. Bekümmert vertraut Angelika ihren Jammer fast täglich ihrem Tagebuch an:

Meine liebe Dizzy, ... wie herrlich war das, als Jürgen mich in seine Arme nahm! Diesen Kuss werde ich mein ganzes Leben nicht vergessen, glaub mir. Alles musste meine Mutter kaputtmachen - wie ich sie dafür gehasst habe! ...

Zweite Klasse & Schwindelei Tauchnitz, Juli 1972

Sommerurlaub Ernst will mit seiner Familie wieder nach Ungarn, er hat eine Ferienwohnung am Balaton ausfindig gemacht, ganz nahe am See. „Wir bezahlen die Vermieterin in Naturalien", erläutert er vor der Abreise das Prozedere. „So viel Geld lassen die uns gar nicht tauschen, wie wir für das Quartier bräuchten. Ist das alles ein Quark." Hannelore pflichtet bei: „Das kannst du laut sagen, Ernst! Wir nehmen der Vermieterin Bettwäsche und Handtücher mit, das wasche ich vorher alles. Also an der Grenze heißt das dann: Da schlafen wir selber drin, ist alles für den Eigenbedarf, verstanden, Geli?" Jawohl, Reisemarschallin. Mutter hat wieder alles im Griff.

Ab geht es nach Ungarn, Angelika trifft László und seine Brüder wieder, die Familie verlebt drei erholsame, sonnige Wochen am Balaton. An einem der seltenen Abende, an denen sie sich ein Abendessen in der gemütlichen *Csárda*, der Dorfschänke, leisten, fällt ihnen am Nebentisch eine deutsche Familie mit mehreren Kindern auf. Es ist nicht zu übersehen, dass sie eine äußerst umfangreiche Bestellung aufgegeben haben, unablässig tragen die Kellner Essen auf. Mehrmals hört Angelika, dass Sonderwünsche bei den Speisen geäußert werden, denen man sofort nachkommt. „Ob die was zu feiern haben? Oder warum sonst halten die hier so ein Festmahl ab?“ Angelika glaubt ihren Augen nicht zu trauen, als zwei Kellner später noch opulente Eisbecher servieren, mit brennenden Wunderkerzen werden sie auf den Tisch gestellt – spektakulär! „Sowas dürfte ich mir nie bestellen, viel zu teuer”, grummelt Geli. Das Paprikahuhn mit Nockerln auf ihrem Teller war immerhin lecker, als Nachtisch sind noch Trauben im Quartier.

Als Ernst die Wohnungstür aufschließt, zieht er ein bedeutsames Gesicht: „Kommt rein, ich will euch was erzählen. Vorhin auf dem Weg zur Toilette bin ich mit dem Familienvater vom Nebentisch, einem Westfalen, ins Gespräch gekommen. Keine Spur von Geburtstag oder sowas, ganz normales Abendessen, was die da eingenommen haben. Aber: Er sagt, es sei für sie mit der D-Mark in Ungarn alles so spottbillig, dass sie sich Dinge leisten können, die in Westdeutschland für sie unerschwinglich wären. Sie fühlten sich wie in einem Schlaraffenland, den Preis für eine Kugel Eis am Stand könne man gar nicht in Pfennige umrechnen! So, jetzt wisst ihr's.“

Ernst greift in den Kühlschrank nach einem Bier. „Und wir armen Schweine schmuggeln Wäsche, damit wir hier wohnen können und kochen fast die ganze Zeit selbst.“ Hannelore trinkt einen kräftigen Schluck aus Ernsts Bierglas. „Weißt du, wie mir das vorkommt, Ernst? Wir aus der DDR sind Deutsche zweiter Klasse! So sieht's aus!“, sagt sie mit einer Zornesfalte auf der Stirn. Angelika denkt an die

Rieseneisbecher, an das Tretbootfahren auf dem See, die bunten Klamotten auf dem Markt – alles Dinge, die sie sich beständig verkneifen muss.

Nach dem Urlaub besucht Angelika mit einem neuen Freund aus der 11. Klasse die Nachmittagsvorstellung im Kino. Ein neuer Luis-de-Funès-Film läuft. „Mist!“, zischt Geli plötzlich ihrem Freund zu. „Da hinten in der letzten Reihe sitzt meine Erdkundelehrerin!“ – „Na und? Was stört's dich?“, versetzt der junge Bursche verständnislos und schüttelt seine Prinz-Eisenherz-Frisur. „Mann, du hast ja keine Ahnung! Die ist Patientin bei meinem Vater, ich kenne das ...!“, stöhnt Geli genervt auf und hat Mühe, sich zu beruhigen.

Und richtig: Einige Tage später teilt ihr die Mutter am Mittagstisch mit, man hätte die Eltern des Jungen aufgesucht. „Wir wollten uns die Leute mal ansehen“, sagt sie mit ihrem typischen Zucken um den Mund. Geli schnappt nach Luft, sie sieht rot und springt jäh auf. Türknallend rast sie aus dem Esszimmer, sie schämt sich für ihre Eltern und schäumt vor Wut. „Ihr habt doch nicht mehr alle Tassen im Schrank! Was fällt euch ein!", faucht sie laut im Treppenhaus. Ihr ist zum Zerspringen zumute, in ihren Ohren dröhnt ein schrilles Geräusch, fast wie von Vaters Bohrmaschine, am liebsten würde sie sofort abhauen von zu Hause. Tagelang bockt sie, redet nicht. Ihre Eltern suchen jedoch kein Gespräch mit ihr und Geli zieht still ihre Konsequenzen.

In der Folgezeit entwickelt sich Angelika zu einer Meisterin im Vertuschen und organisiert sich ihre Freiheiten: Mit ausgefuchsten Lügen! Am besten bewährt es sich, gemeinsam mit einer verlässlichen Komplizin zu operieren, damit man den gestrengen, kontrollsüchtigen Eltern entkommt.

Gelis Wahl fällt auf ihre Mitschülerin und Banknachbarin Conny mit den brauen Rehaugen. Mit Conny kann man erstens Pferde stehlen und zweitens sehen deren Eltern alles nicht so eng. Conny ist die jüngste von drei Schwestern. Es hat dort keinen großen Aufstand gegeben, als Conny den Wunsch äußerte, die Pille verschrieben zu bekommen.

Anders bei Geli, dort kostet das einen Riesen-Kampf: „Könnten wir zusammen zur Frauenärztin gehen, Mutti, damit ich die Pille kriege?“ – „Kommt überhaupt nicht in Frage!“, lautet Hannelores Antwort. „Das hat wohl noch eine Weile Zeit.“ Sie verzieht den Mund, kaut von innen an ihrer Unterlippe herum. Wieder mal hält sie zurück, was sie wirklich denkt, weiß Angelika. „Aber ich hab doch immer so schlimme Regelschmerzen und Conny hat gesagt, mit der Pille wird das besser! Bitte Mutti!“, bettelt sie mit einer Notlüge. Schließlich hat sie damit Erfolg.

Angela Davis — Tauchnitz, Herbst 1972

„*Freiheit für Angela Davis* – ich kann es nicht mehr hören!“ Angelika schnaubt verächtlich, alle in der JG-Gruppe nicken zustimmend. „Ständig diese Demonstrationen überall, Wandzeitungen, Protestresolutionen und vorgedruckte Briefe ... Jetzt malen schon Kindergartenkinder Bildchen für die angeblich zu Unrecht in den USA inhaftierte schwarze Aktivistin!“ Pfarrer Klausner streicht sich nachdenklich über seinen schwarzen Vollbart: „Eine Riesenkampagne ist da angelaufen, darin ist die DDR gut! Schwingt sich aufs hohe Ross der internationalen Solidarität gegen Rassendiskriminierung und kann damit wunderbar von der eigenen Repressionspolitik mit Verfolgungen und Inhaftierungen ablenken.

Und jetzt, nachdem Frau Davis freigesprochen wurde, zeigt sie sich in der DDR mit Partei-Oberen wie Erich Honecker, bedankt sich artig und lässt sich mit Orden behängen, sogar Ehrendoktorin in Leipzig ist sie geworden. Sie verhilft zu wunderbar starken, emotionalen Bildern, die die DDR-Führung bestens für sich ausnutzen kann."

Klausner wechselt die Tonart: „Ich hab eine schöne Neuigkeit für euch: In der Tauchnitzer Kirche findet Ende Oktober ein Konzert mit der afroamerikanischen Sängerin Etta Cameron statt. So etwas gab es hier noch nie, richtige schwarze Gospelmusik, ihr werdet staunen! Ein Wunder, dass die Kirchenleitung in Sachsen das bei den Behörden durchgekriegt hat ... Und noch was: Etta Cameron tritt fast nur noch in Kirchen auf, sie lässt sich nicht so vor den DDR-Karren spannen wie Angela Davis!"

Angelika eilt am Konzertabend zur Kirche, sie ist spät dran. Freie Platzwahl – aber alle Plätze sind bereits belegt. Sie flucht unhörbar. Ratlos irrt sie durch die übervollen Sitzreihen und steigt auf den Emporen immer weiter in die Höhe. Nirgends auch nur das kleinste Plätzchen. Da entdeckt Geli in der winzigen obersten Empore, genannt *Spatzennestl*, einige Freunde aus der *Jungen Gemeinde* des Nachbarortes. Einer aus der Gruppe winkt sie aufmunternd heran und sie landet schließlich auf dem Schoß eines Jungen mit Namen Volker. Er hat längere dunkle Haare, schaut etwas schüchtern und sagt nicht viel.

Das Konzert beginnt, die schwarze Sängerin tritt mit ihrer Band auf, stürmischer Beifall ertönt. Geli reckt den Hals und späht über die Brüstung. Das hier ist für die Leute aus der Region etwas Großes, ganz Besonderes. Der altehrwürdige Kirchenbau ächzt und bebt mächtig unter der mitreißenden Gospelmusik. Alle klatschen trampeln, singen begeistert mit bei Liedern wie *Down by the riverside* und fühlen sich wie in einer anderen Welt. Am Ende des Konzerts erklingt *We shall overcome* – die Begeisterung kennt keine Grenzen mehr, alle sind aufgestanden, singen mit und klatschen mit erhobenen Armen.

Nach dem Konzert steht Geli mit Volker vor der Kirche, er schaut mit seinen braunen Samtaugen auf sie herab und tritt unsicher von einem Bein aufs andere. Geli bricht schließlich das Schweigen: „Na, wollen wir mal spazieren gehen, nächste Woche vielleicht?“ Volker atmet aus, scheint erleichtert und nickt eifrig. Er nimmt Geli in die Arme und haucht ihr einen schüchternen Kuss auf die Wange. „Ich hol dich ab, freu mich, du ... !“ Und schon ist er in der Gruppe seiner Freunde verschwunden.

Geli prickelt ein Freudenschauer über die Haut. Es fühlt sich gut an, das mit Volker. Sie rennt nach Hause, den Kopf voller Gospel und das Herz voller Jubel. Zwei Stufen auf einmal nehmend saust sie an ihrer erstaunten Mutter vorbei in ihr Zimmer, sie will mit ihrem Glück jetzt allein sein.

„Du Conny, ich hab ’ne Einladung zu einer Party nach Neustadt. Kommst du mit und ich schlafe danach bei dir? Für meine Eltern wenigstens, du verstehst?“ Geli weiß genau, wie sie es einzufädeln hat. Volker, ihr neuer Freund aus der Neustädter JG, hat ein kleines Zimmerchen unterm Dach des Mietshauses, seine Eltern lassen ihn eher in Ruhe. Also könnte Geli nach der Party dort ganz einfach über Nacht bleiben und müsste nicht zum letzten Bus rennen, so der Plan. Connys Augen werden zu schmalen Schlitzen, sie streicht sich bedächtig eine brünette Haarsträhne hinters Ohr. Dann lächelt sie verschwörerisch und nickt: „Cleverer

Plan, Geli! Alle Achtung, bist ja lernfähig …" Derartige Komplotte werden die beiden Freundinnen in Zukunft öfter schmieden.

Überglücklich eröffnet Geli ihrem Liebsten: „Du Schatz, ich bleib heute Nacht bei dir!" Volker zieht sie fest an sich und gibt ihr einen zärtlichen Kuss. Geli strahlt ihren Freund an, wohlige Schauer rieseln ihr über den Körper, ihr Herz wird leicht und scheint zu schweben. Sie ist verliebt – so wie noch nie in ihrem Leben.

Volker

Tauchnitz, Frühjahr 1973

Angelika lehnt am Fensterrahmen ihres Zimmers und blinzelt gedankenverloren hinaus in den sonnigen Morgen. Beinahe über Nacht hat sich ein zarter Schleier aus frischem Birkengrün über der Landschaft ausgebreitet, alles sieht aus wie frisch gewaschen. Angelika öffnet das Fenster und atmet tief ein, es riecht nach warmer, feuchter Erde, die Amseln haben ihr Frühlingslied angestimmt und übertreffen sich mit ihren Melodien. Angelika ist, als hätte sie noch nie einen solch prachtvollen Frühling erlebt.

Jetzt beginnt die Zeit der Kletter-Ausflüge in die nahe Felsenwelt mit Volkers Clique, das hat er angekündigt. Freitagabend ruft er an: „Du Geli, es ist doch so schönes Wetter und ich darf mir übers Wochenende das Auto meines Vaters leihen. Die anderen borgen sich auch Autos, dann fahren wir zum Zelten ins Bielatal. Das wird ein Riesenspaß, wirst sehen, mit Gitarre und Lagerfeuer – und einem Ballon voll Hagebuttenwein im Rucksack! Alle wollen dich kennenlernen, prima Leute. Und klettern kann man dort auch sehr gut. Freust du dich?" Angelika erschrickt ein wenig.

„Klettern? Volki, das ist gar nichts für mich, das weißt du doch!" – „Ach komm, sei keine Spielverderberin, das wird richtig toll!"

Die Truppe parkt am Eingang zum Bielatal die Autos und wandert in den dichteren Wald. „Ist das schön hier, Volki! Wie eine grüne Kathedrale." Geli schmiegt sich an ihren Freund und schaut fasziniert an den steilen Felswänden empor und in die Baumwipfel, die sich über ihnen schließen. Die Gruppe sucht eine Lichtung, einen geeigneten Platz zum Aufbauen der Zelte. „Wo sind die Heringe, Mann? Habt ihr etwa nur einen Beutel mitgenommen?", schimpft Volker in die Runde. „Da waren doch zwei! Dann muss es eben so gehen ..." Angelika und das andere Mädchen sammeln trockenes Holz fürs Feuer und bald schon prasselt es heimelig. Volker hat vom örtlichen Fleischer Bratwürste mitgebracht und Geli Semmeln vom Bäcker aus Tauchnitz. „Ketchup gab es leider nicht im Konsum, wie üblich ..." Geli verzieht das Gesicht, aber diesen Mangel sind ja alle gewöhnt. Wenigstens geht der Bautzener Senf nicht aus. Der Hagebuttenwein aus dem Rucksack ist irgendwann ausgetrunken, aber jemand hatte noch ***Erlauer Stierblut*** organisiert, den beliebten ungarischen Rotwein.

Später nimmt Volker die Gitarre, spielt Lieder von Reinhard Mey, Hannes Wader und Bob Dylan. „Holzwollschnitzelwerk!", ruft jemand. Dieses verrückte Lied der Gruppe *Schobert & Black* lieben alle besonders und singen lauthals den Refrain mit. Volker hat es einfach drauf, findet Angelika. Die Stimmung ist bestens, sie sitzen bis tief in die Nacht beisammen.

Irgendwann tummeln sich alle in die Zelte. Geli liegt in einem unruhigen Halbschlaf, da prasselt plötzlich ein

Gewitter nieder, es donnert und stürmt beängstigend. Die Zeltwände sind undicht und der Wind reißt die viel zu wenigen Heringe aus dem Boden. Kopflos rennen die Jungs in der Dunkelheit umher und versuchen, die Zelte an Bäumen zu befestigen, während die beiden Mädchen, kichernd und noch halbwegs trocken in den Zelten hocken und das Treiben verfolgen. Als alles halbwegs gesichert scheint, kriechen Geli und Volker wieder zusammen in einen Schlafsack und lauschen aneinander gekuschelt nach draußen auf das Brausen und Toben des Unwetters. Irgendwann wird es ruhiger, die Liebenden tauschen viele Zärtlichkeiten und unendliche Küsse, bis sie gegen Morgen einschlafen.

Die Zeit mit Volker ist unbeschwert und ausgelassen, einfach wunderbar für Angelika. Das Liebespaar erlernt und erforscht staunend und behutsam das Wunder zärtlicher Sexualität. Kaum sind sie in Volkers oder Angelikas Zimmer allein und sicher vor Störungen, springt der Funke über, sie sind verrückt nacheinander. Volker berührt sie, sofort tanzen Angelika tausend bunte Sterne vor den Augen, ihre Gedanken überschlagen sich, sie fliegt immer höher und höher. Wie in einer zauberhaften Wolke aus Romantik und himmelhoher Glückseligkeit fühlt sie sich. Ich hatte keine Ahnung, dass Liebe so sein kann und welche Freuden, welche Lust die Zweisamkeit in sich birgt, denkt sie und kann ihr Glück kaum fassen. Angelika kuschelt sich eng an ihren Freund, das schmale Bett in Volkers Dachkammer bietet nicht viel Platz.

Volker ist neben ihr eingeschlafen, Geli aber hält ein Gedanke wach: Was ich jetzt mit Volker erlebe, das ist so unsagbar schön! Ich verstehe es nicht: Warum nur hat mein Vater damals so abfällig über Sex geredet, als er mich vor

Jahren nach dem Essen auf seinen Schoß zog. Angelika sieht die Szene vor sich: Wie üblich schäkerte und scherzte Ernst zunächst mit seiner Tochter herum, bis er ernst wurde und unvermittelt begann, ihr zu erklären, was Pornografie ist. Geli wurde rot, ihr war das höchst unangenehm, angestrengt starrte sie in eine Zimmerecke. Und dann kam dieser Satz von ihrem Vater, der sie heute Abend wieder einholt: „Weißt du, meine Geli, eine Frau sieht da unten nun wirklich nicht schön aus ... Das sollte man nicht in Großaufnahme zeigen, das ist abstoßend! Und deshalb ist das, also Pornographie, ja auch verboten. Verstehst du? "

Angelika verstand in diesem Moment gar nichts – und auch heute noch ist ihr die Haltung ihres Vaters ein Rätsel. Sie spürt einen kühlen Schauer über ihren Rücken laufen. Dankbar schaut sie zu Volker hinüber und streicht ihm behutsam eine dunkle Haarsträhne aus dem Gesicht. Endlich findet sie Schlaf.

Offizierswerbung — Tauchnitz, April 1973

„Was in aller Welt könnte man denn studieren? Zahnmedizin fällt aus. Es muss was mit wenig Naturwissenschaften sein, denn da bin ich nicht gut." Geli sitzt mit Conny auf dem Sofa ihres Mädchenzimmers und stützt das Kinn auf die Hände, dumpfes Unbehagen im Bauch: Conny nickt: Was Geli sagt, trifft für beide zu. Ebenso haben sie keine herausragenden Abitur-Noten zu erwarten. Also scheiden wieder einige Fachrichtungen aus, wie etwa Germanistik. „Keiner unserer Eltern ist in der Partei, da kriegen wir auch nie einen Journalismus-Studienplatz! Und welchen Scheiß müssten wir dann später schreiben, über die wunderbare DDR, den tollen Sozialismus und die unübertreffliche Sowjetunion ...!" Conny macht eine ausladende Bewegung mit den Armen. In welchem Job hätte man wohl vorm Staat am meisten Ruhe? Die Freundinnen sind wirklich ratlos. Noch ist ja etwas Zeit.

„Los, Geli, weiter im Text. Wir müssen noch büffeln für die mündliche Bio-Prüfung!" Conny schlägt den Biologiehefter auf ihren Knien wieder auf. „Ich höre dich jetzt über Stoffwechselphysiologie ab. Was können Sie denn zur Photosynthese sagen, Fräulein Findeisen?" Grinsend kontert Angelika: „Zur sozialistischen oder zur kapitalistischen Photosynthese?"

Physikstunde: Noch bevor *Strammi*, der allseits beliebte Physiklehrer, mit dem Unterricht beginnen kann, steckt der FDJ-Sekretär der Schule seinen Kopf zur Tür herein. Er ruft die Namen zweier Jungs der Klasse, sie möchten sofort ins Lehrerzimmer kommen. Alle wissen, was jetzt wieder passieren wird, einige ziehen die Augenbauen hoch, andere stöhnen leise. Der Lehrer blickt den beiden Jungen mit gesenktem Blick hinterher. Angelika meint ein bedauerndes Kopfschütteln bei ihm zu erkennen.

Mit hochroten Köpfen betreten die Jungs nach geraumer Zeit wieder das Klassenzimmer. In der Pause werden sie bestürmt: „Erzählt, wie war es?" – „Nichts Neues, immer das Gleiche, wie die anderen schon erzählt haben: Bis zu fünf Erwachsene nehmen dich 45 Minuten lang regelrecht in die Mangel und fragen dich aus, warum du nicht *Offizier der Nationalen Volksarmee* werden oder drei Jahre dienen willst. Du musst es begründen, irgendwelche Erklärungen erfinden, sie beknien dich weiter, bis du völlig mit dem Rücken an der Wand stehst."

Der junge Bursche wischt sich mit beiden Händen über seine glühenden Wangen und fährt fort: „Bisher hat sich keiner aus unserer Klasse bereiterklärt, das ärgert die Genossen mächtig! Und wehe, einer fällt jetzt um, hört ihr – da sind wir uns doch alle einig, oder?“ Alle nicken. „Dieser ewige Druck von Schul- und FDJ-Leitung ist so ätzend!“ Conny hat das Wort ergriffen. „Die sollen ruhig sehen, dass sie damit das Gegenteil erreichen. Auch uns Mädchen haben sie schon ins Gebet genommen: ‚Wenn ihr einen Freund habt und der will zum Beispiel drei Jahre zur Armee gehen oder Offizier werden, würdet ihr ihn doch ermuntern, nicht wahr? Und ihr könntet sehr stolz auf ihn sein, was er für unser Land leistet!‘ Solche Sprüche haben die drauf.“ Angelika pflichtet der Freundin bei: „Und unsere SED-treue Klassenlehrerin müht sich redlich, Offiziersbewerber zustande zu kriegen – ohne Erfolg. Ob wohl ihr Ehemann als oberster SED-Kreis-Chef damit einverstanden ist ...?“ Grinsend fügt Conny hinzu: „Naja, die gehen sicher mit dem Parteibuch ins Bett ...!“

Volker muss seinen unvermeidlichen Grundwehrdienst bei der Armee antreten. Es gibt kein Entrinnen. Der Abschiedsschmerz drückt Geli fast die Luft ab: „Wie soll ich bloß ohne dich leben?“ Tränenerstickt klingt ihre Stimme, sie schaut zu ihrem Freund auf. Volker sieht Angelika sanft an und sagt tieftraurig: „Ich schick dir an jedem Monatsende einen Schlüsselring von der Kette mit den 18 Ringen, versprochen. Dann sehe ich, wie die Zeit kürzer wird.“ – „Ja, Volki, Liebster, und ich schreib immer und komm dich besuchen, so oft ich kann!“ Schon wieder ist Gelis Gesicht tränennass.

Flattern im Käfig

Bertram

Tauchnitz, Mai 1974

„Ich mach eine Geburtstagsparty zu meinem 18. – kommst du auch, Geli? Dein Soldat Volker wird ja wohl keinen Urlaub kriegen?" Selbstbewusst schleudert Monika ihr üppiges langes Blondhaar in den Nacken und schaut Angelika unter ihrem dicken Lidstrich herausfordernd an. Angelika schluckt, sie fühlt Hitze in sich aufsteigen, obwohl ein kühler Maiwind um die Straßenecke fegt. Halb verlegen, halb geehrt von Monikas unerwarteter Einladung antwortet sie gespielt gleichgültig „ ... mal sehen, vielleicht."

Bei Monika feiern die *Älteren*, zu diesem Kreis gehört Angelika leider noch nicht. Sie weiß genau, dass die Leute aus dieser JG-Gruppe mit den jungen Hühnchen eher nichts zu tun haben wollen. Monika, das Geburtstagskind, hat es dagegen beizeiten verstanden, sich mit Make-up, kurzen Röcken und engen Pullis so recht in Szene zu setzen.

Angelika trottet nach Hause und denkt über die Freundin nach: Eine grelle Nudel ist sie schon, die Moni. Es macht ihr anscheinend richtig Spaß aufzufallen, ich würde mich das nie trauen, mit Schminke in die Schule zu gehen. Aber dass sie mich zu ihrer Feier einlädt – feine Sache. Was ziehe ich da nur an ...?

Am Abend des Geburtstages klingelt Angelika mit klopfendem Herzen bei Monika, einen bunten Strauß aus dem Garten und eine Flasche Rotwein hat sie dabei. „Alles Gute und danke für die Einladung, Moni." Das Geburtstagskind schubst Geli ins Zimmer. Sie schaut in die Runde, wirklich interessante Gäste sind hier. Die Jungs aus der JG, älterer Kreis, sind ihr bekannt. Wolli grüßt sie besonders freundlich.

Aber wie kommt Bertram Sonneberg hierher? Als Student an der *Kirchenmusikschule Dresden* hatte er in Tauchnitz ein Praktikum gemacht und für ein paar Wochen die Kurrende geleitet. Daher kennt ihn Angelika ein wenig. Nun sitzt sie plötzlich neben ihm auf Monikas Bett. Verlegen zerrt sie an ihrem Minirock herum. Was rutscht dieses blöde Teil beim Sitzen nur immer so hoch ..., schimpft sie bei sich. Bertram, mit Vollbart und wilden Locken, kommt mit der Zeit recht nahe an sie heran und geht ihr tatsächlich schon mal ans Knie. Wieder ist es eine Mischung aus Sich-geehrt-fühlen und Verlegenheit, die Angelika völlig verwirrt, der Rotwein tut ein Übriges. Wieso beachtet dieser Herr Sonneberg sie überhaupt, die kleine Angelika? Sie ist durcheinander, in ihrem Kopf mischen sich Übermut und eine unbestimmte Scheu.

Bertram springt auf, als Angelika beginnt sich zu verabschieden. „Natürlich bringe ich dich heim, ich lasse dich doch nicht allein durch die Dunkelheit laufen!"

Im kleinen Park unterwegs küsst Bertram Angelika und flüstert ihr nie gehörte Komplimente und aufregende Zärtlichkeiten ins Ohr. Schließlich lässt er von ihr ab. Angelika läuft völlig verdreht und kopflos den Rest des Weges nach Hause, ihre Gedanken rasen, sie weiß nicht mehr aus noch ein.

„Was ist eigentlich mit deinem Volker?" Mutter Hannelore schaut ihre Tochter befremdet an, die gerade mit einem Brief von Briefkasten kommt: „Ich weiß es nicht, Mutti, ich kann nicht anders, der Bertram ist so toll! Schau mal, er hat einen Linolschnitt für mich gemacht. Und ein Gedicht dazu ..." Angelika schwärmt und ist hingerissen, tief beeindruckt. Mutter senkt den Kopf und sagt leise, dass sie ähnliche Briefe auch schon mal bekommen habe. Als ganz jung Verliebte, von der Front, vom Vater ihres ersten Kindes, Gelis großem Bruder Gerhard. Ihr Liebster blieb verschollen. Und sie, Hannelore, hat viele Jahre auf ihn gewartet, bis lange nach dem Krieg noch. Plötzlich fühlt sich Angelika ihrer Mutter so nahe wie noch nie. Sie kann mich verstehen, denkt sie. Das gab es noch nicht oft.

Irgendwann schreibt Angelika an Volker, was passiert ist. Dass es ihr leidtue, dass sie nichts dagegen tun könne, es sei einfach geschehen. Volker schickt trotzdem nochmal einen Schlüsselring, für den Monat Mai, mit einem traurigen Brief. Dann reißt der Kontakt für immer ab.

„Conny, du musst mir helfen: Ich will Bertram übers Wochenende in Dresden besuchen, er hat Theaterkarten und ich kann bei ihm übernachten. Wir sagen meinen Eltern, ich bin bei dir, o.k.?" Conny spielt mit, die Eltern sind einverstanden mit der Version der Geschichte, alles geht glatt.

Während des Nachmittagskonzerts in der Dresdener Kreuzkirche spürt Angelika Bertrams Hand auf ihrem Oberschenkel, dort, wo der Minirock endet. Ihr verschlägt es den Atem. Das geht mir zu schnell, schießt es ihr in den Sinn. Und das hier ist eine Kirche! Sie lässt Bertram gewähren, ihre kurzzeitige Abwehrhaltung ringt sie nieder.

Am Abend lernt Angelika Bertrams Zimmer im Wohnheim kennen. „Komm mit auf die Couch, ich will dir was vorlesen. Kennst du das? *Der kleine Prinz* – ich liebe dieses Buch ganz besonders."

Wie verzaubert lauscht Angelika den poesievollen Geschichten von der Rose, vom Fuchs und den Sonnenuntergängen auf dem Planenten des Prinzen. Bertram beginnt sie zu streicheln, küsst sie, spricht zärtlich auf sie ein.

Unversehens landet Angelika in Bertrams Bett, obwohl sie ihr Gepäck in einem völlig anderen Zimmer, einem Einzelzimmer, abgestellt hat. Sie hätte *nein* sagen können und sollen, sie tut es nicht.

Als erfahrener Liebhaber beschert Bertram ihr für sie bis dahin unerschlossene erotische Höhenflüge und nie gekannte Genüsse – er hat sie in der Hand.

Angelika sieht Bertrams erster Begegnung mit ihren Eltern in Tauchnitz mit gemischten Gefühlen entgegen. „Wissen Sie, ich bin Materialist", eröffnet Ernst nach dem Essen das Gespräch. Bertram zögert kurz und Angelika rutscht das Herz in die Hose. Sie hört Bertram sagen: „Ich weiß nicht, ob Sie etwas über das Einkommen von kirchlichen Mitarbeitern in der DDR wissen, Herr Findeisen? Nicht? Dann erschrecken Sie bitte nicht. Der sozialistische Staat unterstützt die Kirche finanziell nicht und diese Unabhängigkeit ist ja von Vorteil. Die Kirche kann aber aus eigener Kraft ihren Angestellten nur ein äußerst schmales Gehalt zahlen. Wir hungern deswegen nicht, aber man muss sehr rechnen ..."

Vater Findeisen schluckt schwer und fährt sich mit der Handfläche über die Glatze. Himmel, Bertram offenbart sich gleich beim Antrittsbesuch als quasi mittellos, denkt Angelika. Nun muss Vater also zusehen, wie sich seine Tochter sehenden Auges beinahe in Armut begibt. Aber es ist schon irgendwie schick, den Eltern einen so gewandten und selbstständigen jungen Mann zu präsentieren. Bei Bertram muss ich nie – wie bei Volker – befürchten, dass er sich blamieren könnte oder eben einfach den Mund nicht aufkriegt im Gespräch mit meinen Eltern, geht es ihr durch den Kopf. Es läuft doch gut.

Abitur und dann ... Tauchnitz, Juni 1975

Geli beugt sich herunter zu ihrer Schultasche und stopft einen Zipfel ihrer blauen FDJ-Bluse hinein. „Tsss, das Teil muss ja nicht unbedingt rausgucken", grinst sie hinüber zu Conny und nippt an ihrem Tee. Die beiden sitzen im Café am Markt. Ihre FDJ-Blusen, die bei der feierlichen Übergabe der Abiturzeugnisse zu tragen Pflicht war, haben beide Mädchen gleich vor dem Schulhaus ausgezogen, Nickys hatten sie vorsorglich drunter. Abitur mit Note 1,5 gemeistert – keine schlechte Leistung, findet Angelika. Sie schaut versonnen in den Sommerhimmel: „Weißt du, Conny, es passt einfach: Bertram hat das Musikstudium fertig und schon eine Kantorenstelle in der Kirchgemeinde in Steinau angetreten. Und selbstverständlich hat er dort eine Dienstwohnung, groß genug für eine Familie. Ich kann es doch gar nicht besser treffen! Und ich komme zu Hause raus – du weißt, wie mich diese Überfürsorge von meinen Eltern, diese Enge und Kontrolle zuletzt genervt haben!" Conny nickt und stützt das Kinn auf die Faust: „Und dein Studium, Geli?" – „Ach, Studium hin oder her, ich weiß sowieso nicht, was ... Überall diese staatliche Propaganda oder Bevormundung, das will ich nicht."

Conny seufzt schwer. „Tja, irgendwie verstehen kann ich dich schon, Geli. Dass du deinen Studienplatz für Literatur in Berlin zurückgegeben hast, hab ich aber noch nicht richtig verdaut. Ich dachte, das machen wir zusammen, du treulose Tomate!" Richtig sauer ist Conny nicht, dazu freut sie sich viel zu sehr auf ihr Studium in Berlin und auf das Zusammensein mit ihrem neuen Freund, der bereits dort studiert. Im Aufstehen sagt sie über die Schulter: „Aber jammerschade, dass du nicht zur Abschlussfahrt unserer Klasse mitkommst. Das finde ich richtig doof, damit du's weißt."

Eine Ausbildung zur Krippenerzieherin erscheint Angelika passend. „... ein bisschen medizinisch, ein bisschen erzieherisch, nichts dagegen zu sagen. Und ohne Politik!", erläutert Angelika ihren Eltern auf der Fahrt nach Steinau, wo sie gemeinsam Bertram besuchen. „Für Abiturienten läuft die dreijährige Ausbildung sogar berufsbegleitend und dauert nur halb so lange. Ich habe mich schon umgehört, ich kann hier in Steinau ab September an einem Kurs teilnehmen. Bertram ist von der Idee auch angetan."

Hannelore lächelt. Ernst aber schaut in den Rückspiegel und sagt mit gewichtigem Unterton: „Meiner Meinung nach solltest du studieren, meine Geli. Findest du nicht, dass das eher eine Schmalspurausbildung ist? Dafür war kein Abitur nötig. Bertram braucht sicher zu Hause den Rücken frei in seinem Beruf als Kantor. Aber das sollte nicht auf deine Kosten gehen, meine ich ..." – „Sei nicht so streng, Vati. Lass mal, ich bin ganz zufrieden mit dieser Lösung. Und heute Abend beim *Freitagstreff* werdet ihr staunen, wie beliebt Bertram hier ist, er hat ja auch eine Menge bewegt in den letzten Monaten."

Angelika betritt mit ihren Eltern den Steinauer Gemeindesaal. Sie blickt sich um. Heute sind zum *Freitagstreff* noch mehr junge Leute gekommen als im letzten Monat, als sie auch dabei war. Junge Burschen tragen gerade noch weitere Stühle und Bänke in den Saal. Einer grüßt Angelika und verweist sie und ihre Eltern auf die vordere Stuhlreihe, dort seien Plätze reserviert. Bertram tritt vor das Publikum und begrüßt die Gäste, Beifall ertönt. Angelika rieselt ein

Schauer über den Rücken. Wie toll ihr zukünftiger Mann das macht! Jetzt tritt der Chor auf und singt drei geläufige Wanderlieder, Bertram dirigiert. Ein Abiturient aus der Jungen Gemeinde rezitiert ein Gedicht aus eigener Feder. Jetzt stellt sich die neu gegründete Band auf. Bertram sitzt an der Elektroorgel. Gospelklänge ertönen, bei *Oh happy day* singt und klatscht der ganze Saal mit. Das literarisch-musikalische Programm nimmt seinen Lauf, mittendrin hält Bertram eine kleine Ansprache, eine Betrachtung über Freizeit, Urlaub und die Schönheit der Natur. Geli ist hin und weg: Das kann er gut, kein Wunder, dass ihn so viele mögen.

Ermittlungsbericht Tauchnitz, 24.7.1975

Personalien:
Findeisen, Angelika, geb. 27.05.1956

Während ihrer Schulzeit zeigte sich die Lebenseinstellung der A. F., die stets vorwiegend durch Kontakte ihrer Eltern in die BDR bestimmt war. Von ihren geistigen Voraussetzungen her keinesfalls unter dem Durchschnitt ihrer Alterskameraden erhielt sie die Delegierung für den Besuch der Erweiterten Oberschule. Mit mehr Fleiß und Ehrgeiz wären bessere Leistungen zu erreichen gewesen. Ein klarer politischer Standpunkt war nicht erkennbar. An aktuellpolitischen Diskussionen innerhalb der FDJ-Gruppe beteiligte sie sich wenig. Stattdessen wurde die Zugehörigkeit zu einer kirchlichen Jugendgruppe festgestellt, an deren Zusammenkünften die A.F. regelmäßig teilnimmt. In dieser Gruppe wird sozialismuskritisches Gedankengut diskutiert.

Ihre Eltern verkehren nur in besseren Kreisen der Stadt, zu denen vorwiegend Mediziner, Handwerksmeister u.ä. gehören. Auch dort werden intensiv Kontakte ins kapitalistische Ausland und in die BRD unterhalten.

Der Bruder der A.F. trat nach seinem Abitur keinen Wehrdienst in der NVA an, möglicherweise aus gesundheitlichen Gründen. Er nahm in Leipzig ein Medizinstudium auf. Gesellschaftliche Arbeit seinerseits konnte nicht ermittelt werden. Während seiner Schulzeit wurde kein Engagement für die sozialistische Gesellschaft festgestellt, aber er fiel auch nicht durch sozialismusablehnende Einstellungen auf.

Unterschrift: gez. IME Braun

Traumhochzeit

Tauchnitz, August 1975

Es herrscht Augusthitze, drückende Schwüle liegt auf der Tauchnitzer Talmulde. Im Findeisen-Haus laufen die Hochzeitsvorbereitungen auf Hochtouren: Haus putzen, Garten in Ordnung bringen, Betten beziehen, Tischwäsche bügeln, Silber putzen, Menü planen, Tischkarten schreiben ... Hannelore hält die Fäden in der Hand, sie hat alles im Kopf. Das Brautkleid ist fertig und Frau Postler ruft zur letzten Anprobe ins Obergeschoss. „Oh danke, Frau Postler!“, jubelt Angelika und dreht sich strahlend vor dem Schlafzimmerspiegel. „Das ist wirklich toll geworden! Ein Traum aus Spitze und Organza – und dieser Tellerrock ... Genau, wie ich’s wollte, wie auf dem Foto in der West-Zeitschrift. Ich werde wie eine Prinzessin aussehen!“ Frau Postler schmunzelt sehr zufrieden und meint: „Hast ja alles so fein aufgemalert, junges Frollein, da war das nicht schwoar für die Petronella!“

Die festliche Trauung in der Stadtkirche hält Pfarrer Klausner, der Kirchenchor singt. Sogar Blumenstreukinder gibt es, Hannelore hat an alles gedacht. Angelika glaubt auf Wolken zu schweben und kämpft mehrmals mit den Tränen während der Trauhandlung.

Auch *von drüben*, also aus dem Westen, sind Hochzeitsgäste angereist: Cousine Sandra, gemeinsam mit Knut, Gelis Lieblingscousin. Der macht Angelika wie gewöhnlich augenzwinkernd viele kleine Komplimente. Er gibt der Braut beim Abschied am Abend einen kleinen Kuss. „Das musste jetzt sein, meine wunderschöne Cousine! Schlaf schön und werde glücklich.“ Angelika kichert amüsiert, Bertram schaut, sagt aber nichts.

Geli schlüpft ins Bett und will gerade das Licht löschen, da klagt Bertram seine junge Frau an: „Wie konntest du das nur tun? Dieser Kuss, welch eine Übertretung ...! War es dir egal, wie sehr du mich damit verletzt? Kannst du dir vorstellen, wie es mir jetzt geht?“ Voller Empörung funkelt er Angelika an. „Bertram, bitte, es war doch nur Spaß!“ Angelikas Stimme klingt noch heiter, als würde sie Bertrams Vorwürfe nicht ganz ernst nehmen. „Sieh mal, Knut ist mein Cousin und wir haben immer schon ein bisschen rumgeschäkert bei unseren seltenen Zusammentreffen. Da ist doch nichts dabei ... Ich wollte dir wirklich nicht weh tun!“

Bertram lässt keinen Zweifel aufkommen, dass er überaus empört, verärgert und gekränkt ist. Wieder und wieder, bis in die Morgenstunden, bittet Angelika ihren Mann um Verzeihung. Bertram bleibt hart, er kann ihr nicht vergeben. Angelika weint stundenlang, fassungslos und verzweifelt wirft sie sich hin und her, krallt sich in die Kissen und schluchzt – da ist ein unerträgliches dröhnendes Geräusch in ihrem Kopf, ein schrilles Kreischen, fast wie in der Zahnarztpraxis. Angelika glaubt, ihr müsse der Schädel zerspringen.

Beim Frühstück im Schatten des Kastanienbaumes sitzt Angelika apathisch am Tisch, stiert nach innen, fühlt sich wie tot. Alle sehen ihr verquollenes Gesicht, sie kann kaum die Augen öffnen. Sie möchte weg, nur weg. Keiner spricht sie an, sie reagiert wie ein Automat. Mutters Knabbern an den Lippen verrät, dass sie etwas weiß, es aber nicht sagt. Angelika kennt sich aus in Mutters Gesicht.

Nur in winzigen Schritten nähert sich Angelika Bertram in der Folgezeit wieder an. Die grässliche Hochzeitsnacht verblasst langsam in ihrer Erinnerung, sie schiebt das Erlebte mühsam beiseite. Das Gespenst, die eindringliche

Warnung, die in diesem Vorfall liegt, schließt sie weg. Ihr anfängliches Warten auf ein Bedauern von Bertram, auf eine Entschuldigung seinerseits kämpft sie nieder.

Bertram kommt mit einer Landkarte aus seinem Arbeitszimmer. Er hat eine Idee für die Hochzeitsreise und weiht Angelika ein: „Lass uns nach Ungarn fliegen und dort mit der *Schwalbe*, meinem Moped, herumfahren. Ich hab mich erkundigt: Es ist kein Problem, das Fahrzeug per Luftfracht transportieren zu lassen. Der Tank muss nur leer sein." Angelika lacht glucksend: „Wie sollen wir dann aber vom Budapester Flughafen zur nächsten Tankstelle kommen? Hm, warte mal – ich glaub, ich habe da eine Idee."

Sie rennt in ihre kleine Küche und kommt mit einer knallroten zylindrischen Dose zurück. „Original *Tupperware*, ein Erbstück von Mutters Freundin im Westen. Absolut dicht! Hab ich bei den Abiprüfungen immer als Trinkflasche dabeigehabt. Wenn wir die noch mit Vaters wuchtigem Rasierwasser eindieseln, merkt kein Mensch, dass da Benzin drin ist." Bertrams Unterkiefer klappt herunter, er schnappt nach Luft. „Geli, Liebste, Beste – das ist genial! Du bist einzigartig, auf so etwas wäre ich nie gekommen." Geli drückt das Kreuz durch und wird gleich zehn Zentimeter größer. „Wie sagt meine Mutti immer? Dumm kann man sein, man muss sich nur zu helfen wissen."

Die beiden erleben eine unbeschwerte Reise, glücklich und gelöst genießen sie die Tage. In Budapest steigen sie zur Fischerbastei hinauf und setzen sich auf die Steinstufen, um eine Pause einzulegen. Bertram holt Paprikaschoten, Weißbrot und Salami aus dem Rucksack. „Rotwein wäre jetzt nicht schlecht. Schade, dass die kleine Schraubflasche aus Eger schon leer ist." Geli mampft zufrieden und nickt. „Was hältst du davon, Geli: Wir könnten noch weiter nach Osten fahren, durch das *Mátra-Gebirge*, da ist ein kleines Dorf, wo ich den Pfarrer kenne – von meiner Reise mit André aus Belgien damals, erinnerst du dich? Die Gegend ist schön, Pfarrer Nagy ist ein wunderbarer Gastgeber und in seinem Haus gibt es mehrere Gästezimmer."

Geli packt die Reste vom Picknick wieder in den Rucksack und gibt zurück: „Da bin ich viel zu neugierig, als dass ich dir das abschlagen könnte, das weißt du genau. Auf gehts nach Osten!" Geli stockt. „Aber vorher muss ich unbedingt noch ins Thermalbad auf der *Margareteninsel.* Und wir müssen dort *Schomlauer Nockerln* essen, eine traumhafte Süßspeise, du wirst es lieben! Heute Nachmittag?" Es ist schön mit Bertram, denkt Angelika. Und es gibt so viel zu entdecken, die grauen Schatten sind ganz und gar in den Hintergrund getreten. Vielleicht war das alles nur ein böser Traum.

Spannungen

Steinau, Winter 1976

Was zieht man nur an als Ehefrau eines Kantors zum Gemeindefest? Angelika steht ratlos vor dem Spiegel. „Bertram, kann ich so gehen, in Rock und Bluse?" Bertram unterbricht das Klavierüben und erscheint mit mürrischer Miene in der Schlafzimmertür. „Der Rock ist eindeutig zu kurz!" – „Wie bitte? Bertram, den hatte ich schon einige Male an, zuletzt im Konzert in der Stadthalle. Und du hattest nie was daran auszusetzen ..." Bertram tritt näher und schaut Angelika durchdringend an: „Es ist so: Diese Einblicke, die du anderen mit deinen Miniröcken gewährst, die sollten nur mir vorbehalten bleiben! Es gefällt mir einfach nicht, wenn du so herumläufst.“ Angelika ist zusammengezuckt. Irritiert zieht sie den Rock wieder aus und hängt ihn in den Schrank. Brav und wohlgehorchend lässt sie in der Folgezeit die Rocksäume herabsinken, der allgemeine Modetrend macht es ohnehin leicht.

Dörthe kommt zu Besuch, schaut sich in der Wohnung der Sonnebergs um und lässt sich auf das Gobelin-Sofa fallen. Anerkennend streicht sie über die Sitzfläche: „Das ist ja fetzig, wo habt ihr das denn her? Sieht aus wie aus einem Schloss“ – „Du wirst es nicht glauben, das stand irgendwo halb verrottet auf dem Gang zum Gemeindesaal. Uns hat es gefallen und Bertram hat sogar einen Sattler ausfindig gemacht, der uns das aufarbeiten konnte. Und den passenden Stoff hat er auch irgendwie besorgen können. Als wir von einer alten Omi noch zwei Sessel im gleichen Stil bekamen, war alles perfekt.“

Dörthe inspiziert weiter das Wohnzimmer und nimmt sich einen Architektur-Bildband aus der Schrankwand. „Wie wäre es mit bisschen Musik?“, fragt sie dann. „Ihr habt doch bestimmt Beziehungen zu einem Plattenladen ... Hast du die neue Manfred-Krug-Platte?” Angelika wird rot und zieht den Kopf ein: „Sowas habe ich nicht. Mein Mann mag eher nur klassische Musik, weißt du. Bach, Händel, Mozart und so. Schöne Musik, ich höre das gern ... Wir haben auch zu wenig Geld.“ – „Mann, Geli, ich erkenne dich gar nicht wieder! Wie du dich verändert hast ..., geht’s dir wirklich gut damit?“ Angelika läuft in die Küche und kommt mit einem Teller Kekse und Tee zurück. Nur das Thema wechseln, denkt sie. Eine Antwort bleibt sie Dörthe schuldig.

Stattdessen erzählt sie: „Bertram ist sehr oft nicht zu Hause, hat viel in der Gemeinde zu tun, vorwiegend abends.

Übungsstunden, Konzerte, Gesprächskreise, Weiterbildungen, Besuche. Eine Band hat er auch gegründet, die abends probt. Da bin ich viel alleine, ein bisschen einsam, weißt du?" – „Und wie steht es um deine Arbeit in der Kinderkrippe und die berufsbegleitende Ausbildung?" – „Das gefällt mir schon, Dolli, da sind einige richtig sympathische Kolleginnen. Bald bin ich mit der Ausbildung fertig, dann werde ich Mentorin für Lehrlinge. Aber ich bin eine Außenseiterin. Einmal hat mich eine Kollegin in der Mittagspause gefragt: ‚Sag mal, wenn dein Mann immer in der Kirche die Musik macht, glaubst du da auch an Gott und so?' Ob im ganzen Haus überhaupt noch eine Kollegin ist, die zur Kirche gehört?"

Was Angelika ihrer Freundin nicht erzählt: In der Jungen Gemeinde treffen sich junge Leute genau in Gelis Alter. Sie hatte ihren Mann bald nach der Hochzeit gefragt: „Kann ich da nicht hingehen, Bertram? Einige kenne ich schon, die sind richtig nett, die würde ich gern näher kennenlernen." Bertram hatte geantwortet: „Angelika, nein, das möchte ich nicht. Ich verliere sonst meine Autorität bei den Jugendlichen, bitte versteh das." Sie verstand es nicht und noch weniger sich selbst: Warum lasse ich mir das gefallen, warum setze ich mich nicht durch? Ist das Argument von Bertram überhaupt stichhaltig? Angelika findet keine Antworten. Ein Glück, dass ich jetzt wenigstens im Chor mitsingen darf, dort braucht Bertram meine Altstimme, denkt sie.

„Mutti, wie lange müssen denn Rindsrouladen braten?" Angelika hört aus dem Telefonhörer ein amüsiert-entrüstetes Prusten. Dann fragt Hannelore: „Wollt ihr die heute zum Sonntag noch essen, mein Kind? Und warum fragst du mich das erst jetzt, du Schäfchen?" Angelika druckst herum und beschließt, einen Schnellkochtopf auf den nächsten Weihnachtswunschzettel zu schreiben. Bertram nimmt es zum Glück gelassen hin, dass das Sonntagsessen erst am Abend auf den Tisch kommt.

Bereits seit längerem hat Angelika die Pille abgesetzt, Bertram hatte nichts dagegen einzuwenden, wenn sie ein Baby bekommen. Aber dafür stehen die Chancen schlecht. „Von Windbestäubung kann man nun mal nicht schwanger werden", deutet Angelika sarkastisch an bei einem Telefonat mit Freundin Evi. Sie ist froh, dass Evi nicht weiter nachfragt.

„Warum ziehst du dich so zurück, lässt mich so oft alleine? Ich ertrage das nicht mehr!", stellt Angelika Bertram zur Rede. „Es tut mir leid, es geht nicht gegen dich. Ich kann nicht", ist seine ausweichende Antwort. Er verzieht sich in sein Arbeitszimmer und sperrt sich gegen Gespräche.

Nach einem Orgelkonzert in der Kirche spricht eine freundliche Frau Angelika an: „Wunderbar hat Ihr Mann gespielt, Frau Sonneberg! Aber warum sind Sie denn letztens nicht mitgekommen, als Ihr Mann zum Kaffeetrinken bei uns war? Ich hätte mich gefreut, Sie mal bei uns zu haben, hatte extra einen Kuchen gebacken." Angelika steht wie angewurzelt, ihr wird heiß und sie ringt nach Luft: „Ich weiß nicht, es tut mir leid ...", presst sie hervor. „Naja, es ist nicht einfach, sich am neuen Wohnort einzuleben, das verstehe ich. Ihr Mann hat es uns erklärt, dass Sie nicht so gerne ausgehen. Scheuen Sie sich nur nicht beim nächsten Mal, es wäre uns eine Freude."

Verstört läuft Angelika nach Hause. In ihrem Kopf bohren Fragen: Was ist da los? Bertram erzählt also herum, ich ginge nicht gerne unter Leute? Warum macht er das? Er hat mir noch nicht einmal von der Einladung erzählt. Und ich sitze allein zu Hause und gräme mich.

Als Bertram später heimkommt, lässt Angelika all ihrem Unmut freien Lauf. Sie schreit, heult, tobt und knallt Türen. Er steht im Flur, mit hängenden Armen, eingefrorenen Gesichtszügen und bleibt seiner Frau jegliche Erklärung schuldig. Wütend reißt Angelika schließlich ihre Jacke vom Haken und rennt aus der Wohnung in die Dunkelheit.

Elisabeth Steinau, Sommer 1978

Angelika und Bertram sind seit drei Jahren verheiratet, als Angelika endlich den festen Entschluss fasst, sich von ihrem Mann zu trennen. Sie setzt alle Hebel in Bewegung, um irgendwo eine Wohnmöglichkeit zu finden. Nachdem alle Versuche erfolglos bleiben, wendet sie sich an ihre Tante Rita in Dresden. „Onkel Fred hat doch von seiner älteren Cousine erzählt, die eine große Wohnung hat. Vielleicht würde sie mir ein Zimmer vermieten? Könntet ihr dort für mich mal anfragen? Ich würde ihr gern im Haushalt helfen, wenn sie möchte." Tante Rita schaut ihre Nichte fragend an, es ist ihr anzusehen, dass sie gar zu gern nähere Einzelheiten über deren Eheprobleme wüsste. Angelika lässt sich jedoch keine weiteren Details entlocken.

Einige Tage später kommt eine Postkarte mit einer hoffnungsvollen Nachricht: Freds Cousine ist nicht abgeneigt, sie ist recht einsam, hat bereits einige Altersprobleme und will Angelika gern kennenlernen.

Noch bevor Angelika ihren Eltern von den Neuigkeiten erzählt hat, spricht eine Frau aus dem Chor sie nach der Probe leise an: „Du willst dich trennen? Bertram war letztens bei uns, hat uns beschworen, auf dich einzuwirken, damit du bleibst. ‚Wenn Angelika mich verlässt, das verkrafte ich nicht, da werde ich zum Alkoholiker', hat er gesagt. Überleg es dir gut, Geli. Du allein entscheidest es." Angelika fühlt sich manipuliert, erpresst, ihre Entschlusskraft schwindet mehr und mehr.

Bertram erklärt sich plötzlich sogar bereit, eine Eheberatung mit Angelika zu besuchen. Der Seelsorger hört beiden geduldig zu und gibt viel Raum für den Austausch der Eheleute. Gelegentlich greift er behutsam ins Gespräch ein und verweist auf das Einhalten der Spielregeln. Tränen fließen, Schuldeingeständnisse und Entschuldigungsreden kommen zur Sprache – schließlich aber versöhnen sich Angelika und Bertram.

Ein einziges Mal schläft Bertram danach mit seiner Frau. Neun Monate später kommt Elisabeth zur Welt. Angelika freut sich wie wild und sagt voller Zuversicht zu ihrer Mutter: „Weißt du, wenn er das Baby streichelt, ist es doch ein bisschen so, als ob er mich streichelt ..." Glaubt sie das tatsächlich selbst?

Westkontakte — Steinau, Frühjahr 1979

Satt und zufrieden vom Stillen liegt die kleine Elisabeth in Angelikas Arm. Bertram ist nach Leipzig gefahren, zu einer Weiterbildung, die jedes Jahr zur Zeit der *Leipziger Messe* stattfindet. Das Wochenende ohne ihn neigt sich dem Ende entgegen. Es ist schon sehr einsam, denkt Angelika. Sie steht auf und will gerade das Baby in den Stubenwagen legen, da fällt ihr Blick durchs Fenster auf die Einfahrt am Haus. Ein westdeutsches Auto rollt herein, Bertram steigt aus und zwei andere Personen. Wer mag das sein? Flink rennt Angelika hinunter und umarmt ihren Mann. In ihrem Rücken hört sie eine freundliche Stimme: „Hallo, guten Tag, Frau Sonneberg, mein Name ist Lutz Rossmann und das ist Stefan Strack. Wir sind Theologiestudenten aus Heidelberg und Ihr Mann hat uns hierher nach Steinau verschleppt ..."

Der hochgewachsene junge Mann im samtweichen Lederblouson lacht gewinnend und schüttelt Angelika die Hand. Jetzt kommt auch der andere Student zu Wort: „Wir hoffen, es macht nicht zu viele Umstände, dass wir hier so einfallen. Ihr Mann sagte, Sie hätten genug Platz. Und für uns ist das eine gute Gelegenheit, ein wenig mehr von der DDR zu sehen als nur Leipzig." – „ ... das wir ja streng genommen gar nicht verlassen dürften, als offiziell nur zur *Leipziger Messe* Eingereiste. So hat man uns wenigstens an der Grenze belehrt!", ergänzt Rossmann mit einem Augenzwinkern und öffnet den Kofferraum.

„So, schauen Sie mal, wir haben im *Intershop* noch ein bisschen eingekauft. Ist es recht?" Angelika reißt die Augen auf: Wein, Bier, Sekt, Pralinen, Salzgebäck, Ananasdosen, Bohnenkaffee und sogar ein Parfüm – tolle Sachen, staunt sie. „Das ist ja ..., vielen Dank! Und, kein Problem, schön, dass Sie da sind. Herzlich willkommen! Kommen Sie jetzt aber schnell mit nach oben, unsere Tochter ist dort nämlich alleine." Angelika lächelt ihren Mann glückselig an. Endlich ist einmal Leben im Haus, wie gut ihr das tut! Und die Westdeutschen sind richtig sympathisch, findet sie.

Beim letzten gemeinsamen Frühstück nach zwei Tagen ist Angelika sehr still und denkt: Ob wir die beiden je wiedersehen? Lutz Rossmann hat offenbar ihre Gedanken geahnt: „Wissen Sie was? Ich heirate in drei Monaten und würde sehr gerne im nächsten Frühjahr meiner Frau einiges von Sachsen zeigen, vor allem Dresden, das finde ich wunderschön. Und natürlich die *Sächsische Schweiz*, dieses Schatzkästlein!" – „Aber ja, selbstverständlich, jederzeit!", freut sich Angelika.

Stefan Strack bedankt sich bei der Verabschiedung für die Gastfreundschaft und fügt hinzu: „Auch ich würde mit meiner Freundin Rosemarie sehr gern einmal in die DDR kommen, vielleicht können wir uns bei der Gelegenheit wiedersehen. Mich würde es freuen!"

Westgeld

Steinau, Mai 1980

Pia und Lutz Rossmann waren zu ihrem ersten Besuch da, kurzweilige und heitere Tage haben die beiden Ehepaare gemeinsam verlebt. Angelika zieht mit Schwung die Betten im Gästezimmer ab und summt dabei vor sich hin. Sie lächelt beim Gedanken an die Ausflüge und Wanderungen in der Umgebung. Wie genial war dabei dieses neuartige Tragetuch für Elisabeth, das Pia mitgebracht hat! Und der leckere West-Kaffee, welch ein volles Aroma – nicht zu vergleichen mit *Rondo* oder *Mona* aus dem *Konsum*, aber der ist auf die Dauer für uns sowieso unerschwinglich bei Bertrams schmalem Einkommen, denkt Angelika.

„Du, Bertram, könnten wir nicht Lutz und Pia fragen, ob sie ab jetzt unser Konto mit dem Westgeld von der *Bruderhilfe* verwalten würden. Ich fände das besser als mit deinem Cousin in Bremen, den kenne ich gar nicht ..." Angelika meint die Unterstützung für Kirchenangestellte in der DDR von der *Niedersächsischen Landeskirche*, die aus Spenden jährlich gezahlt wird, etwa in der Höhe eines Monatsgehalts.

Bertram nickt zustimmend. Angelika sagt: „Mit Pia Rossmann verstehe ich mich gut, es war richtig schön mit den beiden hier. Ich könnte Pia ab und zu einen Wunschzettel schreiben, wenn ich was fürs Baby brauche oder Kosmetik oder Kleidung. Und guten Kaffee!!"

Pia übernimmt diese Aufgabe gern und als das erste Paket von ihr kommt, ist Angelika völlig aus dem Häuschen: „Hm, wie das duftet, Bertram, riech doch mal! Richtig gute, zartschmelzende Schokolade, nicht so grieselig wie das DDR-Zeug! Und guck, eine Kaffeemaschine und Kaffee – genau so, wie ich es wollte. Babycreme und Strampler, Sonnenschutz und gutes Deo, Pia hat alles besorgt, die Gute! Hier, probier gleich mal den weißen Rollkragenpulli an, der passt sicher gut unter den schwarzen Anzug. Ich schreibe gleich einen Dankesbrief an Rossmanns und frage, wann sie wieder mal herkommen."

Bertram zwängt seine Lockenmähne durch den Rollkragen und nuschelt: „Bei Zwangsumtausch, Braunkohlegestank und löchrigen DDR-Straßen wird es sie nicht sonderlich hierherziehen. Hut ab, dass sie trotzdem kommen. Das machen sogar die eigenen Verwandten höchst selten."

Ein Freund aus der westdeutschen Partnergemeinde von Steinau bringt Bertram bei seinem Besuch ein besonders begehrtes Fachbuch mit, das Bertram sich seit langem wünscht. „Du, ich habe es aber dummerweise bei der Grenzkontrolle als Reiselektüre angegeben", gesteht der Gast betreten. „Was kann da passieren?" Bertram atmet hörbar aus. „Na, ganz einfach, du musst es bei der Ausreise wieder vorweisen können!"

Was ist zu tun? Irgendwo in der Umgebung kennt Bertram eine der Kirche zugeneigte Buchbinderin, die bereit ist, den Inhalt des Fachbuches neu zu binden und die Deckel des Originals mit passenden Seiten zu versehen, passend von der Größe. Ein wahres Husarenstück! In der Dresdener Buchhandlung *Haus des Buches* wenden sich die Freunde an eine Buchhändlerin. Mit gedämpfter Stimme fragt Bertram: „Können Sie uns helfen? Wir suchen ein Buch, dass genau in die Deckel dieses Buches hier passt. Sie verstehen?“ Die junge Verkäuferin stutzt, grinst dann mit unverhohlener Geringschätzung in der Miene und schreitet an einem der Regale entlang. Mit spitzen Fingern entnimmt sie einige Bücher und reicht sie Bertram wortlos.

Auftragsersuchen - Ermittlung

Steinau, 23.5.1980

Personalien: Sonneberg, Bertram;
Sonneberg, Angelika, wohnhaft Steinau

Bearbeitung des Ehemannes der A.S. in OPK zur Feststellung der politischen Einstellung, des Verbindungskreises und evtl. Nutzung.
A. selbst kirchlich stark geprägt, Mitglied einer Gruppierung negativer Kirchenkräfte am früheren Heimatort Tauchnitz.
Konkrete Ermittlung: Schulische und berufliche Ermittlung, gesellschaftliche Mitarbeit, politische Einstellung, auch die der Eltern, Leumund, Verbindungskreise in Tauchnitz, Auslandsverbindungen, moralische Verhaltensweisen, Probleme, die eine Kontaktierung des Ehemannes begünstigen könnten.

Ackermann, Ultn.

Krise
Steinau, Herbst 1980

Rosemarie und Stefan Strack aus Schwaben sind erstmals gemeinsam in Steinau zu Besuch. Angelika hat den Tisch mit bulgarischer Keramik gedeckt und bringt einen dampfenden Topf Soljanka aus der Küche: „Wundert euch nicht über die kuriose Mischung aus Schinken, Salami und sauren Gurken, das ist ein ukrainisches Originalrezept, mit saurer Sahne drüber ist es richtig lecker!“ Stefan bestätigt dies und verlangt bald einen zweiten Teller voll. „Wir haben doch dieses Geld vom Zwangsumtausch, habt ihr eine gute Buchhandlung und einen Schallplattenladen am Ort?“, erkundigt er sich nach dem Essen. Bertram kann ihn beruhigen: „Nach Dresden ist es nicht weit, dort findest du alles, was du brauchst.“

Angelika hört am Abend in der Küche unfreiwillig mit, wie Rosi sich bei Stefan über die Einkäufe beklagt: „Mich hast du nicht ein einziges Mal gefragt, was ich gern kaufen würde!“ Stefan schnauzt seine Frau aufgebracht an, dass sie ruhig alle Bücher in die Buchhandlung zurücktragen könne, wenn sie was dagegen habe und verschwindet dann im Bad. Rosi putzt sich auf dem Flur die Nase und betritt die Küche: „Kann ich dir was helfen?“ Angelika schüttelt den Kopf, ihr ist es peinlich, dass sie die Debatte mitgehört hat.

Entscheidung
Tauchnitz, Frühjahr 1981

Die kleine Elisabeth ist fast zwei Jahre alt, als Angelika von einer kirchlichen Eheberatungsstelle in Dresden hört. Sie passt ihren Mann ab, der gerade zu einer Orchesterprobe aufbrechen will: „Bertram, lass uns bitte zusammen in die

Beratung gehen. Du weißt, wie schlecht es uns damals ging, bevor Elisabeth unterwegs war. Jetzt sind wir fast schon wieder so weit. Nähe gibt es doch kaum noch zwischen uns ... Die Beratung könnte uns vielleicht helfen. Bitte!" Bertram stöhnt angestrengt, schüttelt den Kopf und steigt schweigend auf sein Moped. Traurig erkennt Angelika, Bertram lehnt eine Beratung kategorisch ab, sie hat keine Chance.

Also geht sie allein in die Beratungsstelle und klagt ihr Leid: „Warum lässt mich mein Mann immer alleine, teilt sich mir nicht mit, ist so verschlossen und abweisend? Er verschanzt sich in seinem Elfenbeinturm – ich muss draußen bleiben! Und er rührt mich nicht an ... , seit Monaten schon wieder nicht mehr. Alle um mich herum schwärmen von ihm, feiern ihn. Niemand würde mir glauben, wie er zu Hause ist! Ich hab keinen einzigen Vertrauten, ich fühle mich unsagbar einsam!" Die freundliche Psychologin wiegt den Kopf und sagt lange nichts. „Wenn Sie nicht selbst eine Trennung erwägen, ich werde Ihnen nicht dazu raten, Frau Sonneberg. Der Entschluss muss von Ihnen kommen, sonst stehen Sie nicht dahinter."

Verwirrt und verunsichert läuft Angelika zu Freunden, die in der Zwischenzeit Elisabeth betreut haben. Auf deren fragende Blicke reagiert sie nicht, sie wagt nicht, sich ihnen anzuvertrauen. Deprimiert und mit schlechtem Gewissen packt sie ihre Kleine in den Kinderwagen und trottet zur Wohnung zurück. Elisabeth ist unruhig, sie scheint Hunger zu haben. Eilig steigt Angelika zur Wohnung im ersten Stock hinauf, um Elli mit ein bisschen Gemüsebrei zu wärmen. Endlich kehrt ein wenig Frieden ein in der jungen Frau. Während das Kind begierig futtert, lehnt sich Geli auf ihrem Stuhl zurück und atmet tief durch. Tränen laufen über ihr Gesicht und tropfen auf ihre helle Bluse.

Bei einem Besuch in Tauchnitz fragt die Mutter besorgt: „Was ist denn mit Bertram? Er redet ja gar nicht, ist völlig abwesend und hat so ein versteinertes Gesicht ...?"Als Antwort bekommt sie nur ein hilfloses, vielsagendes Schulterzucken. „Mutti, lass mal, das wird schon wieder, ist nicht so schlimm, mach dir keine Sorgen." Besonders überzeugend klingt das nicht für Hannelore, aber sie dringt nicht weiter in ihre Tochter. Angelika sieht die typischen Mundbewegungen ihrer Mutter, die Zweifel anzeigen, das Knabbern an der Innenseite der Lippen.

Bekümmert denkt sie: Ich gaukele den Eltern die glückliche junge Familie vor – aber es bleibt ihnen ganz sicher nicht verborgen, dass etwas nicht stimmt.

Auf und davon Steinau, September 1981

Bertram ist wieder bis spätabends unterwegs gewesen. Angelika stellt ihn beim Heimkommen wütend und trotzig zur Rede: „Ich habe das satt, hier eingesperrt zu sein, ich bin kein dummes Kind, das du zum Spielen schicken kannst mit ein paar Bonbons! Ich möchte mit dir auf Augenhöhe leben und nicht bevormundet werden! Ich werde mit Elisabeth zu meinen Eltern ziehen, wenn sich das hier nicht ganz schnell ändert, damit du's weißt!" Bertram sieht Angelika kurz traurig an und hebt die Hände, als wolle er etwas sagen. Dann zieht er den Kopf ein, seufzt und geht wortlos in sein Arbeitszimmer.

Als Angelika hört, wie sich von innen der Schlüssel im Schloss bewegt, sieht sie rot. In ihren Ohren dröhnt es, sie hört das wohlbekannte, unerträglich kreischende Geräusch, das an Vaters Zahnarztbohrer erinnert. Außer sich vor Wut greift sie nach dem nächstbesten: Ein Karton mit Haushaltsnägeln in allen Größen fliegt mit lautem Geprassel gegen die Arbeitszimmertür und ergießt sich auf dem Boden des Hausflurs.

Am nächsten Morgen kehrt Angelika die Nägel frustriert zusammen, in der Nagelkiste herrscht jetzt Durcheinander – aber in ihrem Kopf ist Klarheit eingekehrt, das Dröhnen ist verstummt. Angelika hat endgültig genug. Sie schlägt die Angst einfach in den Wind, wie die Leute reagieren und dass sich alle auf die Seite des beliebten Kantors schlagen würden. Schluss, Ende, es wird höchste Zeit. Und jetzt ist die Zeit reif.

Angelika ruft ihre Eltern an. „Ich komme mit Elli zu euch, ja? Hier halte ich es nicht mehr aus." Auf einmal ist es ganz leicht. Warum nur hab ich so lange damit gewartet? Warum sechs lange Jahre, fragt sich Angelika im Stillen.

Scheidung

Steinau, Oktober 1981

Peter Voigt, einen jungen Mann aus der aus der Nachbarschaft, fragt Angelika, ob er ihr beim Beräumen ihrer Wohnung helfen könnte. Er war in der Vergangenheit gelegentlich zum Abendessen bei Sonnebergs zu Gast. Das mochte Angelika, denn Peter brachte ausgelassene Stimmung mit, war immer zu Späßen aufgelegt – und außerdem sieht er mächtig gut aus.

„Also bei dir ändert sich wohl was, Angelika? Klar packe ich mit an, kein Problem", antwortet Peter. Angelika atmet auf, ihr fällt ein Stein vom Herzen. Wenig später schleppen sie gemeinsam Kisten und Kartons, Wannen und Körbe, sie schwitzen und schnaufen, sind aber bester Stimmung.

Angelika ist erleichtert, dass Bertram mit all ihren Vorschlägen über die Teilung des Hausrats einverstanden war und nur ganz kurz und eher geistesabwesend einen Blick darauf geworfen hat.

„Peter, darf ich dich in Dresden zum Essen einladen, als Dank? Bitte sag ja!“, fragt Angelika, nachdem ihr Trabi restlos voll beladen und die Bodenkammer vorbereitet ist für die Umzugsfirma. Peter willigt zu ihrer Freude ein.

Im Restaurant am Elbehochufer finden sie einen Tisch mit schönem Blick über die Dresdener Altstadt und das Elbtal. Angelika zuckt leicht zusammen, als sie die Preise auf der Speisekarte sieht, sie hat wenig Erfahrung mit dem Ausgehen. Zu ihrer Erleichterung erklärt Peter, er habe kaum Hunger und möchte nur eine Suppe. Dem schließt sich Angelika an, die Soljanka ist nur mittelmäßig.

Nach dem Essen holt Peter eine als Geschenk verpackte Schallplatte hervor. Vivaldi, *Die vier Jahreszeiten*! Leise sagt Peter: „Ich finde dich wirklich nett, Angelika und ich bin gern mit dir zusammen. Aber mehr als meine Freundschaft kann ich dir leider nicht anbieten.“ In Angelikas Magengrube krampft sich etwas zusammen, sie presst die Lippen aufeinander. Ihre Gedanken wirbeln durcheinander, während sie versucht ruhig zu bleiben. Ich hab mich Peter doch noch gar nicht genähert! Aber er hat es wohl gespürt, aus meinen Blicken, aus meiner Stimme geahnt, wie sehr ich ihn mag und wie einsam und unglücklich ich bin, denkt sie. Traurig nimmt sie Abschied von ihm und steigt weinend ins Auto. Oft, wenn sie ab jetzt *die Jahreszeiten* hört, muss sie an Peter denken.

Einige Monate später steht die Scheidungsverhandlung der Sonnebergs an, eher nur eine Formalität nach DDR-Recht. Ernst Findeisen hat darauf bestanden, Angelika zu fahren. „Ich warte im Restaurant an der Hauptstraße. Viel Glück, sei stark, meine Große. Und lass dir nichts gefallen!“ Ernst umarmt seine Tochter und gibt ihr einen freundschaftlichen Klaps auf die Schulter. Angelika steigt vor dem Gerichtsgebäude aus dem Auto, sie hat vor Aufregung eiskalte Hände. Mit gesenktem Kopf huscht sie durch den Nieselregen über die Straße und betritt das ehrwürdige Gebäude. In der Eingangshalle erwartet Angelika bereits ihr Anwalt, der sie ermunternd am Arm nimmt und mit ihr nach oben zum Gerichtssaal geht. Über die Schulter kann Angelika sehen, wie einige junge Steinauer, wahrscheinlich aus der Kirchenband, gerade durch die Tür kommen. Ah, da kommt wohl Verstärkung für Bertram, denkt sie bitter. Na, wenn der das nötig hat ... Es tut ihr weh.

Als der Richter Bertram Sonneberg während der Verhandlung fragt, ob die Angaben seiner Frau der Wahrheit entsprächen, dass es seit anderthalb Jahren keine intime Begegnung mehr gegeben hat, ist dessen Antwort: „Tut mir leid, ich merke mir so etwas nicht so genau.“ – „*So etwas* nennen Sie das, was Ihre Frau derart belastet und verletzt hat? Das zeigt mir deutlich, welcher Art die Wertschätzung ist, die Sie Ihrer Frau und ihren Bedürfnissen entgegenbringen!“, antwortet der Richter aufgebracht. Angelika beobachtet, wie Bertram kurz eine trotzige Kopfbewegung macht und danach reglos geradeaus starrt.

Unterschlupf

Willkommen daheim

Tauchnitz, Herbst 1981

„Schnell, schnell, kommt an den Tisch, es ist alles fertig, es gibt Fondue!“ Hannelore greift sich beherzt ein paar Taschen aus Angelikas Auto und lotst Tochter und Enkelin Elli ins Haus. „Mutti, dieser Aufwand, das muss doch nicht sein!“ – „Keine Widerrede, wir feiern heute deinen Einzug hier. Ich weiß doch, wie du Fondue liebst!“ Ernst bringt schnell den Spirituskocher in Gang, da kommt Hannelore schon mit dem heißen Öl aus der Küche.

„Hm, sogar Schweinslendchen habt ihr, lecker – und saure Pilze!“ Angelika schnalzt mit der Zunge. „Vorsicht, heiß, Elli!“ Besorgt hält Hannelore die Händchen ihrer Enkelin fest, die gerade nach dem Fonduetopf greift. Ernst erhebt sein Glas und setzt eine feierliche Miene auf: „Meine liebe Geli, liebe Elli, wir heißen euch herzlich willkommen im großelterlichen Haus und hoffen, dass ihr euch hier recht wohlfühlt und wir uns alle immer gut vertragen! Prost!“ Hannelore strahlt, schnieft ein wenig und klatscht in die Hände, was Elli sogleich nachmacht. Angelika springt auf, fällt ihrem Vater um den Hals und drückt ihm einen schmatzenden Kuss auf die Wange.

Hannelore hat sich gefasst: „Wir haben es immer geahnt, Geli, dass es bei dir und Bertram nicht richtig läuft, wollten uns aber nicht einmischen, verstehst du? Es war schwer, sich zurückzuhalten. Aber jetzt können wir endlich etwas für euch tun!“ Hannelore legt ihrer Tochter die Hand auf den Unterarm: „Ich schlage vor, du kriegst unser Schlafzimmer mit dem Balkon. Und daneben das kleine Zimmer mit der Verbindungstür richten wir für die Elli-Maus ein.“ An ihren

Mann gewandt ergänzt sie: „Ernst, und wir beide ziehen ins ehemalige Kinderzimmer. Das hatten wir doch früher schon so, als mein Vater noch lebte. Alle einverstanden?“

Auch Ernst hat einen Plan: „Angelika, du könntest nachmittags in der Praxis Abdrücke ausgießen und Gipsmodelle herstellen. Das hilft mir sehr, dann kann ich kleinere Prothesen-Reparaturen selbst erledigen und muss sie nicht erst wegschicken zum Zahntechniker.“ – „Ja, super Idee. Und Elisabeth bleibt bei Omi. Ist das in Ordnung für dich, Mutti?“ Hannelore schmunzelt und nickt.

Angelikas Gedanken gehen spazieren, als sie mit ihrem Vater zwei Tage später das Gebäude betritt, in dem sich die Praxis befindet. Da ist er wieder, der Geruch vom eiskalten Plumpsklo auf der halben Treppe, der ihr seit jeher den Atem verschlagen hat. Wie eklig, wenn man direkt in die Grube schauen kann, ihr grauste als Kind schrecklich davor! Aber oben im ersten Stock überlagert wie gewohnt alles der unverwechselbar aromatische, leicht stechende Zahnarztgeruch nach Nelkenöl und Chlor-Kampfer-Menthol, der ist Angelika vertraut und angenehm, der gehört zur Familie. Sie atmet tief ein, hier fühlt sie sich heimisch.

Ernst zeigt seiner Tochter im zahntechnischen Labor mit geübten Handgriffen, wie man blasenfrei Gips anrührt und Abdrucklöffel ausgießt, damit Modelle entstehen. „Du musst sie ringsum ordentlich beschneiden, solange der Gips noch etwas weich ist – so penibel wie im Profilabor muss es bei den kleinen Reparaturen nicht sein. Das ist kein Hexenwerk, das schaffst du, Große!“ Angelika boxt Ernst auf dem Heimweg freundschaftlich gegen den Oberarm und denkt darüber nach, dass sie sich selten so gut mit ihrem Vater verstanden hat.

Es kommt noch besser: Im Kirchgemeindehaus gibt es einen Mini-Kindergarten, eine Gruppe von zwölf Kindern, die halbtags betreut werden. Pfarrer Klausner fragt bei Geli an: „Könntest du nicht von acht bis zwölf die Kinder betreuen, solange die Erzieherin im Mutterschutz ist?" – „Ja, klar kann ich das, muss ja erst nachmittags in die Praxis." Das lässt sich doch alles richtig gut an. Angelika seufzt zufrieden und ist mit sich im Reinen.

„Wir müssen heute Äpfel ernten im Garten – und ..., na, Geli, was wohl noch?" Ernst steht in grauem Arbeitskittel und Gummistiefeln vorm Haus und grinst verschmitzt. „Jaja, Vati, ich weiß Bescheid: Laub zusammenrechen, wie jedes Jahr ..." Begeisterung hört sich anders an, denkt Hannelore. Sie wendet sich an ihren Mann: „Ernst, meine Dahlien, die müssen aus der Erde und in den Keller. Und die Rosen, die verschneide ich selbst. Hach, so viel Arbeit! Wir müssen die sonnigen Tage jetzt ausnutzen. Ein Glück, dass du da bist, Geli." Elisabeth meldet sich zu Wort: „Ich helfe auch mit, ich will ganz viel Laub zusammenrechnen und mitten in den Laubhaufen reinspringen ..." Ernst schmunzelt: „Alles klar, dann rechne du mal, kleine Rechen-Hexe!"

Bittere Wahrheiten

Tauchnitz, Juni 1982

In der Nacht hat ein schweres Sommergewitter getobt, Elisabeth ist zu ihrer Mutti ins Bett gekrochen vor lauter Angst bei all dem Stürmen und Donnerkrachen. Als die beiden am Morgen gerade die Augen aufschlagen, klingelt unten im Flur das Telefon. Hannelore ist am schnellsten, nimmt ab und ruft gleich darauf ihre Tochter an den Apparat. „Aus

Steinau, Pfeiffer, glaube ich …", raunt Hannelore ihr schnell noch zu.

„Hallo, Geli, wie geht es dir denn inzwischen? Andreas und ich würden dich gern mal zum Kaffeetrinken nach Steinau in unseren Garten einladen. Hast du Lust?" Angelika schluckt. Mühsam ihre Verschlafenheit verbergend antwortet sie stockend: „Das ist …, also, ich freue mich über eure Einladung, Irene, das hätte ich gar nicht erwartet. Ja, hm, ich komme gern." Angelika setzt sich im Nachthemd auf die Treppe. „Mutti, die Steinauer erinnern sich an mich, du glaubst es nicht. Ob der Glorienschein des unfehlbaren Herrn Sonneberg jetzt für Einige vielleicht doch langsam matter wird? Die haben mich eingeladen. Bin gespannt! Elli nehme ich aber erstmal nicht mit – wer weiß, wie das ablaufen wird."

Im Garten von Irene und Andreas Pfeiffer ist der Kaffeetisch gedeckt, die Blümchenservietten passen perfekt zum Geschirr, silberne Kuchengabeln, Obsttorte. Zur Begrüßung serviert die Hausfrau ein Glas Rotkäppchensekt. „Ihr habt es hier aber schön, die Rosen sind eine wahre Pracht. Und nochmal danke für die Einladung, hat mich wirklich gefreut." Angelika räuspert sich, es ist ihr unangenehm, wie steif und hölzern dieses Gespräch verläuft. Sie würde gern etwas zur Auflockerung beitragen und beginnt von Elisabeth zu erzählen. „Wir lachen viel über die Kleine, sie macht ihre Großeltern sehr glücklich. Nur mit Fremden hat sie gelegentlich ein Problem. Sogar als Bertram sie einmal abholen wollte …"

Peng, da ist es passiert! Angelika schießt Röte ins Gesicht. Genau das hatte sie vermeiden wollen, dass zuerst sie Bertram ins Gespräch bringt. Irene und Andreas werfen sich einen kurzen Blick zu, dann nimmt Andreas die Brille ab und beginnt: „Geli, damit du es weißt, wir haben den Kontakt zu Bertram abgebrochen, weil wir uns bei ein paar Anlässen sehr über ihn geärgert haben. Als wir erfuhren, dass er an seinem neuen Wohnort in Süddeutschland mit einem jungen Mann zusammengezogen ist, waren wir restlos geschockt."

Angelika weiß nicht, wo sie hinschauen soll. Krampfhaft fixiert sie die Schleifchen auf ihren Sandalen. Jetzt ergreift Irene das Wort: „Geli, ich bin so froh, dich hier zu haben! Weißt du, ich habe es einfach nicht mehr ausgehalten mit dem Gedanken, wie deine Situation hier in Steinau war, was Bertram mit dir angestellt haben mag und wie einsam du warst. Immer, wenn ich ihn all die Jahre fragte, warum er dich nicht mitgebracht hat zum Besuch bei uns, bekam ich zur Antwort: ‚Meine Frau bleibt lieber zu Hause, ist ein bisschen menschenscheu ...' Kann man das fassen?"

Irenes Augen verengen sich, sie wirft energisch ihren langen dunklen Pferdeschwanz in den Nacken. Durch Angelika ist ein jäher Ruck gegangen bei Irenes Worten, als wäre sie aufgewacht. Sie beißt sich auf die Unterlippe und zupft nervös an ihrem Nagelbett herum. Nach einer Weile bricht sie auf, bedankt sich noch mehrmals und verspricht, beim nächsten Mal Elisabeth mitzubringen.

Angelika rollt die ersten Kilometer ihrer Rückfahrt wie in Trance. Sie kann nicht glauben, was sie da eben erfahren hat und schüttelt wieder und wieder den Kopf. Dann aber strafft sie sich, schiebt eine Kassette ins Laufwerk und dreht das Autoradio richtig laut auf. *Imagine* von John Lennon ertönt, Angelika singt lauthals mit. Dabei streichelt sie das Lenkrad ihres orangefarbenen Trabants, einst ein Geschenk der Eltern Findeisen an die jungen Eheleute Sonneberg. Du leistest mir gute Dienste, braver Trabi. Und sieh mal an, die Geli ist inzwischen gar kein Angsthase mehr beim Autofahren. Macht ihr sogar richtig Spaß!

Da der Trabi nicht antwortet, lässt Angelika die Gedanken weiter schweifen. Das war ein wirklich schöner Nachmittag in Steinau, nach langer Zeit des Schweigens, denkt sie. Einigen sind also mit der Zeit doch Fragen gekommen, wie das in Wirklichkeit gelaufen ist mit mir und Bertram, ob sie mich nicht zu Unrecht verurteilt haben. Umso besser, jetzt gibt es wieder Kontakte, das fühlt sich gut an. Wie erstaunt die Steinauer darüber waren, dass Bertram ganz und gar auf den Umgang mit seiner Tochter verzichtet. Auch das passt nicht zum früheren Glorienschein des Herrn Sonneberg.

Am Ortseingang von Tauchnitz entschließt sich Angelika, noch kurz bei Dörthe halt zu machen. Sie muss ihr die Neuigkeiten gleich erzählen. Dörthe ist beim Wäscheabnehmen auf der Wiese und schaut Angelika verwundert an. Die lacht und sagt: „Komm, Dolli, ich helfe dir schnell. Was ich dir zu erzählen habe, ist was für geschlossenen Räume." – „Du machst es aber spannend! Komm rein."

Angelika setzt sich kerzengrade auf das Sofa in der Wohnküche. „Dolli, ich kenne jetzt den einzig einleuchtenden und wahren Grund für Bertrams Verschlossenheit mir gegenüber. Du wirst es nicht glauben! Er interessiert sich mehr für Männer als für Frauen! Er hat seit einer Weile einen Freund und geht einigermaßen offen damit um!" Dörthe lässt sich auf einen Küchenstuhl fallen. „Nee, sag bloß, das ist ja ein Ding! Naja klar – da fällt mir ein, dass du erzählt hast, wie überaus behutsam und aufmerksam er immer euren Aushilfsorganisten Peter Burgk behandelt hat. Dass dir das auf die Nerven ging, weißt du noch?"

Angelika nickt, dann sagt sie: „Und ganz besonders umsorgt hat er damals den belgischen Gaststudenten André, die beiden standen noch lange im Austausch. Der war ja ein bekennender Schwuler. Trotzdem, ich wäre nicht drauf gekommen ... Ich bin mir gar nicht im Klaren, was ich mit dieser Neuigkeit anfangen soll, Dolli." Dörthe hebt den Kopf: „Ich weiß, wie du ganz schnell auf andere Gedanken kommst: Mein Cousin in Bautzen hat mich zu einer Party eingeladen am nächsten Wochenende. Da kommst du einfach mit, wir können dort schlafen. Nur Platten müssen wir mitbringen. Was hast du alles da?" – „Neu hab ich die LPs von Paul McCartney, Genesis und von Harry Belafonte. John Lennon kennst du ja schon. Ein Glück, dass wir gute Beziehungen zum Plattenladen haben, das gab es wie immer alles nur unterm Ladentisch ..." Dolli scheint zufrieden, hat aber noch mehr Pläne auf Lager: „Und du sollst Ricky anrufen, Geli. Sie will in zwei Wochen zu einem Festival ins Erzgebirge und wollte dich fragen, ob du fährst, also mit dem Trabi. Ich komme natürlich auch mit." Volles Programm, denkt Geli beim Nachhause fahren. Aber wie schön, dass die Freundinnen von früher alle noch hier sind.

Am Freitagabend klingeln Dörthe und Ricky bei Angelika, die gerade Elisabeth schlafen gelegt hat. „Hey, deine Eltern sind doch zum Kegeln, oder? Supergelegenheit, unsere nächsten Aktionen zu bereden! Und deine neuen Platten wollen wir hören. Stoff ist da. Korkenzieher bitte!" Ricky stellt triumphierend zwei Flaschen *Rosentaler Kadarka* auf den Tisch. „Na, war ich gut? Es gab nur zwei Flaschen für jeden in der Kaufhalle!"

Dolli hat sich derweil an Ernsts Plattenspieler zu schaffen gemacht und dreht jetzt die Boxen laut auf. Die Mädels stoßen an und tanzen ausgelassen durch das große Wohnzimmer der Findeisens. „Dolli, mach etwas leiser, sonst kommt Elli gleich angewatschelt. Ihr wisst einfach nicht, wie das mit Kindern ist, ihr vergnügungssüchtigen Nudeln!" Aufgekratzt prusten alle los, lachen aus vollem Halse und feiern, bis Findeisens schließlich vom Kegelabend heimkehren.

Disko-Bekanntschaften Budapest, August 1982

Angelika hat Urlaubspläne geschmiedet und weiht Ricky ein: „Wir fahren per Anhalter nach Budapest und schlafen bei Lászlós Mutter – László, das war doch mein Balaton-Ferienfreund, der ist inzwischen nach Kanada ausgewandert. Wir machen uns ein paar schöne Tage in Budapest – und zurück könnten wir fliegen! Was sagst du?" Ricky braucht nur wenig Bedenkzeit und zwei Wochen später gehen die jungen Frauen schließlich auf Reisen.

„Isten nem – Gott, nein! Zum Glick seid ihr gut angekommähn, ihr Mädchähn! Kommt herein, ich zeige euch Zimmer", begrüßt die elegante ältere Dame die beiden auf den Stufen der baufälligen Budapester Stadtvilla. Sie treten ins Haus, durchschreiten Flur und Wohnzimmer. Ricky schaut sich um: „Ganz schön herrschaftlich hier, alle Achtung. Aber dieser Schuppen hat wohl schon bessere Zeiten erlebt." Die Gastgeberin kommt mit einem Tablett aus der Küche, der Parkettboden knarzt unter ihren Füßen. Sie serviert Limonade und gekühlte Melonenscheiben auf der rosenumrankten Sitzfläche hinter dem Haus. Alles perfekt, die Freundinnen blinzeln sich überaus zufrieden zu.

„Was machen wir denn heute Abend, Gelilein? Weißt du, wo eine Disco oder sowas ist?“ Angelika zieht ratlos die Schultern hoch und studiert den Stadtplan. Ricky stemmt die Hände in die Hüften. „Ich habe eine Idee! Weißt du, wie es funktionieren könnte? Wir nehmen ein Taxi und fragen einfach den Fahrer, wo man zum Tanzen hingeht!“

Geli findet Rickys Plan gut. Und er hat Erfolg. Ein wenig bange verfolgen die beiden die Taxistrecke, schließlich entlässt sie der freundliche schwarzlockige Fahrer an irgendeinem Tanzschuppen. Dort nehmen die Mädels im Dämmerlicht und bei stampfenden Disco-Rhythmen kurz hintereinander zwei Gin Tonics und schauen sich verstohlen um.

„Du Ricky, dort drüben sind zwei Kerle, die gucken immer rüber zu uns. Gut sehen die ja aus …“ Geli zwinkert Ricky übermütig zu. Da stehen die Burschen bereits neben dem Tisch der Mädchen. Der Dunkelhäutige mit den Glutaugen fragt: „Do you want a drink?“ Puh, englisch, wie ungewohnt! Ob sie ein Getränk wollen?

Die aufgekratzten Mädels lassen sich gern einladen und kommen nach und nach mit den beiden Jungen ins Gespräch. Automechaniker sind die, Arbeitskollegen, so stellt es sich heraus. Ob sie zum ersten Mal in Budapest seien, will der Lockenkopf wissen, während der Glutäugige schon eine weitere Runde Gin Tonic ordert. „Die Musik ist wirklich gut hier!“ Ricky wippt im Takt zu *Eye of the Tiger* und blinzelt Geli herausfordernd zu. „Das ist *Abracadabra* von der *Steve Miller Band*! Die spielen aber hier viele West-Titel – los, tanzen!“ Ricky hakt die Freundin unter, alle vier springen wie auf Kommando auf die Tanzfläche.

Als nächstes läuft tatsächlich ein Ost-Song, den die Ungarn noch nicht kennen. „Das ist die Gruppe *Karat* aus

Berlin, die sind ganz toll. *Der Blaue Planet* heißt das Lied", klärt Geli auf. Als das langsame *Ebony und Ivory* erklingt, nimmt der Lockenkopf Geli bei den Schultern und zieht sie nahe an sich heran. Auch Ricky tanzt jetzt ganz eng mit dem Dunkelhäutigen.

Einige Drinks später machen die Burschen einen Vorschlag: „We can bring you home if you want.".– Sollen sie sich von den Jungs heimbringen lassen? Geli und Ricky tauschen einen Blick. „Nadyon jó, sehr gut", scherzt Geli. Die vier diskutieren ein wenig herum in dem kuriosen Gemisch aus Deutsch, Englisch und Ungarisch, die Burschen meinen, das Taxi wäre so teuer, die Wohnung des Lockigen hingegen gleich um die Ecke. Geli und Ricky, beide gleichermaßen beschwipst, verständigen sich mit einem kurzen Augenzwinkern und Ricky zischt verschwörerisch: „Hey, Spaß muss sein!"

Also in die Wohnung des Lockenkopfes – Wein vom Balaton wird kredenzt, bald darauf zieht der Lockenkopf Geli ins Schlafzimmer in ein breites gemütliches Bett, wo die beiden sich nach Herzenslust vergnügen. Auch Ricky und dem Dunkelhäutigen scheint es im Nebenraum, einer Art Wohnküche, auf dem Sofa gutzugehen, wie Geli der Geräuschkulisse entnehmen kann, die durch die offene Tür dringt. Sehr viel Schlaf bekommen alle vier nicht in dieser Nacht, dafür haben sie jede Menge Spaß.

„Auweia, das hätte schiefgehen können, mein lieber Scholli ...!" Geli würgt am nächsten Morgen etwas beklommen an dem trockenen Keks, den der bereits zur Arbeit entschwundene Kavalier freundlicherweise in seiner Küche hinterlassen hat. „Immerhin ist der Kaffee passabel. Mann, hab ich einen Brummschädel!" Ricky schwenkt ihre Tasse: „Na, zum Glück ist nix passiert, Schwein gehabt! Was haben wir uns nur dabei gedacht? Ganz schön leichtsinnig, oder?" Beide kichern übermütig.

Ricky macht sich über die Plattensammlung in der Wohnküche her. „Schau mal, was der Kerl für tolle Scheiben hat! Die Ungarn haben irgendwie viel mehr Möglichkeiten als wir in der DDR, oder irre ich mich? Hier: *Chicago*, *Blood, Sweat & Tears*, *Santana* ..., vom Allerfeinsten!" Schon hat sie eine Platte aufgelegt und tanzt zu *Black Magic Woman* in der Küche herum.

Geli schmiedet bereits wieder Pläne: „Hör mal, Ricky, übermorgen ist der 20. August, der ungarische Nationalfeiertag. Da gibt es abends ein Riesenfeuerwerk am Donauufer – das musst du sehen! Am besten besorgen wir uns Rotwein, Käse, Tomaten und Brot und sichern uns bereits am Nachmittag einen guten Platz. Auf den Donaustufen gegenüber vom *Budaer Burgberg* zum Beispiel. Das wird ein Fest, glaub mir. Du wirst begeistert sein, so ein Feuerwerk hast du bestimmt noch nie erlebt! Ich weiß noch, wie ich als Kind gestaunt habe ..."

Aktenvermerk Tauchnitz, 4. Juli 1982

Am 30.6.1982 erschien die Sonneberg, Angelika, geb. Findeisen, nach Vorladung beim VPKA Tauchnitz zur Abholung ihrer Reiseanträge für eine Reise in die VR Ungarn.
Die Leiterin der Dienststelle wurde beauftragt, weitere Angaben über Aufenthaltsort und Grund der Reise zu ermitteln. Da bei der S. Verdacht auf Vorbereitung einer Straftat gemäß §213 StGB vermutet wird, vorläufig aber kein zwingender Grund zur Ablehnung der Reise vorhanden ist, soll die Genossin darauf verweisen, dass sich die S. während ihres Aufenthaltes an die gesetzlichen Bestimmungen zu halten habe. Damit soll erreicht werden, dass sie verunsichert wird und möglicherweise vermutet, dass sich die Sicherheitsorgane für sie interessieren und somit eine Abstandnahme von einer möglichen Handlung erreicht wird.
S. reagierte erschrocken und fragte sofort, ob sie sich etwas zu Schulden habe kommen lassen.
Es kann eingeschätzt werden, dass das Gespräch sein Ziel erreicht hat.

Unterschrift: unleserlich /Ultn.

Einmal zur Werkwoche an die Berliner Seen fahren und dort in der Theatergruppe mitmachen! Lange vor Ferienbeginn hat Geli deswegen Pfarrer Klausner gefragt: „Kennst du nicht jemanden bei den Verantwortlichen in Berlin, bei dem du ein gutes Wort für mich einlegen kannst? Ich will da schon seit Jahren mal hin. Zehn Tage lang Kunst und Kultur mit richtigen Künstlern und Theaterprofis erleben und dann ein Stück aufführen am Ende ... Das stelle ich mir einfach toll vor!"

Klausner kneift skeptisch die Augen zusammen. „Die Werkwoche ist sehr begehrt, der *Bund der evangelischen Kirchen* veranstaltet sie ja bloß alle zwei Jahre und aus der ganzen DDR strömen junge kreative Leute hin. Sicher ist das sehr schwer, da reinzukommen, noch dazu so kurzfristig. Aber ruf mal im Berliner EKD-Büro und sag einen schönen Gruß von mir, vielleicht hast du Glück."

Angelika hat Glück. Kurz nachdem sie aus Ungarn zurück ist, kommt ein Anruf aus Berlin: Ein Platz ist frei geworden – für textiles Gestalten! Schade, nicht für die Theatergruppe, denkt sie, das wäre mein sehnlichster Wunsch. Naja, abwarten. Es gibt ja auch noch Fotografie, Bühnenbild, Bildhauerei, Literatur ... Angelikas Herz hüpft vor Freude, als wolle es ihr aus der Brust springen. Aufgekratzt ruft sie daheim im Flur: „Hallo, huhu, jemand da? Alle herhören: Ich fahre am Wochenende zur Werkwoche! Verstanden? Zur Werkwoche!"

Ihre Mutter kommt aus dem Wohnzimmer: „Psst ... Warum bist du denn so laut? Vati hat sich nämlich hingelegt, es war heute Vormittag so heiß in der Praxis, da war er kaputt. Was ist denn bitte schön eine Werkwoche?" Angelika sprudelt wie ein Wasserfall und setzt ihre Mutter genau ins Bild, während sie für ihre Tochter das Mittagessen wärmt. „Mutti, das wird fetzig, ich freue mich wie irre! Vati kann mich sicher mal eine Woche entbehren in der Praxis. Und die Kindergruppe hat sowieso Sommerpause." Auch Elisabeth will wissen, warum die Mutti so aufgeregt ist. Angelika erklärt der Kleinen in Ruhe ihr Vorhaben und verspricht ihr ein Mitbringsel.

Alles ist geregelt, voller Vorfreude packt Angelika, verabschiedet sich und fährt los. In Dresden steigen noch zwei weitere Teilnehmer zu ihr ins Auto und es geht ab in den brandenburgischen Kiefernwald.

Wolkow bei Berlin

Sengende Hitze empfängt die drei jungen Leute beim Aussteigen, der Wald duftet nach Kiefernharz, das Zirpen der Grillen lässt die Luft vibrieren. Angelika atmet tief ein und schließt kurz die Augen. Unhörbar jubelt sie: Ich bin bei der Werkwoche, ich hab es geschafft, juhu! Schnell und unkompliziert beziehen alle die ihnen zugewiesenen Quartiere in den einfachen Hütten.

Begrüßungsrunde in der modernen Holzkapelle. Hier drin steht die Luft, Angelika ringt nach Atem und knöpft ihre Bluse ein Stück weiter auf. Die Leiter der Kreativgruppen, allesamt Kunstprofis, stellen sich vor und erläuterten Regeln und Abläufe. Gespannt sitzt Angelika auf der vordersten Stuhlkante, sie will auf keinen Fall irgendetwas verpassen. Als die Veranstaltung beendet ist und alle nach draußen strömen, hört Angelika jemanden rufen: „Auf zum

Waldsee!" Einige johlen zustimmend und rennen los. Angelika läuft zurück zu ihrer Hütte, greift sich in Windeseile Badeanzug und Handtuch und saust den anderen hinterher. Huch, den Badeanzug hätte ich wohl nicht gebraucht, denkt sie beim Anblick der vielen blanken Hinterteile. Egal, rein in den See, herrlich! Geli legt sich im Wasser auf den Rücken, schaut in die Kiefernwipfel und bemerkt einzelne rosa Wölkchen am Abendhimmel. Sie lässt sich genüsslich treiben und denkt: Wie passend, genauso fühle ich mich jetzt hier – wie auf rosa Wolken gebettet.

Am nächsten Morgen, nachdem sich die Gruppen formiert haben, sitzt Angelika in der Textilgruppe und lauscht den Probengeräuschen der Theatergruppe aus der Kapelle nebenan. Animalische Schreie dringen herüber, was die wohl anstellen da drüben? Angelika quält die Neugierde.

Die Textilgestalterin, eine sympathische, zarte Frau im langen Leinenkleid, erläutert ihr Vorhaben eines Landschaftsbildes, einer Art Collage, aus den verschiedensten Materialien. Angelika hört kaum zu, stattdessen stellt sie sich vor, mittendrin zu sein in der Theaterprobe, dem breitschultrigen Blonden mit der wilden Mähne gegenüberzustehen ... Sie seufzt und sortiert weiter die Filzstreifen, Garne und Stoffreste vor sich auf ihrem Arbeitsplatz. Das Grübeln aber lässt sie nicht los, tief in ihrem Bauch hadert sie mit ihrem Schicksal.

Nach dem Frühstück am Tag darauf steht Angelikas Entschluss fest. Mit klopfendem Herzen und einem Kloß im Hals steht sie vor dem erfahrenen Theaterregisseur: „Ich hab mich geirrt, Textiles ist doch nix für mich, das weiß ich jetzt. Darf ich bitte noch in die Schauspielgruppe wechseln?" Der Regisseur wiegt den Kopf mit dem weißgrauen Bürstenhaarschnitt: „Ich habe eben immer weniger Zeit für den Einzelnen, je größer die Gruppe wird. Aber was soll's, los geht's, Sonneberg, auf zur Probe!" Angelika würde den Theatermann am liebsten umarmen, sie rennt übermütig in den Wald hinein und dreht sich ein paarmal im Kreis, bis ihr schwindlig wird.

Und eine Viertelstunde später steht sie ausgerechnet dem Kerl mit der Mähne gegenüber, für die Partnerübungen zur Lockerung am Morgen: Anschreien, Schubsen, Schlagen, zu Boden werfen, Festhalten. Der Mähnenlöwe heißt Henry und ist an der Ostsee geboren, erfährt Geli. Daher also die nordische Sprache, dazu diese sanfte Stimme, die Geli direkt unter die Haut geht – sie ertappt sich dabei, wie sie Henry unverwandt anstarrt. Wenn der das mitkriegt, wie ich auf ihn stehe ..., fällt ihr ein. Sie ruft sich zur Ordnung: Geli, nimm dich zusammen!

Henry beeindruckt mit seinem Naturtalent augenscheinlich auch den Regisseur. Trotzdem staunt Geli nicht schlecht, als er Henry die Hauptrolle im einzustudierenden Theaterstück *Das Leben des Menschen* von *Michail Bulgakow* vorschlägt. Henry nimmt das Angebot erstaunlich gelassen hin, Minderwertigkeitskomplexe scheinen ihm fremd zu sein. Angelika ist endgültig begeistert, ihr Herz schlägt bis zu Hals. Himmel, es ist passiert, sagt sie sich im Stillen. Ich hab mich verliebt, ganz, ganz sehr und bis über beide Ohren. Was wird das werden?

Die Probenarbeit beginnt. Der Regisseur verteilt an alle Hobbyschauspieler ein Blatt mit dem Text *Herzstück* von *Heiner Müller*. „Stellt das bitte in Zweiergruppen dar, macht euch Gedanken und lasst eure Fantasie sprießen bis heute Nachmittag, ich bin gespannt auf eure Versionen."

Angelika schaut kurz zu Henry hinüber, sein Blick trifft sich mit ihrem, er deutet mit dem Kinn zu einem dicken Kiefernstamm am Waldrand. Ah, er will es wirklich mit mir machen, folgert Angelika und hockt sich neben Henry auf den Baum: „Hast du eine Idee dazu?“ – „Hm, ich könnte Bauarbeiter sein und dir einen Ziegelstein hinlegen mit den Worten ‚Darf ich Ihnen mein Herz zu Füßen legen?‘ Wie wäre das?“

Angelika ist sofort dabei: „Ja, und ich sitze als arrogante Büro-Mieze hinter der Schreibmaschine und sage von oben herab: ‚Wenn Sie mir meinen Fußboden nicht schmutzig machen ...‘” – „Genau, dann kommt ‚Mein Herz ist rein!‘; dann sagst du verächtlich, dass das ja ein Stein sei.“ – „Und dann du, mit ganz viel Pathos: ‚Aber es schlägt nur für Sie!‘ So könnte das was werden, oder was sagst du, Henry?“

Der Mähnenlöwe nickt zustimmend. Angelika seufzt unhörbar und versucht, seinen Duft wahrzunehmen, streichelt mit ihren Blicken über seine glatte Brust unter dem offenen Hemd und über die muskulösen Arme. Dieser Mann zieht sie beinahe magisch an.

„Was machst du eigentlich beruflich, Henry? Hast du Geschwister?“ Angelika schaut Henry neugierig von der Seite an und bemerkt plötzlich, wie aus dessen Gesicht jedes Lächeln verfliegt. Ruckartig steht er auf, macht eine beinahe abweisende Kopfbewegung und versetzt: „Du, ich muss jetzt ..., bis später. Wir reden ein anderes Mal.“ Mit einigen Fragezeichen im Kopf bleibt Geli auf dem Baumstamm sitzen und schaut ihm nach.

Zum Abendessen treffen sich alle im großen, etwas nüchternen Speisesaal. Als Angelika sich gerade eine zweite Portion Würstchen und Kartoffelsalat vom Buffet holt, steht

Henry neben ihr. Sie sucht fieberhaft nach einem Grund, ihn anzusprechen: „Hast du vielleicht eine Zigarette für mich, für nachher?“, – „Ja klar, aber nicht hier. Komm doch einfach nach dem Essen mit zu meiner Hütte.“

Angelika staunt, Henry hat ein Einzelzimmer! Kaum schließt sich die Tür des Bungalows, treffen sich die Blicke der beiden, sie machen jeweils einen Schritt aufeinander zu. Angelika ist, als höre sie ein Knistern in der Luft, die ungeheure Spannung zwischen ihr und Henry ist fast mit Händen zu greifen. Noch ein Schritt, wie in Zeitlupe – ihr Gesicht ist jetzt ganz nah vor seinem. Henry nimmt Angelikas Gesicht in die Hände, legt seine Lippen auf ihre.

Plötzlich bricht der Sturm los, Funken sprühen vor Angelikas Augen, ein Strudel ungestümer Emotionen und heißen Begehrens ergreift sie und trägt sie empor. Endlos und wild ist dieser Kuss, eng umschlungen fallen die beiden auf das wackelige Bett an der Bretterwand. Angelika erwischt mit einer Hand einen Vorhangzipfel und zieht schnell das Fenster zu. Sie krallt ihre Finger in Henrys Rücken. Ich brenne, ich brenne – das ist der einzige Gedanke, den sie fassen kann.

Der Höhenflug ist vorüber. Angelika kommt allmählich wieder zur Besinnung und kuschelt sich an Henry, der eingeschlafen ist. Geli kann in Ruhe ihren Gedanken nachhängen: Ich glaube, ich muss zerspringen vor Glück. Endlich , nach den quälenden Jahren mit Bertram, kann ich mich wieder als Frau fühlen, werde begehrt, verwöhnt und spüre meinen Körper.

Angelika liegt verträumt an der Schulter dieses Mannes, der so wenig von sich preisgibt. Er wird schon noch auftauen, hofft sie. Sie spielt mit seinen widerspenstigen, drahtigen Haarsträhnen. „Du warst im früheren Leben ein Wikinger, da bin ich mir sicher ... Es darf nur niemand wissen“, flüstert sie und küsst ihn zärtlich.

Henry schlägt die Augen auf und lächelt Geli an. „Na, du wildes Kätzchen! Bist du noch immer hungrig?“ – „Ja, bin ich, aber nur auf etwas ganz Verschmustes ...“, schnurrt Geli und gräbt ihr Gesicht in Henrys Achselhöhle. Bald dreht sie sich jedoch herum, streckt sich aus und schnurrt noch einmal. Sie genießt sein sanftes Streicheln und Liebkosen, bis sie nur noch Sterne vor ihren geschlossenen Lidern sieht.

Angelika huscht auf Zehenspitzen aus der Tür, als es schon zu dämmern beginnt. Sie schlüpft in ihr Bett, die Zimmernachbarin schläft tief und fest. Plötzlich hört Geli das Schlagen einer Nachtigall. Wie wunderschön, denkt sie überglücklich – und schon hat sie der Schlaf übermannt.

Die Woche vergeht wie im Flug. Der letzte Abend der Werkwoche ist da. Traditionell feiern heute alle Teilnehmer ein großes Fest, die Gruppen präsentieren die Ergebnisse ihrer Arbeit. Jetzt kommt das bisher unveröffentlichte *Bulgakow*-Stück zur Aufführung. Die Schauspieler dümpeln nervös hinter der Kapelle herum, keiner redet. Sie warten auf die Ansage des Regisseurs, dass das Stück beginnt. „Wie wird es werden, Henry? Bist du auch so aufgeregt?“ Angelika schaut an dem Mähnenlöwen hoch. Der schnauft verächtlich: „Pah, du mit deiner Minirolle! Was soll ich da sagen mit meiner Hauptrolle ... Jetzt lass mich mal in Ruhe, ich kann jetzt kein Geplapper brauchen.“ Befremdet zieht Angelika den Kopf ein und geht beiseite.

Applaus ertönt, die Aufführung beginnt. Alles läuft gut, bis Henry plötzlich im Text steckenbleibt. Er hängt, kommt nicht weiter, stottert. Angelika kennt seine Rolle fast besser als ihre eigene kleine Rolle. Geistesgegenwärtig zischt sie ihm ein Stichwort zu: „Pilgerweg!“ Schon ist er wieder drin, zum Glück! Angelika glaubt für Sekundenbruchteile ein dankbares Blinzeln in Henrys Augen zu sehen.

Am Ende des Stückes brandet gigantischer Applaus los. Angelika ist, als höre sie alle Steine von den Herzen der Mitwirkenden fallen, als würde sie von der Woge der Begeisterung emporgehoben. Wieder und wieder verbeugen sich die Schauspieler und verlassen schließlich schweißnass und mit strahlenden Gesichtern die Bühne. So glücklich und erfüllt war ich seit vielen Jahren nicht mehr, denkt Angelika

„Hast du gehört, Henry, zum Ausklang des Abends gibt heute Gerhard Schöne ein kleines Konzert, kennst du den?“ Henry zuckt mit den Schultern und schüttelt den Kopf. „Das ist ein sächsischer Liedermacher aus der kirchlichen Jugendarbeit. Ich kenne ihn auch bisher nur von Tonbändern, die so von Hand zu Hand gehen, live hab ich ihn noch nie erlebt. Er macht wunderschöne Texte, auch Liebeslieder“, schwärmt Geli und kuschelt sich eng an ihren Freund.

Atemlos lauscht Geli den Liedern, eng an Henry gelehnt und dessen Hand haltend. *Vielleicht wird's nie wieder so schön, Spar deinen Wein nicht auf für morgen, Stille Wunder* – diese Texte treffen mitten in ihr Herz. Die Verletzungen der vergangenen Jahre scheinen zu schmelzen, Tränen laufen über Angelikas Gesicht. Henry blickt kurz leicht irritiert zu ihr, legt den Arm um sie und zieht sie fester an sich. Angelika hofft inständig, dass das Konzert nicht zu schnell vorbeigeht.

Später, im Bett, versucht sie wieder einmal, Henry etwas Persönliches zu entlocken: „Wie hat Gerhard Schöne dir denn gefallen? Magst du sowas überhaupt? Welche Musik hörst du denn am liebsten? Wofür interessierst du dich?" – „War ganz nett, aber heulen muss ich deswegen nicht, Geli." Das ist alles, was sie aus ihm herauskriegt. Beim nächsten heißen Kuss hat Geli schon wieder vergessen, was sie alles von Henry wissen wollte.

Wieder daheim in Tauchnitz stürzt sich Angelika mit einem Jubelschrei auf ihre Tochter und knuddelt sie durch: „Du hast mir gefehlt, kleine Hexe!" Elli grinst verschmitzt: „Du mir fast gar nicht, ich hab mit der Omi Marmelade gekocht und Kuchen gebacken, jeden Tag war irgendwas tolles los hier im Tauchnitzhaus! Und wie war es bei dir, Mutti? Und was hast du mir mitgebracht?" Autsch, Mitbringsel vergessen, durchfährt es Geli siedend heiß. „Du suchst dir morgen im Spielzeugladen was aus, ja?" Elli zieht eine beleidigte Schnute, dann aber lacht sie spitzbübisch.

Mit strahlenden Augen erzählt Geli ihren Eltern, nachdem Elli eingeschlafen ist: „Eine völlig andere Welt war das dort! Und die Leute, alle super, mit Grips im Kopf und aufgeschlossen, das hat einen Riesenspaß gemacht. Ach, und ich hab mich schwer verliebt: Er heißt Henry und kommt nächste Woche her!" Hannelore und Ernst blicken sich kurz an und sind sich wohl ohne Worte einig: abwarten.

Henrys steigt aus dem Zug, Angelika fällt ihrem neuen Freund mit einem tiefen Seufzen um den Hals. Sie hält ihn lange fest und drückt ihre Nase in seine Halsgrube, saugt seinen Duft ein. Wie hat er ihr gefehlt! „Du, es gibt da ein paar Regeln im Tauchnitzhaus. Also Tauchnitzhaus, so nennt es meine Tochter. Bei uns ist es so: Essen müssen wir mit den Eltern unten im Esszimmer, das kann ich nicht plötzlich ändern, Henry. Und Elisabeth ist das so gewöhnt.

Aber nach der Mahlzeit verdrücken wir uns schnell nach oben in mein Zimmer, ja?“

Ernst und Hannelore schauen bei der Ankunft von Geli und Henry im Flur ein wenig distanziert auf den Herrn im Achselshirt. „Zieh dir bitte was drüber zum Essen, Henry“, bittet Angelika und erntet dafür einen geringschätzigen Blick vom Mähnenlöwen.

Bei Tisch kommt es wie von Angelika befürchtet, Ernst Findeisen richtet das Wort an den Gast: „Darf ich fragen, womit Sie Ihren Lebensunterhalt bestreiten, wenn Sie nicht gerade als Hobbyschauspieler unterwegs sind?“ Henry weicht aus: Er habe ein paar Geschäfte am Laufen, zusammen mit einem Freund, und er arbeite stundenweise in einem Kulturhaus. Angelika kann es beinahe körperlich spüren: Die Eltern wirken nicht recht zufrieden mit dieser eher vagen Antwort. Mutters Mundbewegungen sprechen Bände. Angelika interessiert das alles nicht so sehr – sie ist verliebt, Henry übt eine übermäßige Anziehungskraft auf sie aus, gegen die sie fast machtlos ist.

Das Tischgespräch zieht sich weiter mühselig hin. Ernst sucht immer wieder nach gemeinsamen Themen und beginnt, Episoden von nervigen Patienten aus seiner Praxis zu erzählen. Jetzt kommt Henry in Fahrt und gibt Storys aus seinem Leben zum Besten: Räuberpistolen und wilde Geschichten, er kann gut schildern, Schauspieler eben. „Das beste Mittel, jemandem eins auszuwischen, ist Buttersäure ins Auto! Sie können sich den Gestank nicht vorstellen, Herr Findeisen, das Auto kann man nicht mehr benutzen … Das haben wir mal mit dem Chef von meinem Kumpel gemacht, in einer Spedition. Der Chef hat ihn so lange mies behandelt, dass er irgendwann einen Denkzettel brauchte. Seinen dicken BMW konnte der danach vergessen ..." Angelika wird heiß, sie hält den Atem an. So etwas ist nichts für ihren überaus korrekten Vater. Schnell steht sie auf und räumt den Tisch ab, dann gibt sie Henry ein Zeichen und nimmt Elli an die Hand. Auf ins Obergeschoss.

Hand in Hand spazieren Angelika und Henry einige Wochen später durch den Tauchnitzer Wald. „Henry, ich hab dir alles von mir erzählt, wirklich alles. Aber von dir weiß ich immer noch so wenig. Erzähl doch mal, wo hast du früher gearbeitet, welche Ausbildung hast du gemacht? Und deine Familie? Eltern, Geschwister, was ist mit denen? Bist du geschieden?" Wieder wehrt Henry ab. „Ach komm, nee, Geli, ..., olle Kamellen, alles uninteressant, was willst du damit? Lass mal, das läuft schon, braucht dich nicht zu kümmern. Ich muss nur ab und zu ein paar Telefongespräche führen, das mache ich besser von der Zelle am Bahnhof aus, nicht von euch zu Hause ..." Merkwürdig.

Einige Wochen ist Angelika schon mit Henry zusammen, als sie eine heftige Auseinandersetzung hat mit einem Elternpaar aus der von ihr betreuten Kindergartengruppe. Ihr Junge weine jeden Morgen, gehe nicht mehr gern in die Gruppe und habe Angst vor Angelika, so stellen es die Eltern dar.

Angelika schleudert beim Heimkommen ihre Schuhe in die Ecke und lässt sich traurig und empört auf einen Küchenstuhl fallen. „So ein riesengroßer Mist! Was mache ich nur mit dieser Familie, wo kommt die Abwehr des Jungen her?" Sie schaut Henry, der gerade vom Zug gekommen ist, ratlos an. „Ich bin mir keiner Schuld bewusst, Henry!" Henry jedoch stößt mit einem herablassenden Blick nur die Luft aus und sagt kopfschüttelnd: „Also, ich weiß nicht, was du für Probleme hast. Das muss man ganz anders machen, so kann das ja nicht klappen ..."

Kurz darauf hat Angelika Stress mit ihrem Exmann wegen der Unterhaltszahlungen und Henry fällt dazu ein: „Wie kann man sich da nur so dämlich anstellen, das ist mir ein Rätsel. Also ich würde nicht lange fackeln ...!" Angelika verschlägt es die Sprache. Insgeheim fragt sie sich beklommen, warum Henry nicht freundlich und geduldig reagiert, warum er so wenig Verständnis zeigt für ihre Sorgen. Sie beginnt, sich mehr und mehr über ihn zu wundern.

Angelika verabredet sich mit Dörthe zu einem Spaziergang. „Du klangst ja am Telefon gar nicht mehr so glücklich wie noch letztens, Geli. Ich dachte, du hast das große Los gezogen mit deinem Traum-Wikinger! Was hast du denn auf dem Herzen?" Angelika senkt den Kopf und kaut einige Zeit an ihrem ersten Satz: „Ach Dolli, es könnte sein, dass mir die Hormone hier ein Bein stellen ... Ich war dermaßen ausgehungert, was Sex angeht, dass ich Henry am liebsten aufgefressen hätte, verstehst du? Er hat das natürlich gemerkt mit der Zeit und jetzt lässt er mich geradezu zappeln, obwohl er weiß, wie verrückt ich nach ihm bin."

Dörthe zieht vielsagend die Luft durch die Zähne. Gelis Miene verdunkelt sich weiter: „Aber Dolli, noch viel schlimmer ist, dass von dem strahlenden Helden auf der Theaterbühne, der mich so verliebt gemacht hat, kaum noch was übrig ist. Stattdessen: Unbeherrschtheit, Aufbrausen, Verschlossenheit, Launen und Überheblichkeit. Was ich bräuchte, wären Partnerschaftlichkeit und Augenhöhe. Leider Fehlanzeige. Und dann seine ewige Heimlichtuerei, die regt mich auf. Auf Fragen reagiert er immer ausweichend und mürrisch, noch nicht mal seine Dresdener Wohnung hat er mir bisher gezeigt ...!" Dolli bleibt stehen und schaut ihre Freundin durchdringend an: „Möglicherweise hast du aufs falsche Pferd gesetzt, meine Liebe. Du und dein Kind – ihr braucht einen fürsorglichen, verlässlichen Familienvater. Keinen Aufschneider und Dampfplauderer! Da hilft es auch nichts, dass er ein super Liebhaber ist, habe ich recht?"

Enttäuschung

Tauchnitz, Oktober 1982

Braune Kastanienblätter schweben im Herbstwind herab im Garten des Tauchnitzhauses, Kastanien landen auf dem Erdboden und zerplatzen. Angelika steigt gutgelaunt ins Auto und fährt nach Dresden, um Henrys Bleibe dort kennenzulernen. Endlich hat er Angelikas ständige Bettelei erhört und eingewilligt.

Die beiden bummeln auf den sonnenbeschienenen Elbwiesen entlang und setzen sich auf eine Bank mit Blick auf die prächtigen Elbschlösser. Angelika lehnt sich an ihren Freund, der macht jedoch eine abwehrende Bewegung und wirkt seltsam nervös. Angelika stutzt kurz, nimmt aber nicht wirklich Notiz davon. „Gehen wir jetzt zu dir? Hm, ...?" Sie kann es kaum erwarten, sie ersehnt Henrys Nähe. Zärtlich flüstert sie ihm ins Ohr, was sie sich jetzt am meisten wünscht. Henry steht schließlich auf und hakt Angelika unter. Sie laufen noch ein Stück stadtauswärts und überqueren die Uferstraße.

Nahe der Elbbrücke betreten die beiden einen grauen Plattenbau. Stockwerk um Stockwerk erklimmen sie, bis Henry in der vierten Etage sagt: „Wir sind gleich da." Angelika blickt sich um – grelles Neonlicht erleuchtet das unansehnliche Treppenhaus, gestrichen in Grün, Braun und schmutzigem Beige. Über einen langen Korridor gelangen sie zu dem Teil des Gebäudes, der als Wohnheim dient. Henry schließt eine Tür auf: „So, hier ist es. Gib mir deine Jacke. Sieh dich ruhig um, du wolltest ja unbedingt hierher."

Ein dumpfes Unbehagen steigt in Angelika hoch: Was für schauerliche Tapeten mit Rhombenmuster und diese hässlichen Gardinen und schäbigen Polstermöbel! Sie wirft einen Blick in die Gemeinschaftsküche und den Waschraum, ein unangenehm muffiger Geruch schlägt ihr entgegen. Ernüchtert atmet Angelika durch, sie hält sich den Bauch, als hätte sie Magenschmerzen. „Was ist denn mit dir los, Mädel? Passt dir was nicht?" Henrys Stimme klingt auf einmal barsch und schroff. Herablassend, fast höhnisch fährt er fort: „Tja, ein Prunkschloss ist das hier nicht. Für das verwöhnte Dämchen aus gutem Hause, ist es wohl nicht fein genug, oder ...?"

Angelika erstarrt. So hat Henry noch nie mit ihr geredet. Und wie böse er sie anschaut! Sie ist wie gelähmt, unfähig sich zu bewegen.

Henry holt zwei Limoflaschen aus dem Kühlschrank und öffnet sie. Er trinkt einen Schluck, dann will er seine Freundin aufs Bett ziehen und versucht sie zu küssen, nestelt an ihrer Bluse. Angelika aber macht sich steif, wehrt ab. Er starrt sie an: „Was hast du denn auf einmal? Grade konnte es dir nicht schnell genug gehen, ins Bett zu kommen! Jetzt stell dich nicht so an ..." – „Ich weiß nicht, Henry, es ist irgendwie ... So kann ich nicht ..." Angelika stammelt und versucht, sich loszumachen. Hart stößt Henry sie von sich, steht auf und macht einen Schritt auf sie zu – schon hat sie eine schallende Ohrfeige sitzen. „Dann hau doch ab, du blöde Kuh!", faucht er und funkelt sie wütend an.

Angelika ist für einige Sekunden wie betäubt, es tobt und kreischt schrill in ihrem Kopf, wie in der Zahnarztpraxis ihres Vaters, ihr Puls rast, ihr Gesicht schmerzt von dem Schlag. Weg hier, nichts wie weg, sofort! Tasche geschnappt und Jacke, Treppe runter, raus aus dem Haus und rein ins Auto, hinters Steuer.

Als Angelika den Motor anlässt, merkt sie, dass etwas über ihr Kinn läuft – ihre Nase blutet. Fluchend sucht sie in ihrer Tasche nach einem Papiertaschentuch und tupft das Blut in ihrem Gesicht notdürftig weg. Sie fährt einige Kilometer, um aus Henrys Reichweite zu gelangen.

Das Bohrergeräusch dröhnt noch immer in Angelikas Ohren und ihr Atem geht keuchend. Sie hält auf einem Parkplatz außerhalb der Stadt an. Weinend schreit sie sich Wut, Scham und Enttäuschung von der Seele. Sie meint sich übergeben zu müssen und steigt aus. Ein Sturm ist losgebrochen, er peitscht Angelika ins Gesicht, trocknet ihre Tränen. Sie zwingt sich, ruhig durchzuatmen und geht ein paar Schritte hin und her, inmitten aufgewirbelter Herbstblätter. Langsam ebbt das Kreischen in ihrem Kopf ab und sie wird ruhiger.

Am Tauchnitzhaus angekommen, schließt Angelika leise und vorsichtig die Haustüre auf und schlüpft die Treppe hoch. Nur ungesehen ins Bad kommen und Mutters forschendem Blick entgehen! Sie hört, wie sich unten die Wohnzimmertür öffnet. „Alles gut, Mutti!“, ruft sie über die Schulter. „Ging alles glatt mit Elli heute? Ich will gleich ins Bett ...“ Hannelore schickt ihrer Tochter einen fragenden Blick hinterher.

Vor dem Spiegel im Bad beseitigt Angelika die letzten verkrusteten Blutspuren und schaut lange in das Gesicht, das ihr aus dem Spiegel entgegenblickt. Sie murmelt zu sich selbst: „Nur gut, dass Mutter jetzt nichts fragt und dich einfach in Ruhe lässt."

Unter der Tür zu Ellis Zimmer sieht Angelika einen schwachen Lichtschein. „Du schläfst ja noch gar nicht, Hexlein!" – „Liest du mir noch was vor, Mutti?" Heute bekommt Elisabeth eine besonders lange Geschichte aus dem Buch *Zäpfelkerns Abenteuer.* Aber Gelis Gedanken wandern immer wieder zurück in das triste Wohnheimzimmer, noch immer spürt sie das Brennen auf ihrer Wange – und das Wühlen der Enttäuschung in ihrem Herzen.

Am folgenden Wochenende schielt Angelika immer wieder aufs Telefon – ob Henry anrufen wird? Sie stellt sich vor, was sie ihm sagen würde. Gleich darauf schüttelt sie den Kopf: Nein, ich will nicht mit ihm sprechen, nie mehr! Ernst und Hannelore erfahren nicht viel über Gelis Dresden-Besuch: „Es war nicht so, wie ich es mir gewünscht hätte, ich hatte Stress mit Henry ..."

Am Montagabend erledigt Angelika wie gewöhnlich in der Praxis die Arbeiten im zahntechnischen Labor. Sie schließt gerade die Praxistür ab, da steht plötzlich Henry vor ihr, einem Rosenstrauß in seinen Händen. „Ich will mich entschuldigen, Geli, ich war schlecht drauf. Hatte Post von meiner Ex-Frau gekriegt, da ist noch einiges zu klären ..." Henrys dunkle Augen leuchten, mit weicher Stimme fragt er: „Hast du mich nicht noch ein bisschen lieb? Kann ich es wieder gutmachen?" Angelika schluckt, als hätte sie Sand im Mund. Sie geht zum Auto, Henry trottet hinter ihr her. Schwer seufzend sagt Angelika nach einer ganzen Weile: „Weißt du, mir fällt das Verzeihen nicht leicht, du hast mich zu sehr verletzt und erschreckt. So etwas hat noch nie jemand mit mir gemacht!"

In Hannelore Gesicht blitzt Erstaunen auf, als sie Geli und Henry im Korridor bemerkt. Das typische Zucken um den Mund verrät ihre Skepsis: „Wie gut, dass ich ein Schnitzel zusätzlich gebraten habe ..." Ohne weiteren Kommentar verschwindet sie wieder in der Küche.

Angelika weicht dem Blick ihrer Mutter aus, als sie für das Abendessen Teller und Besteck aus dem Küchenschrank nimmt. Nein, ich will jetzt keine Erklärung abgeben, schau mich nicht so fragend an, Mutti, sagt sie unhörbar zu ihr. Sie deckt den Tisch und geht mit Elli zum Händewaschen. Wenn doch das Abendessen schnell vorüberginge.

Später, als sie Henry in ihrem Zimmer ganz nah ist, kommt das vertraute Gefühl der Erregung wieder. Sie hockt sich auf seine Brust, mit beiden Händen greift sie in seinen blonden Schopf: „Behandle mich nie wieder so, verstehst du! Ich werde das kein zweites Mal mitmachen!" Ganz nah ist ihr Gesicht vor seinem. Henry zieht sie an sich: „Du bist noch hübscher, wenn du wütend bist!"

Angelika spürt Henrys Haut, riecht seinen Duft und lässt sich fallen in die Woge des Begehrens. Doch ein wenig fühlt sich sie wie beim Wandeln auf dünnem Eis.

Wenige Wochen später: Hannelore hat die Post aus dem Briefkasten geholt und übergibt ihrer Tochter einen Brief. Absender *Gesundheitsamt*. Angelika kann sich keinen Reim darauf machen und öffnet beiläufig den Umschlag. Was ist das? Sie reißt ungläubig die Augen auf. Da erhält sie offiziell die Aufforderung, sich beim Hautarzt untersuchen zu lassen, um eine Geschlechtskrankheit auszuschließen! Das kann doch nur ein Missverständnis sein.

Das redet sie sich immer noch ein, als sie zwei Tage später in der Arztpraxis bei der Blutabnahme sitzt: „Hören Sie, das kann überhaupt nicht sein! Woher soll ich das denn haben?", sagt sie der Krankenschwester. Die atmet hörbar aus und zieht die Augenbauen hoch: „Machen Sie das mal mit ihrem Partner aus, Frau Sonneberg! Jetzt warten wir den Laborbefund ab, schlage ich vor".

Langsam dämmert Angelika, was geschehen ist: Henry hat mit irgendwem geschlafen, bekam Beschwerden, ist zum Arzt gegangen und hat sie als Sexualkontakt angeben müssen. Daher der amtliche Brief. Aber Henry war offensichtlich zu feige, ihr das zu sagen!

Auf dem Nachhauseweg im Auto fasst Angelika einen Entschluss: Ich muss mich von Henry trennen, jetzt ist er zu weit gegangen, das Maß endgültig voll. Während sie das denkt, spürt sie, wie sich ihr Magen zusammenkrampft, wie ihr übel wird bei dem Gedanken an die Trennung. Wie soll ich es nur anstellen? Wie kann ich vermeiden, dass ich wieder schwach werde, wenn der attraktive Kerl vor der Tür steht? Eine Szene aus einem französischen Liebesfilm kommt ihr in den Sinn, ein Ritual – ja, das könnte helfen!

Als Elisabeth eingeschlafen ist, holt Angelika eine Flasche Rotwein aus dem Keller und setzt sich in ihrem Zimmer an den Tisch. Vor sich alle Briefe von Henry, alle Notizen, die ihn betreffen und auch alle Fotos von der Werkwoche, auf denen er zu sehen ist. Dazu noch eine Kerze und eine große Keramikschüssel, Gitarrenmusik an – ein Streichholz zischt. Angelika hält die kleine Flamme nah an ein Foto und schon gehen alle Zeugnisse der *Episode Henry* vor ihr in Rauch auf. Weg damit, alles vernichten. Sie heult ausgiebig, aber es fühlt sich gut an, dieses Häufchen Asche zu sehen, das am Ende übrigbleibt. Angelika spült den Rauchgeschmack im Mund mit reichlich Rotwein hinunter, lüftet das

Zimmer und schreibt noch einen kurzen Brief an Henry: … *deshalb bitte ich Dich, komm in den nächsten Tagen im Kirchgemeindehaus vorbei und hole Dir Deine Sachen ab. Es tut mir leid, aber es ist besser so.*

Ausbruchspläne

Tauchnitz, Sommer 1983

Angelika räkelt sich genüsslich auf der Hollywoodschaukel im Schatten ihres Elternhauses. Einen heiteren Roman und eine kühle Flasche *Sachsenperle* hat sie dabei. Elli darf sich inzwischen einen Märchenfilm bei *Meister Nadelöhr* im Kinderfernsehen ansehen. In Gedanken feilt Angelika an der Einladung zu ihrer nächsten Gartenparty. Jetzt, wo die Eltern zu ihrer alljährlichen West-Rundreise aufgebrochen sind, bietet es sich an, mal wieder ausgelassen mit allen Freunden zu feiern. Ihre artige und verständige Elisabeth geht ja in der Regel brav schlafen und lässt sich nicht weiter stören. Hoffentlich verliere ich nicht wieder wie letztes Jahr die Übersicht, wer da wen noch zur Feier mitgebracht hat, wie alle zusammengehören oder nicht und wer wo mit wem schläft …

Angelika grient in sich hinein. Sie geht zum Telefon und wählt Dollis Nummer: „Was sagst du zu meinen Fetenplänen für Ende Juni?“ – „Klar, Geli, es spricht überhaupt nicht dagegen. Und ein Riesenspaß sind deine Feten jedes Mal. Glücklicherweise nehmen die Nachbarn keinen Anstoß an dem bunten Treiben und der Lärmbelästigung, die nicht ganz zu vermeiden ist“, kichert Dolli.

Die Party ist in vollem Gange, das Wetter passt, alle Gäste sind bester Stimmung und mit Getränken versorgt. Die Aufsicht über den Grill hat Wolli übernommen, die

Bratwürste bekommen langsam Farbe und ein leckerer Duft beginnt sich auszubreiten. Angelika schaut sich zufrieden um, bringt ihrer Freundin Dörthe ein neues Glas Erdbeerbowle und setzt sich mit einem Seufzen neben sie.

„Was gibt es zu seufzen? Schöne Party, du", sagt Dolli. „Ach, ich weiß nicht, was mit mir los ist, Dolli ..." Angelika zündet sich eine Zigarette an und bläst den Rauch in den Kastanienbaum über sich. „Im Grunde geht es mir gut hier bei meinen Eltern. Es ist herrlich bequem, Elisabeth jederzeit bestens betreut zu wissen, und Mutti mache ich glücklich damit. Vati schätzt meine Hilfsarbeiten als Zahntechnikerin. Und ich wohne schön, kann mit euch feiern, verdiene mein eigenes Geld – aber so lecker es auch riecht in der Zahnarztpraxis, irgendwas zieht mich weg hier ..." Dörthe sieht ihre Freundin lange an, dann sagt sie: „Könnte es sein, dass es dir zu eng ist, zu viel der Fürsorge, zu wenig Eigenständigkeit?" Angelika nickt heftig. „Ja, das ist es. Ich fühle mich ein bisschen wie in einem goldenen Käfig. Das macht mich manchmal so richtig kribbelig und übellaunig. Dabei meinen es die Eltern doch nur gut mit mir. Aber sehne mich danach, endlich mal wieder meinen eigenen Römertopf aus dem Karton zu holen und selbst für Gäste zu kochen. Und meine eigenen vier Wände ganz nach meinem eigenen Geschmack gestalten, darauf habe ich unbändige Lust!"

Dolli zieht ein bedenkliches Gesicht. „Aber wie willst du das in die Wege leiten, wie auf Wohnungssuche gehen, ohne deine Eltern vor den Kopf zu stoßen? Und bei dieser Wohnungsnot hier wird das ohnehin eine Ochsentour, glaub ich ..." Angelika zieht Luft durch die Zähne und runzelt die Stirn. Sie weiß, dass ihre Freundin recht hat. Es wird kompliziert, auf jeden Fall.

Angelika klopft mittags nach der Kinderbetreuung am Arbeitszimmer von Pfarrer Klausner, ihrem Chef. „Könnte ich bei dir ab und zu mal telefonieren? Heute muss ich bei der Wohnungsverwaltung der *Sächsischen Landeskirche* nachfragen, wie es mit einer Wohnung in Dresden oder Leipzig steht. Ich sollte in vier Wochen wieder anrufen. " Klausner sieht kein Problem: „Klar, mach ruhig. Aber ich hätte da noch eine Idee: In einem der kirchlichen Kindergarten in Dresden oder Leipzig eine Stelle zu kriegen, dürfte für dich keine Hürde sein. Und nicht selten haben die Kirchgemeinden ja auch Wohnungen zu vermieten in ihren Gebäuden. Wahrscheinlich mit Klo halbe Treppe und zugigen Fenstern und so, darauf musst du dich gefasst machen, aber auf anderem Wege wirst du kaum eine Wohnung ergattern können."

Angelika schaut den Pfarrer dankbar an und lächelt ein wenig gequält. „Du musst jedenfalls deinen Eltern sagen, wie es dir geht. Sprich doch mit ihnen darüber, erzähle ihnen von deinen Plänen", rät ihr Klausner. „Es geht nicht, es ist schon so festgefahren. Es ist nicht richtig, ich weiß ..., aber ich will ihnen einfach nicht weh tun."

Angelika ist bange vor dem Kampf um eine Wohnung und deren Renovierung. Worauf lasse ich mich da ein, kann ich das überhaupt stemmen, fragt sie sich. Sie muss an Ben, ihren neuen Freund, denken. Der ist so ein Genie, er kann mir ganz sicher helfen.

Nach langem Zögern weiht Angelika endlich ihre Eltern in ihr Vorhaben ein. Vater Findeisen atmet tief durch, schaut zu seiner Frau und zieht die Brauen hoch: „Wie stellst du dir das vor, Angelika? In so einer großen, anonymen Stadt, wo du niemanden kennst, wie willst du da zurechtkommen? Was immer man für so eine Unternehmung braucht: Farbe, Tapete, Waschbecken, transportable Duschkabine, Fußbodenbelag – fast alles ist Mangelware und nur mit *Vitamin B*, also mit Beziehungen, zu bekommen. Einzige Ausnahme: Gips, davon habe ich in der Praxis genug." Ernst entwischt für einen Moment ein kleines, bitteres Lächeln. Hannelore hingegen lehnt am Türrahmen und verzieht keine Miene. Sie kaut wieder einmal von innen an ihrer Unterlippe.

Aber Angelika lässt sich nicht beirren, hat eine Neuigkeit parat. Ungewöhnlich mitteilsam versucht sie, damit die Stimmung zu verbessern: „Ihr wisst doch, dass ich seit kurzem einen neuen Freund habe: Bernd, also Bernd Hänsel, aus unserem Nachbarort. Der ist ein echter Pfiffikus, er weiß fast immer Rat. Er ist der geborene Heimwerker, kann fast alles. Aber das Beste ist: Er kann alles besorgen! Und ihr hättet erleben müssen, wie er beim Sommerfest am Pfarrhaus geradezu bühnenreif die Nonsens-Ballade vom *Ritter Brunz von Brunzelschütz* dargeboten hat. Herrlich, alle haben Tränen gelacht und ich war hingerissen – und auf Anhieb verliebt." Ernst wiegt den Kopf, aber Hannelore schmunzelt jetzt: „Geli, ich warne dich, denk an deine schlechten Erfahrungen mit einem Schauspieler ..." – „Macht euch keine Sorgen, das wird schon alles gutgehen!" Angelika hofft, die Eltern ein wenig anzustecken mit ihrem Optimismus.

Geli trifft Ricky beim Einkaufen und schwärmt ihr vor: „Ben, dieser verrückte Hund, hat ständig irgendwelche Ideen: Ausflüge, Spritztouren, Eis essen, Boot fahren, Kino zum Beispiel. Du bist nie sicher vor Überraschungen! Und er hat goldene Hände, sag ich dir – und jede Menge

Beziehungen. Du musst ihn unbedingt kennenlernen, er gefällt dir bestimmt. Hoffentlich nicht zu sehr ..." Ricky stößt Geli gespielt empört in die Rippen. „Hey! Jetzt brems dich mal, du bist ja völlig überdreht! Aber ich freu mich für dich, dass du so einen Volltreffer gelandet hast, noch dazu in unserer ewigen Mangelwirtschaft." Geli streckt zufrieden die Brust heraus und grient wie eine satte Katze. Sie ist recht stolz auf ihren patenten derzeitigen Partner und schiebt alles Bedenkliche weit von sich. Dass Bernd und seine Exfrau etwa jede Menge Stress wegen des Umgangsrechts mit den beiden Kindern haben oder dass er von Zeit zu Zeit mit gehörigen Zornesausbrüchen aufwartet, das verschweigt Angelika ihrer Freundin.

Information Tauchnitz, 1.7.1983

Am Sonnabend, den 30.06.1983 gegen 17:00 Uhr wurden folgende fremde Personen auf dem Grundstück des Zahnarzts Dr. Ernst Findeisen festgestellt:
1. Trabant 601, pol. KZ RXA x - xx, Eigentümer XX XXX, wohnhaft NNN
2. PKW Lada 2101, pol. KZ RTC x - xx, Eigentümer XX XXX, wohnhaft NNNN,
3. PKW Skoda S100, pol. KZ YK AMT x - xx, Eigentümer XX XXX, wohnhaft NNNN
4. PKW Wartburg 311, pol. KZ YR x - xx. Eigentümer XX XXX
wohnhaft NNNN
Die PKW standen gegen 22:30 noch auf dem Grundstück. Am nächsten Morgen gegen 11.00 Uhr waren sie nicht mehr da.
Gegen 17:00 wurde eine fremde männliche Person, ca. 25 Jahre, schlank, dunkles Haar, Bart, im Grundstück festgestellt, die das Kind der A.S. auf den Arm hob und mit ihm ins Haus ging. Eine größere Personengruppe hielt sich am Abend im Garten auf, es kam aber zu keiner größeren Lärmbelästigung. Der Grund für die Zusammenkunft konnte nicht ermittelt werden.

Unterschrift: Gretschel, Hptm. VP

LABYRINTH

Bernd Leipzig, September 1983

„Geschafft, wir ziehen nach Leipzig!" Angelika strahlt ihre Freundin Ricky voller Stolz an. „Es ist aber bissl verzwickt: Ich ziehe *schwarz* als Untermieterin bei einem älteren Herrn ein. Der Mann hat bisher im Pfarramt der Gemeinde gearbeitet, in der meine Arbeitsstelle ist, also der Kindergarten. Er zieht grade zu seiner neuen Lebensgefährtin in eine andere Stadt und meldet die Wohnung in Leipzig einfach nicht ab. Wenn die staatliche Wohnungsverwaltung spitzkriegt, dass ich eingezogen bin, wird sie mich hoffentlich nicht rausschmeißen mit meiner kleinen Tochter." – „Hey, Risiko!", staunt Ricky, „wird schon klappen, Geli ...! Hab ich damals mit meiner Dresdener Wohnung genauso gemacht, mit meinem Bruder und seiner Familie. Ich helfe dir jedenfalls."

Auch Evi mit ihrem kugelrunden Babybauch bietet Hilfe an: „Zumindest beim Einpacken kann ich doch mitmachen!" – „Du bist ein Schatz", gibt Geli dankbar zurück, „aber krieg du erstmal dein Baby und werde dir klar, ob der Kindsvater wirklich zu dir passt!" Evi stöhnt schwer, verdreht die Augen und fragt dann weiter: „Und Bernd? Zieht er nun mit nach Leipzig?" – „Nö. Der kann sich nicht entscheiden. Er hängt sehr an seinen Kindern aus der geschiedenen Ehe, die holt er regelmäßig zu sich. Dabei kann er sich selbst nicht leiden und hadert wohl noch immer mit seiner Scheidung ..." Angelika hebt die Schultern und zieht die Augenbrauen nach oben. Der Zwiespalt zwischen Enttäuschung und Erleichterung ist ihr anzumerken.

Die Freundin schaut sie fragend an. Angelika erzählt: „Weißt du, Evi, es wurde immer komplizierter mit Bernd in der letzten Zeit. Er war wirklich in seinem Element bei meinem Umzug, hat für alle technischen Details in der Leipziger Wohnung gesorgt und sogar Gasleitungen verlegt. Aber es hat eben auch mehr und mehr geknirscht in unserer Beziehung.

Stell dir folgende Szene vor, Evi: Beim Zimmerdecke-Tapezieren mit Raufasertapete um die Stuckrosette herum, ich schwitze wie ein Tier bei Bernds gestrengen Anweisungen. Einen Ton hat der drauf, wie auf dem Bau! Und dann kracht mir auch noch der Wassereimer von der Leiter, mit dem ich über Kopf den zigmal überstrichenen Stuck abgeschrubbt hatte. Bernd rastet völlig aus, schreit und tobt und stellt mich wieder einmal hin wie ein Schulkind ... Nee du, sowas brauche ich nicht!" – „Oh, das klingt nicht gut." Evi schüttelt sich. „ So muss man sich nicht behandeln lassen, tut mir leid für dich."

Richtig nett ist es geworden unterm Dach in Leipzig-Gohlis. Angelika führt mächtig stolz und überglücklich ihre Eltern durch die Räume: „Schaut mal, mein helles Wohnzimmer hat sogar einen Balkon mit Blick über den Park, in der Wohnküche gibt es eine Spielecke für Elisabeth, und hier beim Wasseranschluss im Flur sind Spüle und sogar eine Duschkabine installiert. Ist das nicht toll? Die Toilette im Treppenhaus finde ich nicht schlimm. Dafür wohnt nebenan eine freundliche Familie mit Telefon, da darf ich ab und zu telefonieren! Na, was sagt ihr?"

Hannelore umarmt ihre Tochter fest, angesteckt von deren Freude. Auch Ernst nickt wohlwollend. Hannelore sagt: „Bissl weit weg bist du jetzt eben, Geli. Aber wenn du glücklich bist ...“ Angelika lächelt den Einwand ihrer Mutter schnell weg: „Schaut her, ich hab meinen Römertopf wieder ausgepackt.“ Sie deutet auf den Backofen. „Heute Abend gibt es ungarisches Paprikahuhn! Was sagst du, Vati?“ Ernst Findeisen schnalzt mit der Zunge: „Wie das duftet...! Und das Kohle- und Ascheschleppen jeden Tag im Winterhalbjahr, das stört dich nicht, meine Geli? Vier Stockwerke immerhin.“ Angelika schubst ihren Vater freundschaftlich zur Seite. „Das hält jung!“, versetzt sie aufgeräumt. Ernst schielt zum Fernseher, Geli stutzt: „Ach, du willst sicher endlich mal West-Fernsehen genießen, verstehe. Ihr Armen aus dem *Tal der Ahnungslosen*!“

Kindergartenwelt — Leipzig, Oktober 1983

Einstellungsgespräch im Kindergarten der evangelischen Lukas-Kirchgemeinde, dem *Sophienstift*. Angelika sitzt Barbara, der freundlichen Kindergartenleiterin, in deren winzigen Büro gegenüber. „Wir beginnen den Arbeitstag täglich mit einer Morgenandacht: Lied, Tages-Losung der *Herrnhuter Brüdergemeine*, Bibeltext, Gebet, danach meist noch ein Lied. So etwas kennst du vielleicht noch nicht“, vermutet Barbara. Angelika nickt und zieht unmerklich die Schultern hoch, es ist ihr ein wenig peinlich, Quereinsteigerin die sie ist. Barbara wiegt kurz den Kopf mit der dunkelblonden Kurhaarfrisur und lächelt nachsichtig.

Nun ist sie also die *Tante Angelika* in der *Zwergengruppe*, die alle Dreijährigen aufnimmt, bevor sie nach einem Jahr in die gemischten Gruppen wechseln. Tochter Elisabeth ist alt genug, um gleich zur *Heimchengruppe* zu gehören. „Unsere Tante Katharina ist eine ganz Liebe und sie kann wunderschön Gitarre spielen, Mutti!" Elisabeth saust davon und ist schon in ihrem Gruppenzimmer verschwunden.

„Hat noch jemand etwas auf dem Herzen?", fragt Tante Barbara nach der Morgenandacht in die Runde. Betretenes Schweigen. Dann geht man an die Arbeit. Angelika wundert sich im Stillen. Na, seht ihr denn keine Nachrichten? In Moskau ist der Präsident gestorben! Was bedeutet das politisch, was wird nun kommen?? Und können wir da überhaupt einen Martinsumzug machen am 11.11.? Angelika denkt dies nur und verhält sich ruhig, aber sie beißt sich auf die Zunge. Solche Themen sind wohl unüblich in dieser heilen Parallelwelt hier.

Abends steht Angelikas Nachbarin vor der Tür. „Ein Anruf für Sie, Frau Sonneberg, Ihre Eltern!" Dankbar folgt Angelika der Frau in deren Wohnung. „Wie geht es dir bei deiner neuen Arbeit, Geli?", erkundigt sich Hannelore. „Gut eigentlich. Naja, eine kuriose Mischung ist das in diesem Kindergarten: Einerseits modernste Erziehungsarbeit in altersgemischten Gruppen, nach westlichem Vorbild, mit sogenannten *Angeboten*, mit Legosteinen, Fingermalfarben und anderen West-Materialien, alles gesponsert von der *Niedersächsischen Landeskirche*. Andererseits völlig marode Altbausubstanz, feuchte Räume, schlechte Heizung, Sanierungsbedarf an allen Ecken. Und dazu das beinahe völlige Ausblenden der DDR-Wirklichkeit. Die Eltern der Kinder sind auch irgendwie besonders, müsst ihr wissen: Musiker des Gewandhausorchesters beispielsweise, Schauspieler, Künstler, Lehrer und so. Man weiß die pädagogische Arbeit im evangelischen Kindergarten offenbar zu schätzen." – „*Kirche im Sozialismus*, interessant", merkt Ernst an. „Tja, ohne die kirchlichen

Einrichtungen hätte der Staat ein echtes Problem, vor allem mit den Alten und Behinderten. Und andererseits ist die Kirche wohl oder übel zu Zugeständnissen gezwungen, um im DDR-Atheismus überleben zu können."

Elisabeth drängelt sich ans Telefon: „Ich muss mit der Omi reden!" Mit glänzenden Augen erzählt sie: „Ich darf beim Theaterstück den kleinen Hasen Franz spielen, bei unserem Sommerfest, weißt du? Da brauche ich die Hasenohren aus der Faschingskiste, Omi, unbedingt!" – „Das kriegen wir hin, meine Süße, wir kommen euch ja bald wieder besuchen."

Das Stück vom Sängerkrieg der Heidehasen entwickelt sich zum Höhepunkt beim Sommerfest des Kindergartens. Fast alle Eltern sind gekommen. „Hoffentlich reicht unser Kuchen aus ...", raunt die aufgeregte Barbara Geli im Vorbeigehen zu. Hannelore schließt ihre Enkelin begeistert in die Arme. „Was für ein lustiges Theaterstück, das hat mir richtig gut gefallen. Und du warst der frechste Hase von allen, Elli!"

An einem besonders grauen Tag sitzt Angelika in der quietschenden Straßenbahn und fährt durch Leipzig zu einem Arzttermin, sie stiert aus dem Fenster auf die trostlosen Hausfassaden und grübelt. „Fühlst du dich wohl bei deiner Arbeit, meine Geli?", hatte ihre Mutter beim letzten Besuch wissen wollen. Geli hatte gestockt, geschluckt und dann geantwortet: „Ja, Mutti, es ist in Ordnung, alle sind lieb und es herrscht eine freundliche, harmonische Stimmung. Ich fühle mich wohl dort."

Mutters Frage geht Angelika nicht aus dem Kopf. Was ist da los, was bedrückt mich? Warum empfinde ich die Arbeit mit den Kindern als Anstrengung und nicht als Freude? Es fließt nicht aus mir heraus, ich muss mich oft zwingen und mir fehlt fast immer die richtige Ruhe und Gelassenheit dabei. Bin ich dort überhaupt richtig, mache ich das gut genug?

Treue Freunde

Leipzig, März 1983

Dirk und Pia Rossmann aus Niedersachsen haben aus dem Urlaub eine Karte geschickt und ihren Besuch in Leipzig angekündigt. Das immer wiederkehrende Prozedere bei der Einreise von Bundesbürgern in die DDR, die ausschließlich Verwandten gestattet ist, kennt Angelika zur Genüge. Sie instruiert die Rossmanns abends am Telefon: „Die Antragsformulare sind ja nicht neu für euch, Lutz – sie sind per Post bereits unterwegs, hab ich gestern in den Briefkasten gesteckt. Tragt bei Verwandtschaftsgrad einfach wieder Cousin ein, das hat ja bis jetzt immer geklappt. Also alles schnell ausfüllen: persönliche Daten, Dauer und Grund der Reise, Passnummern, Grenzübergang und was die sonst noch wissen wollen ... Und dann fix losschicken an mich zurück, damit ich die Papiere einreichen kann – bis die Einreisegenehmigung kommt, dauert es Wochen. Ich schicke sie euch, sobald sie da ist." Lutz stöhnt auf: „Bei aller Freundschaft: Das ist ein *elendes Gemache*, wie ihr in Sachsen sagt. Aber egal, das soll wohl Besucher abschrecken – uns schreckt es jedenfalls nicht ab!" Lutz lacht gutgelaunt, im Hintergrund ist auch Pias Lachen zu hören.

Geli läuft ein kleiner Freudenschauer über den Rücken. „Welch ein Glück, Lutz! Aber ihr wisst es: jeder West-Besucher hat sich nach Ankunft umgehend auf der örtlichen Meldestelle anzumelden sowie einen Eintrag im Hausbuch der Gastgeber vorzunehmen. Das habt ihr ja in Tauchnitz schon immer vorbildlich erledigt." – „Ja, da ist deine Mutter mit fast heiligem Eifer dabei, Geli. Aber ganz ernst kann sie dabei nicht bleiben ..." Angelika ergänzt: „Naja, das Hausbuch wird turnusmäßig sogar von einem Abschnittsbevollmächtigten der örtlichen Volkspolizei kontrolliert und abgezeichnet. Da wollen sich meine Eltern nichts nachsagen lassen, das nehmen sie schon genau. Genug davon! Ich freue mich jedenfalls riesig, wenn ihr zum ersten Mal zu mir nach Leipzig kommt!"

Deutsche Demokratische Republik

Hausbuch

Hausbuchbeauftragter: Hannelore Findeisen, Tauchnitz

Hinweise für den Hausbuchbeauftragten

Einzutragen sind:
-Personen, die eine Haupt- oder Nebenwohnung beziehen, innerhalb von 3 Tagen (Beim Ausziehen neue Wohnanschrift angeben, in neues Hausbuch eintragen!)
-Neugeborene
-Personen, die sich länger als 3 Tage besuchsweise aufhalten
-Personen, die in die DDR einreisen, innerhalb von 24 Stunden

Der Personalausweis ist zur Überprüfung vorzulegen, die Richtigkeit der Eintragung mit Unterschrift zu bestätigen.

Bürger nichtsozialistischer Staaten und Westberlin, die vorübergehend in die DDR einreisen, haben sich am Aufenthaltsort innerhalb von 24 Stunden bei der Meldestelle der Deutschen Volkspolizei anzumelden und vor der Abreise wieder abzumelden.

Leipzig, April 1984

Angelika winkt vom Balkon im vierten Stock freudig nach unten: „Sie sind da, Elli! Lauf ruhig schon runter!“, ruft sie in die Wohnung. Pia Rossmann entsteigt dem weißen VW und holt aus dem Kofferraum eine Stiege vollreifer rotgelber Früchte. Angelika gehen fast die Augen über. Was für eine schöne Idee! Sie fällt Pia und Lutz nacheinander um den Hals und drückt sie ganz fest. „Herzlich willkommen, ich freue mich so sehr über euren Besuch. Kommt mit hoch, seht euch die Wohnung an!“ – „Geht sofort los, lass mich nur schnell noch die Koffer aus dem Auto holen.“

Lutz wuchtet das Gepäck in den vierten Stock, gefolgt von Elisabeth, die wahrscheinlich noch auf das eine oder andere Mitbringsel hofft. Als die duftenden Früchte auf dem Tisch stehen, befühlt die Kleine skeptisch deren Oberfläche: „Mutti, das sind aber gar keine Pfirsiche, die haben keine eklige pelzige Haut“ – „Nein, die heißen Nektarinen, na los, beiß rein!“, ermuntert Pia die Kleine.

„Wir müssen euch was erzählen, Geli.“ Lutz wird ernst. „Ich habe mich auf eine Pfarrstelle in den USA beworben, bei der deutschen evangelischen Gemeinde in Washington D.C. und ich wurde angenommen. Wir werden also für ein paar Jahre in Amerika leben.“ Angelika schießen die Tränen in die Augen: „Aber dann werden wir uns ja ewig lange nicht sehen können! Naja, ich freue mich natürlich für euch, aber ..." Pia streicht der Freundin über den Arm: „Wir bleiben doch in Verbindung, das ist sicher. Und als Patentante von Elli habe ich ja auch eine Verantwortung. Sicher finden sich ab und zu Möglichkeiten für ein Wiedersehen. Sei nicht allzu traurig."

Einige Wochen später. Angelika hat die Wohnung geputzt, stellt Narzissen in einer Vase auf den Wohnzimmertisch und schaut sich zufrieden um. Die treue Freundin Rosemarie aus dem Schwäbischen kommt per Eisenbahn nach Leipzig gefahren. Sie hat sich inzwischen von ihrem Freund Stefan getrennt, wie sie Angelika in einem langen Brief mitteilte, möchte aber gern den Kontakt zu Angelika halten. Elli ist bei einem Kindergeburtstag, Angelika erwartet Rosi voll freudiger Erwartung am Bahnhof.

„Schau, Geli, während der langen Fahrt habe ich Wollsocken für dich gestrickt. Kannscht du die brauche?" – „Rosi, du bist unvergleichlich, danke, danke! Die Socken sind so lustig geringelt, wie hübsch! Und richtige Schafwolle – die gehen bestimmt nie kaputt." Angelika strahlt. „Wir müssen nachher mal über mein Westgeld reden, Rosi ... Rossmanns gehen ins Ausland, da habe ich eine Frage an dich, wegen meines geheimen Kontos, du weißt schon. Aber lass uns zuerst heimgehen und auf unser Wiedersehen anstoßen!"

Bis tief in die Nacht sitzen die Freundinnen beim Rotwein zusammen, sie entdecken viele Gemeinsamkeiten in ihren missglückten Partnerschaften. „Warum nur ist es so schwer, einen Schlusspunkt zu setzen, wenn man schon genau weiß, dass es nicht läuft mit dem Mann, Rosi? Kannst du mir das sagen?" – „Ich weiß es auch nicht, Geli, und ich hab ja noch länger gebraucht als du mit Bertram ..." Rosi holt ein Buch aus ihrer Tasche. „Ich lese jetzt viel feministische Literatur, weischt du, was das ist? Hier, *Der Tod des Märchenprinzen*, das kannscht du behalten, ich hab es ausgelesen."

„Es ist etwas Besonderes mit meinen Freunden aus Westdeutschland", bekennt Angelika nach Rosis Abreise bei einem Telefonat mit ihren Eltern, „mit ihnen verbindet mich wirklich eine weitaus herzlichere Beziehung als mit meiner eigenen Verwandtschaft."

Unter Frauen

Leipzig, Mai 1984

Endlich ist es wärmer, auf einen Schlag sind die Bäume im nahen Park grün geworden, Angelika zieht es hinaus in die Natur. Am Nachmittag spaziert sie mit Elisabeth ins Rosental zum Spielplatz mit der Elefantenrutsche. Die Kinder flitzen um das Stahlgerüst herum, Geli sitzt auf einer Bank und kommt mit einer jungen Mutter mit frecher Igelfrisur ins Gespräch, die so wie sie zur Thomas-Kirchgemeinde gehört. „Es gibt einen Gesprächskreis für junge Mütter, der sich einmal monatlich trifft. Vielleicht hast du Lust, auch zu kommen," lädt die junge Frau Angelika ein. „Wir fahren demnächst alle zusammen, also Mütter mit Kindern, in ein Freizeitheim an der Mulde bei Grimma, über ein Wochenende. Überleg schon mal, ob das für dich in Frage kommt." Klingt gut, denkt Angelika und nimmt sich vor, am nächsten Treffen der Mütterrunde teilzunehmen.

Die Mulde mit einem Fährboot zu überqueren, ist für Elli ein richtiges Abenteuer. Sie hopst vor Begeisterung so aufgeregt im Boot umher, dass Angelika sie energisch auf ihren

Schoß zieht. Die jungen Frauen kichern und scherzen, Angelika hat sich von Anfang an mit allen bestens verstanden. Sie lächelt glücklich in sich hinein – wie gut, dass sie zu dieser Gruppe gefunden hat. Später sitzen alle bei einem Picknick auf der Uferwiese und basteln für die Kinder Haarkränze aus Löwenzahnblüten. Elli kommt gelaufen: „Mutti, weißt du, wie die Kinder hier zu Marienkäfern sagen: *Mohdschekübchen*! Das klingt vielleicht lustig! Ich weiß das von dem Mädchen mit den langen schwarzen Locken. Darf ich mit den Füßen ins Wasser?“ Schon ist Elli wieder fort, jetzt planschen die älteren Kinder an einer flachen Stelle am Flussufer, werfen Steinchen ins Wasser und kichern und quietschen um die Wette.

Spätabends, als alle Kinder eingeschlafen sind, liest eine der Teilnehmerinnen eigene Gedichte und Kurzgeschichten vor. Die Texte berühren Angelika, sie staunt über den Mut und die Kreativität der jungen Frau. Alltägliche Dinge, Szenen aus dem Familien- und Berufsleben hat die Hobby-Autorin mit einer wunderbar bildhaften und poetischen Sprache eingefangen. Das möchte ich auch können, denkt Angelika. Bei Kerzenlicht und Tee sitzen die Frauen noch lange beisammen, tauschen sich aus, lachen und genießen die Gemeinschaft unter Gleichgesinnten.

Tommi

Tauchnitz, Sommer 1984

Die Eltern Findeisen rüsten sich für eine Westreise und Angelika ist mit Elisabeth aus Leipzig angereist, um das Tauchnitzhaus zu hüten. Sie steckt mitten in den Vorbereitungen für eine Gartenparty, da steht Freundin Dörthe plötzlich mit einem Kerl vor der Tür. Angelika mustert den Typen kurz:

Vollbart, lange Haare, ausgelatschte Schuhe ... Abenteuerliches Erscheinungsbild. „Geli, kann der Thomas, also Tommi, bei dir schlafen, deine Eltern sind doch verreist, oder? Er ist aus Plauen gekommen, er wollte mich überraschen. Bei mir zu Hause kann er nicht bleiben, meine Mutter würde einen Riesenaufstand machen ...“ Angelika schüttelt den Kopf: „Du, Dolli, tut mir leid, meine Eltern fahren erst morgen los, geht nicht. Aber zur Fete am Wochenende kannst du ihn ja mitbringen. Fragt doch mal beim Pfarrer, der hat ein Gästezimmer und macht bestimmt was möglich.“

Tom Schreiber erscheint tatsächlich zur Gartenparty und fragt Angelika, als er sich gegen Mitternacht verabschiedet: „Hättest du was dagegen, wenn ich nächstes Wochenende wieder herkomme? Dann könnte ich vielleicht bei dir schlafen?“ – „Aber Dolli wartet doch sicher auf dich?“, wendet Angelika ein. Ihn scheint es wohl nicht weiter zu interessieren, dass er ursprünglich Dollis Angebeteter war. „Weißt du, diese ewige Heimlichtuerei bei Dolli zu Hause, das Vertuschen unserer Beziehung, das geht mir schon seit langem tierisch auf die Nerven. Für die Familie bin ich ein *asoziales Subjekt*, ohne Beruf und mit laufendem Ausreiseantrag, einfach das Letzte. Da mag die Dolli noch so sexy sein ...“ In der Folgezeit kommt Tom ab und an zu Besuch, beinahe öfter als es Angelika lieb ist. Die beiden verstehen sich gut, aber Tom ist nicht ihr Typ, das steht für Geli fest. Irgendwann scheint Tommi das zu bemerken, der Kontakt wird weniger und bricht irgendwann ab.

Angelika erhält nach Monaten eines Tages einen Brief aus der *Justizvollzugsanstalt Karl-Marx-Stadt*, von Tom. „... und ich würde mich sehr freuen, wenn Du mich hier einmal besuchen würdest“, liest sie mit ungläubiger Miene. Ein

Formular für das Beantragen einer Besuchserlaubnis hat er beigelegt. Angelika schüttelt empört den Kopf: Was denkt der sich? Das fällt ihr nicht im Traum ein! Alles kommt ihr ein wenig unheimlich vor. Sie ist Tom gegenüber emotional immer auf Abstand geblieben und legt die Geschichte schnell ad acta. Mit Dörthe spricht sie darüber nie, Toms Brief beantwortet sie nicht.

JVA Karl-Marx-Stadt, 30.12.1984

Vernehmungsprotokoll

Beschuldigter: Thomas Schreiber
Personalien: bekannt

Frage: Welche Verbindungen unterhält die Angelika Sonneberg ins kapitalistische Ausland?

Antwort: Sie hat wohl einen Onkel in der BRD, der dort Arzt ist. Diese Familie ist auch gelegentlich im Haus der Familie Findeisen, also bei Angelikas Eltern, zu Besuch. Ich habe davon gehört, dass Angelika auch postalischen Kontakt zu ihrer Cousine Sandra unterhält. Die Cousine war früher öfter in den Ferien in Tauchnitz. Herr Findeisen, der in Tauchnitz eine gutgehende Zahnarztpraxis unterhält, fuhr in der Vergangenheit mehrfach zu Kongressen nach Frankreich oder in die BRD. Von dort brachte er sich auch Druckerzeugnisse wie Fachzeitschriften mit. Angelika hat noch weitere Bekannte in der BRD, die sie von der Kirche kennt. Diese schicken ihr Briefe und Pakete.

Frage: Sagen Sie über die charakterlichen Verhaltensweisen der Sonneberg aus!

Antwort: Ich schätze Angelika als umgänglich, höflich, zuvorkommend und intelligent ein. Sie ist aufgeweckt und ich habe es nicht erlebt, dass sie mit einem Menschen nicht zurechtkommt. Ich halte sie für jemanden, der gern einen Spaß mitmacht und nicht menschenscheu ist. Ich habe sie als ausgesprochen mütterlich und häuslich in Erinnerung. Mir fällt auch wieder ein, dass sie nach dem Essen gern einen Schnaps trinkt. Ihre Scheidung von einem Angestellten der Kirche, die sie selbst eingereicht hat, muss ihr sehr schwergefallen sein. So eine Frau wie Angelika hatte ich bis dahin noch nicht kennengelernt. Sie ist kein „leichtes Mädchen" und hatte eher noch die Vorstellung, erst nach der Hochzeit mit einem Mann ins Bett zu gehen. Aber brüde ist sie auch nicht.

Frage: Welche Haltung hat die Sonneberg zu den sozialistischen Verhältnissen in der DDR?

Antwort: Meines Erachtens hat Angelika eine gesunde Einstellung zur DDR. Sie konnte nicht verstehen, dass ich und meine Freunde, die ich einmal zu ihrer Gartenfete mitbrachte und die auch ihre Freundin Dörthe gut kannten, in die BRD wollten. Wir Antragsteller, unsere Gespräche und Ansichten (Kleidung, lange Haare...) waren neu für sie und weckten wohl ihr Interesse. Ansonsten hat sie nicht so viel Interesse für Politik. Sie schaut auch nur DDR-Fernsehen an, weil sie in Tauchnitz kein West-Fernsehen empfangen können. Ich glaube nicht, dass sie die DDR verlassen will, weil sie ihre Eltern nicht allein lassen will und auch eine größere Erbschaft von ihren wohlhabenden Eltern zu erwarten hat. Die Familie ist religiös und gehört der evangelischen Kirche an. Mehr ist mir zu ihrer Haltung nicht bekannt.

Unterschrift: Jäckel (Leutnant)

Thomas Schreiber

Unfall

Leipzig, Dezember 1984

Kurz vor Weihnachten fährt Angelika wie üblich über die Feiertage zu ihren Eltern. Der Trabi ist vollgepackt, Mutter und Tochter singen ausgelassen die *Traumzauberbaum*-Lieder Reinhard Lakomys von der Tonband-Kassette mit: *Es war mal ein Eierbecher, das war ein besonders fescher* ... Elisabeth sitzt hinten im Kindersitz, der liegt nur lose auf der Rückbank, ist nicht festgeschnallt. Im Kofferraum eine Menge Apfelsinen, in Leipzig gab es vor Weihnachten welche zu kaufen. Angelika ist zufrieden mit ihrer Ausbeute, nachdem sie sich mit Elli getrennt in der Schlange am Gemüseladen angestellt hat, damit jeder ein Kilo bekommt.

„Das wird wieder ein schönes Weihnachtsfest im Tauchnitzhaus. Freust du dich schon auf die Geschenke, Elli?", fragt Angelika gutgelaunt nach hinten. „Oh ja, ganz sehr! Ob der Weihnachtsmann wieder den schönen Kaufmannsladen aufgebaut hat, Mutti? Was meinst du?" – „Warten wir's mal ab, meine Süße. Man kann nie wissen, was der Weihnachtsmann vorhat."

Dann, auf der Autobahn kurz vor Dresden, die Stadt im Tal ist bereits in Sicht: Urplötzlich nimmt Angelika unmittelbar vor sich ein äußerst langsames Fahrzeug wahr, Warnblinkanlagen gibt es noch nicht. Panisch schaut sie in den Rückspiegel, ausweichen geht nicht, da überholt grade einer. Fast droht sie aufzufahren, blitzartig entscheidet sie – und bremst mit aller Kraft und was das Zeug hält. Angelika handelt wie eine Maschine, ohne Emotionen. Während sie noch bremst, kommt das Auto ins Schlingern und Schleudern, es überschlägt sich und landet auf dem Dach. Das Fahrzeug schliddert weiter, durch das Seitenfenster sieht Angelika

Grashalme vorbeisausen. Für Sekundenbruchteile denkt sie: Jetzt könnte es vorbei sein ... Endlich, auf dem Randstreifen der Gegenfahrbahn unter Obstbäumen, kommt das Auto zum Stehen. Angelika dreht sich zu ihrer Tochter um, die erschrocken, aber unverletzt aus einem See von Apfelsinen lugt. „Mutti, was ist denn passiert?" – „Es ist alles gut, mein Schatz, komm her!"

Angelika und Elisabeth kriechen mithilfe freundlicher Leute unversehrt aus dem Wrack, Angelika will aufstehen – da versagen ihr die Knie und sie sackt zusammen. Eine Weile bleibt sie verstört auf dem Rasen sitzen, hält ihre Tochter fest umschlungen und fragt sich: Wie viele Schutzengel hatten wir jetzt? Nichts Schlimmes ist passiert, weder mir noch anderen, noch Elisabeth, Gott sei Dank! Aber was jetzt?

Allmählich spürt Angelika, wie die Schockstarre von ihr weicht, da kommt ihr der rettende Einfall: Sie bittet darum, mit dem Telefon im Polizeiauto Freunde in Steinau benachrichtigen zu dürfen, die nach kurzer Zeit herbeigeeilt kommen.

„Mann, Geli, was baust du denn für eine Scheiße und das kurz vor Weihnachten!!", muss sie sich von den Helfern anhören. „Was machen wir jetzt mit der Karre? Habt ihr eine Idee? Abschleppen?", fragt sie zaghaft. „Lass uns mal machen, du Pechmarie ...", hört sie noch, da sind die beiden kräftigen Steinauer auch schon am Werk. Und sie schaffen es tatsächlich, den Trabi wieder auf die Räder zu stellen. Er springt an, es ist nicht zu fassen! „Unverwüstlich, diese *Rennpappe*!" Der Steinauer Freund tätschelt anerkennend das Trabant-Autodach. „Den nehmen wir mit nach Steinau und du, Geli, kümmerst dich um eine Werkstatt, okay? Ach ja, und zu deinen Eltern werdet ihr natürlich auch transportiert!“ Die Polizei segnet den Plan ab und schon geht es weiter.

Es dauert Monate, bis der Trabi wieder flott ist. Das ist der DDR-Mangelwirtschaft und der *Diktatur der Handwerksmeister* geschuldet. „Vati, ruf bitte wieder in der Werkstatt an, das sind doch Patienten von dir. Jetzt muss das Auto endlich mal fertig werden ...!“, liegt Angelika ihrem Vater am Telefon in den Ohren. „Es bringt nicht viel, Geli. Man muss Geduld haben. Sie haben immer entweder keine Ersatzteile oder keine Farbe, es fehlt an Allem. Es ist zum Mäusemelken!“ Ernst Findeisen stöhnt entnervt.

Angelika steckt der Schock des Unfalls noch lange in den Knochen. In der Nacht schreckt sie in Panik im Bett hoch – dann sind die Bilder von der Rutschpartie auf dem Autodach wieder präsent.

Achterbahn

Olaf König Tauchnitz, Weihnachten 1984

Am frühen Abend des 27. Dezember klingelt das Telefon im Tauchnitzhaus. Dörthe ist dran für Angelika: „Hey Geli, was hältst davon, wenn wir dich abholen nachher? Du kommst doch mit zum Absolvententreffen der *EOS*? Ricky ist schon hier bei mir, wir feiern ein bisschen vor und kommen dann bei dir vorbei?" – „Och ja, warum nicht, mal wieder alte Bekannte aus der Schulzeit treffen ..." Geli bespricht alles mit ihren Eltern, bringt nach dem Abendessen Elisabeth ins Bett und wartet auf die Freundinnen.

Kaum sind die Mädels eingetroffen, ist Angelika klar: Die beiden haben schon ausgiebig *vorgeglüht*. „Sagt mal, was habt ihr getrunken, ihr beiden Irren?" – „Ach, zu zweit 'ne Flasche *Gotano*-Wermut, ist doch fast nix ...", gibt Dörthe zurück und schnappt sich den alten Hörnerschlitten, der am Haus lehnt. „Los Mädels, es liegt genug Schnee – jetzt fahren wir mit dem Schlitten in die Stadt runter, das ist doch die absolute Supergaudi. Auf geht's!"

Angelika kann sich nur mit Mühe hinter die Übermütigen auf den Schlitten quetschen und versucht aus Leibeskräften, das Gefährt einigermaßen sicher den Berg hinunterzulenken. Ihre Freundinnen kreischen und quietschen bei der Abfahrt, sie kümmern sich nicht im Geringsten ums Lenken und würden wohl sogar einen Sturz in den Schnee oder die Kollision mit einem Zaun noch als Gaudi hinnehmen. Im Tal angekommen johlen sie triumphierend und blödeln irgendjemanden an, der gerade vorbeigeht. „Huch, da ist ja das *Bewaffnete Organ* unterwegs! Wie geht's, wie steht's? Auch zum Abitreffen unterwegs, der Herr?" Angelika fühlt Hitze in sich aufsteigen, ihr ist das unangenehm. „Mensch, genug jetzt – das ist der Olaf aus unserer Nachbarschaft, müsst ihr den so plump anquatschen?“ – „Pfff, was issn mit dir los?", prustet Dolli zurück. „Der ist doch Offizier oder sowas Doofes, der wird das schon aushalten.“

Olaf setzt sich später neben Angelika an die Bar. Wie wär's mit 'nem Sekt für dich?” Angelika nickt und schon ruft Olaf dem Kellner die Bestellung zu: „Ein Herrengedeck.” Es kommt tatsächlich sprudelnder Sekt im Glas für Geli und ein Pils für Olaf. „Wohlsein! Sag mal, du hattest einen Autounfall, hab ich gehört? Brauchst du Hilfe? Ich kann dir die Karre irgendwohin überführen – wo steht sie denn überhaupt?“ Angelika wehrt ab: „Lass mal, Olaf, ich komm zurecht ... Das Auto ist schon in der Werkstatt, das läuft alles.“ – „Lass uns doch mal zusammen essen gehen. Ich würde gern was mit dir bereden.“ Olaf lässt nicht locker. Angelikas Nackenhaare beginnen sich ein wenig aufzustellen. „Ach nee ...“, entgegnet sie schließlich. „Ich glaub, wir passen nicht so recht zueinander. Weltanschaulich, meine ich ...“

Im Stillen denkt Angelika: Ich kenne doch deine Familie, Olaf , beide Eltern stadtbekannte *Rote Socken*, also stramme Parteifunktionäre und du selbst hast brav drei Jahre Armeedienst abgeleistet, danach Ingenieurökonomie studiert. Kampfgruppenkommandeur deines Betriebes bist du wohl auch. Na, toll! Angelika ist wirklich nicht sonderlich interessiert.

Olaf besucht Angelika wenig später in Leipzig, bietet ihr wieder Hilfe an, und zeigt sich von seiner besten Seite. Sie denkt sich: Er will mich partout davon überzeugen, dass er ein netter Kerl ist und dass er, obwohl er einer komplett *linientreuen* Familie entstammt, der DDR und ihrer Politik in zwischen gänzlich kritisch gegenübersteht. „Ich will mich so bald wie möglich beruflich verändern“, beteuert er. „Den Job in der Kampfgruppe will ich schon lange loswerden und aus der Partei austreten.“ Und ja, genau sie, die Angelika, sei die Partnerin, die er sich für diesen Neuanfang an seiner Seite wünscht, so seine Worte. Olaf zeigt sich weiterhin beharrlich und lässt nicht locker mit seinem Werben: ein bisschen Schöntun, Komplimente, Zärtlichkeiten und Geschenke.

Angelika ist zwiegespalten. Ja, ich weiß, die Königs haben eine völlig andere Einstellung im Gegensatz zu meiner eigenen Familie, grübelt sie. Aber jetzt erlebe ich einen ganz anderen Olaf, charmant, aufmerksam, liebevoll, gebildet, belesen, auch kritisch und für Vieles offen. Wie unermüdlich er um mich wirbt ..., und seine Grübchen sind schon sehr süß!

Kasperletheater — Leipzig, Frühjahr 1985

Zu Elisabeths sechstem Geburtstag steht Olaf mit einem selbstgebauten, lustig bunten Kasperletheater vor der Tür. Das Mädchen hat auf das Klingeln hin geöffnet und reißt jetzt sprachlos die Augen auf. Kurz darauf rennt das Geburtstagskind mit dem Weihnachtsglöckchen durch die Wohnung: „Klingeling, Achtung, Achtung, gleich geht die erste Vorstellung los! *Der Teufel und die Pfannkuchen* wird gespielt. Achtung, Achtung, klingelingeling!“ Angelika muss herzlich lachen und fällt ihrem Freund mit strahlenden Augen um den Hals. „Das ist wirklich lieb von dir! Du Verrückter, wie bist du nur auf diese Idee gekommen?“ Angelika genießt das Gefühl, das Olaf ihr gibt: etwas Besonderes zu sein. Mit seiner frischen, jungenhaften Art, seinem Humor und seiner Lockerheit bezaubert er sie – sie verliebt sich in ihn. Als Angelika ihrer Tauchnitzer Freundin Monika von ihrer neuen Beziehung erzählt, trifft sie auf starke Bedenken. „Olaf , wirklich? Ach du liebes bisschen!" Monika lässt sich in ihrem Schrebergarten auf einen Gartenstuhl fallen und bläst die Backen auf. Sie gießt Kaffee ein und sagt beschwörend: „Überleg dir das, Geli, du kennst doch die Königs ... Durch die Bank SED-Bonzen. Soll das wirklich gutgehen mit euch beiden? Den Olaf kann ich einschätzen, schließlich war ich mit ihm in einer Klasse – auweia, sag ich nur!" – „Du kennst ihn eben nicht richtig, er ist jetzt anders!", setzt Angelika trotzig entgegen. Keine Ahnung hat sie, die Moni, denkt Angelika auf dem Rückweg zu ihrem Elternhaus. Schade, dass Moni den Olaf so falsch einschätzt.

Angel im Zwiespalt — Insel Usedom, November 1985

Ein rauer Novemberwind weht die letzten Blätter von den Bäumen in Leipzigs Straßen. Die Stadt ist noch grauer als sonst. Angelika und ihre Kollegin Elke wollen mit einer Gruppe Kindergartenkinder zu einem Erholungsaufenthalt an die Ostsee fahren, auf die Insel Usedom. Schon tagelang vor der Abreise ist Elisabeth mit dem Packen ihres Rucksacks befasst. „Mutti, mein Bär muss mit und mein Kuschelkissen auch, unbedingt." – „Das wird alles, Süße. Aber deine Gummistiefel müssen auf jeden Fall noch reinpassen, die sind wichtig für die Strandwanderungen!" Elisabeths Augen leuchten. „Oh, ich werde viele Muscheln sammeln! Vielleicht finde ich sogar einen Hühnergott. Oder Bernstein!"

Abgespannt und müde erreichen die beiden Erzieherinnen nach endloser Bahnfahrt mit der Gruppe das kirchliche Kinder-Erholungsheim. Sobald die Kinder im Bett sind, ruft Angelika ihren Olaf an. „War das ein Stress heute den ganzen Tag! Die Meute in Schach halten, das mehrmalige Umsteigen, immer die Angst, dass irgendwas passieren könnte ... Ich sage dir, ich bin dermaßen fix und fertig – kann mich kaum noch auf den Beinen halten. Du fehlst mir!" – „Die zwei Wochen kriegst du schon rum, Angel! Und nach der Hälfte der Zeit komm ich dich besuchen, versprochen!" *Angel!* Gleich geht es Angelika wieder besser. Warm durchflutet sie die Vorfreude auf das Wiedersehen. Wie schön hört es sich an, wenn Olaf sie *Angel,* Engel, nennt. Das liebt sie.

Beinahe jeden Tag kommen jetzt liebe Briefe von Olaf an. Wenn sie doch nicht bis zum Abend mit dem Lesen warten müsste! Angelika wirft ihrer Kollegin Elke einen fragenden Blick zu und wedelt dabei mit dem Brief in der Hand. Schmunzelnd raunt Elke ihr zu: „Hau ab, du Frischverliebte! Aber lies schnell, wir wollen nochmal zum Strand, bevor es dunkel wird."

Olaf kündigt ein Paket an in seinem nächsten Brief. Angelika wartet gespannt. Wenige Tage später kommt wirklich eine Postsendung, die der kleine dicke Heimleiter Angelika mit fragenden Blicken aushändigt. Was mag das nur sein? Sie reißt den Karton auf. Zum Vorschein kommt eine tolle modische und leichte Reisetasche in lindgrün. Und auf beiden Seiten prangt eine stilisierte weiße Engelsilhouette. Was für eine geniale Idee – Angelika ist restlos begeistert.

Wohl oder übel muss sie schon wieder den unsympathischen Heimleiter fragen, ob sie in seinem Büro das Telefon benutzen darf. Sie ist sich auch dieses Mal nicht sicher, ob er nicht hinter der Tür lauscht. „Olaf, Schatz, ich bin sprachlos! Danke, danke! Wie bist du denn darauf gekommen? Einfach nur super!" – „Ich dachte, ein Engel muss eine Engel-Tasche haben. Sie gefällt dir also. Ein früherer Nachbar von mir ist Schneider, der hatte noch von irgendwoher den passenden Stoff und hat einfach drauflos genäht."

Die Tage ziehen sich träge hin und Angelika kann es kaum erwarten, Olaf wiederzusehen. Dann endlich, gerade kommen die Erzieherinnen mit den Kindern von einem Spaziergang entlang der Steilküste zurück, steht Olaf vor der Tür des Erholungsheimes. Angelika fällt ihm überglücklich um den Hals, nur mit Mühe kann sie die Tränen zurückhalten. „Du, Angel, ich habe am Ende des Dorfes ein kleines Privatzimmer mieten können, jetzt im Herbst ist hier alles leer. Kannst ja am Abend hinkommen ..." Angelika nickt eifrig und zwinkert ihrem Freund übermütig zu. Olaf holt sie später ab und die beiden feiern in dem kargen Ferienzimmer ihr Wiedersehen stürmisch und ausgiebig. Noch um Mitternacht sitzen sie wach im Bett. Angelika nimmt einen tiefen Zug aus ihrem Sektglas und seufzt. Sie bedrückt etwas: „Stell dir vor, Olaf: Während der Schlafwache, die die Angestellten vom Haus mittags übernehmen, damit wir mal Pause machen können, ist letztens ein Kind im Waschraum kalt abgeduscht worden, weil es ins Bett gemacht hatte. Der Junge hat noch am Kaffeetisch geweint und konnte sich kaum beruhigen. Aber ich kann doch nicht einfach loslaufen und die Heimleitung zur Rede stellen, da hab ich irgendwie Scheu." Olaf runzelte die Stirn. „Das klingt ja nicht grade schön. Aber du musst versuchen, mehr darüber rauszukriegen. Vielleicht kann Elisabeth was dazu sagen, sie hat möglicherweise was gesehen oder gehört."

Angelika setzt sich am nächsten Morgen während der Spielstunde neben ihre Tochter. „Sag mal, Elli, wie geht das im Schlafsaal so zu, während der Mittagsruhe?“ Die kleine Elisabeth schaut kurz verwundert ihre Mutter an, als sei sie unsicher, ob sie jetzt reden soll. Dann platzt es aus ihr heraus: „Mutti, das ist wirklich schlimm, wir dürfen uns überhaupt nicht bewegen und keinen Mucks von uns geben die ganze Zeit über. Wenn es mich irgendwo kitzelt, muss ich in winzigen Schritten langsam meine Hand dahin bewegen, damit es keiner merkt. Die Frauen passen genau auf und schimpfen gleich los. Manchmal muss einer in der Ecke stehen wegen sowas. Aufs Klo darfst du nicht, musst ja still sein. Ein Junge aus der Häschengruppe hat gestern in die Hose gemacht und die Unterhose versteckt. Aber sie haben es gemerkt und ihn eiskalt abgeduscht, als Strafe. Mutti, ich will hier nicht mehr bleiben!“

Elisabeth ist den Tränen nahe. Angelika hat eine Gänsehaut bekommen und ringt nach Fassung. Sie zieht ihr aufgeregtes Töchterchen fest an sich und flüstert ihr ins Ohr: „In fünf Tagen geht es schon heim, das überstehen wir noch.“

Am späten Abend sitzen die beiden Erzieherinnen bei einer Tasse Tee im Kerzenlicht beisammen. Angelika redet sich von der Seele, was sie von ihrer Tochter erfahren hat: „Was machen wir denn nur? Sowas darf doch nicht sein!“ Angelika schaut Elke ratlos an. „Ich bin so empört darüber, wie die mit den Kindern umspringen! Das dürfen wir nicht einfach hinnehmen! Bist du einverstanden, wenn wir um ein Gespräch mit der Heimleitung bitten?“

Die junge Kollegin schweigt lange und stützt das Kinn auf die Hand. Dann sagt sie leise und stockend zu Angelika:

„Sei mir nicht böse, ich verstehe dich wirklich und finde das auch alles schrecklich. Aber mir wäre es lieber, hier keinen Staub aufzuwirbeln. Ich habe mich nämlich um eine Stelle als Kindergartenleiterin beworben und ich möchte vermeiden, dass irgendwas Negatives in meiner Beurteilung auftaucht. Bitte verstehe mich. Ich fühle mich nicht wohl dabei ...“ Angelika holt tief Luft, steht auf und tritt ans Fenster. Lange starrt sie in die schwarze Ostseenacht hinaus, während sie versucht, ihre Erregung niederzuringen. Dann dreht sie sich plötzlich um und sagt kurz: „Gut, ich verstehe. Vergiss es. Gute Nacht.“

In ihrem Zimmer schreibt sie einen langen Brief an Olaf, bringt all ihren Jammer, ihre Ohnmacht und Empörung zu Papier. Und sie bemerkt, während sie schreibt: Allein habe ich nicht die Kraft und den Mut dazu, mich über die Mitarbeiter dieses Hauses zu beklagen.

Mit schlechtem Gewissen fährt Angelika schließlich mit der Gruppe wieder nach Leipzig zurück. Das Verhältnis zu ihrer Kollegin Elke wird nie wieder wie früher. Und immer wieder wandern Angelikas Gedanken zurück in das Haus an der Ostsee, das flaue Gefühl im Magen will nicht weichen. Ich habe mich schuldig gemacht, weil ich nichts unternommen habe, im Interesse der Kinder....

Heile Welt?

Leipzig, Frühjahr 1986

„Olaf zieht nächste Woche bei uns ein, Mutti! Freut euch mit, er ist wirklich ein Prachtkerl, ihr werdet es sehen!“ Angelika kann die leise Skepsis ihrer Mutter durch das Telefon erahnen. „Er holt noch ein paar Sachen bei seiner Exfrau ab, dann werden wir hier in der Wohnung ein bisschen umräumen – das passt schon." – „Meine Geli, wir wollen doch bloß, dass es dir gut geht. Und wenn du mit dem Olaf glücklich bist, ist alles in Ordnung! Das soll ich dir auch von Vati sagen." Angelika hat noch eine Neuigkeit: „Olaf sagt, er kennt jemanden bei der Wohnungsverwaltung und will versuchen, für uns eine größere Wohnung zu beschaffen. Das wäre doch toll, oder? Und einen neuen Job, in der EDV-Abteilung eines großen Betriebes, hat er schon in Aussicht."

Angelika hat ihrer Tochter Gute Nacht gesagt und kommt ins Wohnzimmer. Olaf verfolgt im Westfernsehen einen Bericht über die neue Politik Michail Gorbatschows in der Sowjetunion: *Glasnost und Perestroika*, also Öffnung und Umbau. Olaf schaut mit leuchtenden Augen zu Angelika. „Jetzt wird sich auch hier bei uns etwas bewegen, Angel, ganz sicher! Was da in Moskau geschieht, das können die hier einfach nicht länger ignorieren ..."

Ach Olaf, denkt Angelika, während sie still nickt, du hoffst immer noch, dass der Sozialismus in der DDR noch zu retten, zu reformieren ist. Dass die DDR-Führung dies völlig anders sieht, erfahren Angelika und Olaf einige Zeit später in einem Beitrag der ARD. In einem Interview mit dem DDR-Chefideologen Kurt Hager zur Frage nach *Glasnost und Perestroika* lautet dessen Kernaussage: „Würden Sie, wenn Ihr Nachbar seine Wohnung neu tapeziert, sich verpflichtet fühlen, Ihre Wohnung ebenfalls neu zu tapezieren?" Olaf schlägt so heftig mit der flachen Hand auf den Tisch, dass Angelika erschrickt: „Ich kann es nicht fassen, diese SED-Betonköpfe, diese sturen Greise! Sie bewegen sich keinen Millimeter, alles bleibt beim Alten. Es ist zum Verrücktwerden!" Olaf läuft tagelang mit schlechter Laune herum. Als das Interview in voller Länge im SED-Zentralorgan *Neues*

Deutschland erscheint, ist er innerlich endgültig „fertig mit dem Laden, also mit der DDR", so sagt er es. Angelika beobachtet das mit stiller Genugtuung und vertraut ihrer Chefin und Freundin Barbara in der Mittagspause an: „Es ist kurios, Olaf hat es quasi *am Objekt selbst* gelernt, dass das mit dem Sozialismus nicht funktioniert. Nichts von dem, was Gorbatschow macht, scheinen die Genossen hier für nachahmenswert zu halten. Stattdessen haben sie ab sofort die sowjetische Zeitschrift *Sputnik* verboten. Das hat Olaf den Rest gegeben – du, ich glaube, er ist jetzt geheilt."

Angelika und Olaf planen ihre Hochzeit, im ganz kleinen Rahmen, ohne große Feier. „Wollen wir uns irgendwo ein hübsches Hotel suchen und dort am Ort einfach aufs Standesamt gehen?", schlägt Olaf vor. Angelika ist gleich dabei und umarmt ihren Freund. Noch eine Traumhochzeit, nach der alles schief geht, brauche ich nicht, denkt sie. „Ja Olaf, so machen wir's! Dann kommen wir einfach verheiratet zurück und verschicken Hochzeitsanzeigen an alle, wo drauf steht *Wir haben geheiratet*. Der Plan gefällt mir richtig gut."

Ratlos steht Angelika vor ihrem Kleiderschrank. Sie fragt sich: Was zum Kuckuck könnte ich nur anziehen, wenn wir aufs Standesamt gehen? Es soll schon was Besonderes sein ..., ist schließlich ein besonderer Tag. Nicht zu hochfeierlich, aber chic und modisch – und auch für später noch verwendbar. Es hilft nichts, wahrscheinlich muss ich ins *Exquisit*, woanders gibt's ja nur billige Fahnen, die nach nix aussehen.

Kurz entschlossen ruft Angelika bei Barbara an und schildert ihre Nöte. „Oh Geli, da bist du bei mir an der falschen Adresse – so sündhaft teure Fummel, wie im Exquisit verkauft werden, konnte ich mir noch nie leisten. Tut mir leid, du." – „Verstehe. Aber wo, wenn nicht dort, im *Exquisit*, dem Epizentrum der DDR-Modeindustrie, wie mein Vater immer sagt, kriege ich wirklich was Tolles für diesen Tag? Tu mir den Gefallen, komm trotzdem mit und berate mich, alleine komme ich mir da völlig verloren vor."

In einem schlichten zartlila Seidenkleid mit dezenten Glanzstreifen tritt Angelika aus der Kabine. Unsicher dreht sie sich vor dem Spiegel und schaut ihre Freundin fragend an. „Vornehm sieht's schon aus, wirklich, und auch nicht zu prunkvoll, passt gut zu dir, der Stil. Nur die Farbe ..., Geli – so blass wie heute darfst du am Hochzeitstag nicht aussehen." Angelika überlegt, da tritt die hochelegante, grell geschminkte Verkäuferin mit einem Schal in zarten Pastellfarben hinzu, der perfekt zum Kleid passt und die nötige Farbe ins Spiel bringt. „Das ist es! Kann ich mir das überhaupt leisten?" Angelika wird rot. Es sei französische Seide und der Schal feinste Wolle, das habe halt seinen Preis, führt die Fachverkäuferin aus. „220,00 Mark, alles zusammen. Das hat aber dann eben nicht jeder, verstehen Sie?"

Hochbefriedigt stolziert Angelika aus der Edelboutique und stupst ihre Freundin übermütig mit dem Ellbogen in die Seite. Barbara lacht: „Los, auf dieses feine Fähnchen stoßen wir jetzt an! Der *Thüringer Hof* liegt am Weg, ich lade dich ein." Angelika erhebt ihr Weinglas: „Prost, Barbara! Danke, dass du mich nicht allein gelassen hast."

Es sind milde Frühlingstage, Angelika und Olaf fahren an die Ostsee in ein Hotel mit Meerblick – und kommen als Herr und Frau König zurück.

Elisabeth zappelt aufgeregt auf ihrem Schemel hin und her und wirft fast ihre Kakaotasse um. „Mutti, wie wird das nun mit meiner Schuleinführung? Wie viele Leute kommen mit in die Schule zur Feierstunde? Im Kindergarten haben sie gesagt, dass wir vorher Bescheid sagen müssen, damit die Plätze reichen.“ – „Jetzt sitz mal still und iss dein Frühstück auf. Ich kümmere mich schon darum, keine Sorge.

Abends beratschlagen Olaf und Angelika über den Tag. „Wir machen am besten eine nette kleine Feier, bei der sich unsere Familien ein wenig besser kennenlernen können, was meinst du, Olaf? Und unsere Wohnung haben auch noch nicht alle gesehen.“ Angelika schmiedet Pläne für eine festliche Tafel und ein schönes Essen mit mehreren Gängen. „Aus Ellis Zuckertüte muss oben unbedingt eine schwarze Mieze rausgucken, Olaf! Du weißt doch, wie sehr sie Katzen liebt. Und hoffentlich krieg ich genug Süßigkeiten für die Tüte zu kaufen, ich kann ja nicht alles bei Pia im Westen bestellen ...“ Olaf entgegnet: „Also, ich kümmere mich um Getränke und so, ja? *Sternburg Export* muss her, anderes Bier möchte ich deinem Vater nicht vorsetzen.“

Ellis großer Tag ist da. Nach der Feierstunde in der Schulaula spaziert die Familie durch den kleinen Park nach Hause zum Kaffeetrinken. Ernst und Hannelore nehmen Angelika in der Küche beiseite, Hannelore raunt ihrer Tochter leise zu: „Weißt du, Geli, wir finden die Königs eigentlich doch ganz nett. Und prima, wie ihr alles vorbereitet habt. Eine schöne Feier.“ Angelika lächelt, sie fühlt ein paar Steine von ihrem Herzen fallen.

Nach ein paar Monaten schildert Angelika ihren Eltern am Telefon: „Stellt euch vor, Elisabeth bekam letzte Woche die Hausaufgabe, einen Panzer bunt auszumalen. Da ging doch der Olaf tatsächlich hin zur Klassenleiterin und meldete seine Kritik an: ‚Sie sind doch nicht etwa der Meinung, dass das eine altersgerechte Aufgabe für eine Schulanfängerin ist? Gibt es da nicht andere, kindgerechte Motive? Ich möchte nicht, dass meine Tochter so etwas tun muss.' Die Lehrerin hat nur die Schultern hochgezogen, ihr fiel offenbar nicht viel ein für eine Gegenargumentation. Olaf aber hat Flagge gezeigt. Hut ab, oder?" Angelikas Stimme hat einen triumphierenden Unterton. „Na, dann scheint ja alles bestens zu laufen ...", lässt sich Ernst Findeisen vernehmen. „Ich bin nur gespannt, ob man ihn wirklich so einfach aus der SED austreten lassen wird."

Angelika und Olaf wünschen sich ein gemeinsames Kind. Angelika setzt die Pille ab – nicht lange danach ist sie zur Freude aller tatsächlich schwanger. Der Arzt rät ihr jedoch: „Sie sollten viel liegen, Frau König, und sich schonen. Das ist wichtig für Sie, jetzt am Beginn der Schwangerschaft. Sie könnten sonst das Kind verlieren, es sieht momentan nicht so gut aus. Ich schreibe Sie krank."

Der Haushalt kommt nun zu kurz, viel Arbeit bleibt unerledigt und Angelika ist frustriert und ungeduldig deswegen. Schlecht gelaunt mault sie vom Sofa aus: „Nimm doch mal den Staubsauger, Olaf, ich kann es nicht mehr sehen, wie unterm Schrank die Staubflocken huschen. Und du hättest ja auf dem Weg von der Arbeit gleich was zum Essen aus der Kaufhalle mitbringen können. Der Kühlschrank ist fast leer!"

Olaf atmet fauchend über die Stimmbänder aus und rechtfertigt sich prompt: „Was denn? Das weiß ich doch nicht, was du haben willst! Dann ist es wieder nicht recht ... Kenn ich schon! Schreib doch einen Einkaufszettel!" – „Wenn du nur ein bisschen mitdenken würdest, Olaf, das kann doch nicht so schwer sein!" – „Mitdenken, haha, das musst du grade sagen! Als ich letztens ..."

Olle Kamellen müssen jetzt herhalten, um zu beweisen, dass Olaf *immer* mitdenkt, Angelika aber *nie*. Das lässt wiederum Angelika keinesfalls auf sich sitzen. Die Streitigkeiten gehen hin und her, der Ton wird schärfer. Nicht nur heute – Olaf reagiert immer öfter heftig aufbrausend, wird laut und beschimpft Angelika. Sie aber sucht die Schuld eher bei sich, sie hat ihn vielleicht zu sehr provoziert, mutmaßt sie ... Bekümmert und erschrocken registriert Angelika, dass ihr Mann sich verändert.

Eines Abends kommt Olaf von der Arbeit und hat einen Freund mit dem Spitznamen Happi im Schlepptau. Die Männer trinken Bier in der Küche, während Angelika den Salat fürs Abendessen zubereitet. „Kannst doch gleich zum Essen dableiben", bietet Olaf an. Happi sagt erfreut zu.

Tage später klingelt Happi nachmittags an der Tür: „Hallo Angelika, Olaf ist wohl nicht zufällig zu Hause, oder?" – „Nein, der ist noch auf Arbeit. Aber komm doch rein, Happi!" Der junge Mann hockt sich auf den Küchenboden und beginnt sofort mit Elisabeth zu spielen. „Du könntest glatt bei uns im Kindergarten anfangen", ruft Angelika ihm lachend beim Decken des Kaffeetisches zu.

Bericht 25.09.1986

"Als ich am 18.9.86 bei A.K., der Frau von O.K., zu Besuch war und wir gemeinsam einen Kaffee tranken, war von einer Karte von A.s Eltern aus der BRD die Rede. Der Inhalt der Postkarte bezog sich auf Kleidung für O.K., die die Eltern auf ihrer Reise bereits besorgt hätten. Leider war es mir nicht möglich, den Inhalt oder den Absender der Karte zu lesen, obwohl diese auf dem Tisch lag. Es war erkennbar, daß A.K. und O.K. mit großer Vorfreude auf die mitgebrachten Gegenstände aus der BRD warten. Man kann nicht davon ausgehen, dass ihm die Sachen gegen seinen Willen besorgt werden. O.K. verschweigt die BRD-Kontakte seiner künftigen Schwiegereltern."

IM "Tischler"

Feststellung:
Insgesamt wird O.K.s Einstellung zum Problem kapitalistisches Ausland deutlich und bestätigt die labile politische Haltung und seine Unzuverlässigkeit als Kommandeur der Kampfgruppen.

Unterschrift: Neumann/Hauptmann

Elisabeth kommt mit einem Brief an ihre Eltern aus der Schule heim. In dem Schreiben bittet die Lehrerin das Ehepaar König zu einem Gespräch. Im Lehrerzimmer hören Angelika und Olaf zu ihrer Verwunderung: „Ihre Tochter ist überaus begabt, ohne Frage. Von daher gibt es keinerlei Probleme. Es scheint mir eher so, als ob Elisabeth nicht ausgelastet ist, sich langweilt. Sie folgt mühelos dem Unterricht und zeigt beste Leistungen, verursacht aber ständig Unruhe, indem sie Späße einstreut, Zitate von Komikern und solche Sachen. *Herricht und Preil* beispielsweise oder *Loriot*, Sie wissen schon ..."

Angelika beißt sich von innen auf die Wangen, um ein Grienen zu unterdrücken und wirft Olaf einen Seitenblick zu. Diese kleine Komödiantin, das hat sie von Tante Lene, denkt sie kurz. Die Lehrerin fährt fort: „Wissen Sie, wie sehr das stört? Ich kann dann immer die Klasse kaum bändigen und brauche bis zu einer Viertelstunde, bis ich den Unterricht fortführen kann ... Was halten Sie davon, wenn Elisabeth auf eine Spezialschule mit erweitertem Russischunterricht wechselt. Dort sind die Anforderungen weitaus höher, da dort ausnahmslos sehr gute Schüler unterrichtet werden. Elisabeth wäre stärker gefordert und würde davon profitieren. Und die Schule ist gut mit der Straßenbahn zu erreichen."

Angelika und Olaf bitten sich Bedenkzeit aus und sprechen zu Hause mit Elisabeth. Nach kurzer Zeit stimmen alle überein: Das ist eine gute Möglichkeit. „Nur dein Rumkaspern, das musst du sein lassen, Elli! Da gehört nun mal nicht in den Unterricht, sieh das ein!" Angelika sieht ihre Große streng an und ist im Stillen doch stolz auf ihre kluge kleine Schauspielerin. „Und warum muss ich denn ausgerechnet Russisch lernen?“ Elisabeth rollt mit den Augen. „Weil es so eine Schule mit anderen Sprachen in der DDR nicht gibt, Kind!“, versetzt Olaf.

Es ist nicht mehr lange hin bis zum Geburtstermin des Babys, da weist der Frauenarzt Angelika plötzlich in die Klinik ein. „Das Kind ist ein wenig zu klein, der Kopfumfang passt nicht dazu, wir müssen das abklären“, erläutert der Arzt. Angelika starrt ihn ungläubig an, Panik steigt in ihr auf. Nur mit Mühe gelingt es dem Arzt, die junge Mutter ein wenig zu beruhigen.

In ihrem Krankenhausbett grübelt Angelika sorgenvoll vor sich hin, langweilt sich entsetzlich und wartet auf Olaf. Nach zwei Tagen kommt er endlich zu Besuch, gemeinsam mit einem Kollegen. Angelika stutzt, ihr fällt auf, dass Olaf seine beste Hose, die karierte mit den Bundfalten, und ein besonders schönes Hemd angezogen hat. Der Duft seines After Shaves aus dem Intershop steigt ihr in die Nase, gerade will sie etwas dazu sagen, da verkündet Olaf mit einem geschäftigen Unterton: „Wir müssen gleich weiter, haben zwei Karten für ein Konzert im Jazzclub gekriegt, da wollen wir jetzt hin. Du hast doch alles, was du brauchst, oder?“ Nein, habe ich nicht! Es fehlt an Obst und Gemüse, man wird hier überhaupt nicht richtig satt. Und wie geht es Elli? Das alles hätte Angelika gern erwidert, aber da sind die Herren schon wieder zur Türe hinaus. Angelika starrt ungläubig vor sich hin, sie grämt sich und macht sich Sorgen um ihr Baby und ihre große Tochter.

Nach zehn Tagen kommt die Schwester ins Zimmer und holt Angelika zu einer erneuten Ultraschalluntersuchung ab.

Endlich! „Es ist alles in bester Ordnung, kein Grund zur Sorge“, vermeldet der Frauenarzt, ein zierlicher Vietnamese, und lächelt die werdende Mutter breit an. Angelika ringt mühsam ihre Empörung darüber herunter, dass sie so lange auf diese Auskunft warten musste und packt wütend ihre Sachen zusammen. Da kommt ihr eine Idee. Einen Nutzen sollte dieser unselige Klinikaufenthalt wenigstens haben.

Angelika klopft am Schwesternzimmer und fragt nach der Stationsschwester: „Ich habe gehört, dass Sie hier im Haus neue Wöchnerinnen-Zimmer eingerichtet haben, wo man sein Baby tagsüber bei sich haben kann.“ – „Ja, das sind unsere *Rooming-in*-Zimmer, die sind aber den Erstgebärenden vorbehalten.“ Angelika gibt nicht auf: „Kann man da nicht mal eine Ausnahme machen?“ Die Schwester meint, Angelika solle sich dann einfach bemerkbar machen nach der Geburt, vielleicht wäre ja zufällig was frei.

Die kleine Clara kommt gesund zur Welt, voller kleiner schwarzer Härchen. „Mein kleines schwarzes Miezekätzchen“, so nennt Angelika das winzige Bündel neben sich im Rooming-in-Bett. Clara entwickelt sich gut, auch wenn sie ein wenig trinkfaul ist. Angelika fürchtet sich vor einer Milchstauung und pumpt regelmäßig Milch ab. Ein umständliches Geschäft, das nach ein paar Wochen anfängt, ihr gründlich auf die Nerven zu fallen.

Freundin — Berlin, Juni 1987

„Wie geht es dir, Geli? Traust du dir einen Ausflug nach Berlin zu mit dem Baby?“ Pia Rossmann ist am Telefon, sie macht eine Pause, wartet Angelikas Antwort ab. „Das ginge schon, Pia, ich brauche nur einen Kühlschrank für meine

Milch ..." – „ Das sollte kein Problem sein! Wir sind nämlich für ein paar Tage zum Treffen der deutschen Überseepfarrer im Westteil der Stadt und hatten die Idee, in Ost-Berlin einen Tag mit euch zu verbringen. Da gibt es ein Gemeindehaus mit Küche und Garten, das könnten wir nutzen und hätten es ganz für uns alleine. Habt ihr Lust?" Olaf und Angelika sind sich schnell darüber einig, nach Berlin zu fahren und Elisabeth freut sich mächtig auf das Wiedersehen.

Angelika stellt ihren Freunden Olaf vor, die Wiedersehensfreude lässt ihr wieder und wieder Tränen übers Gesicht laufen. Ihre permanente Übermüdung derzeit tut ein Übriges. Sie glaubt ihren Augen nicht zu trauen angesichts der Berge von Lebensmitteln, die aus dem Auto der Rossmanns quellen. In der Küche des Ost-Berliner Gemeindehauses türmen sich Tetrapacks mit Getränken, Pizzakartons, Kuchenpackungen, Eis, Süßigkeiten, Joghurtbecher, Obst, Gemüse ... Alles wird, so gut es geht, im Kühlschrank verstaut.

Danach stoßen die Freunde aufs Wiedersehen an, für die stillende Mutter gibt es sogar alkoholfreien Sekt, Geli staunt einmal mehr. Elisabeth tobt ausgelassen mit den beiden Rossmann-Kindern im Garten umher, auch Frisbeescheiben und Wasserpistolen haben Rossmanns mitgebracht. Die Erwachsenen haben sich viel zu erzählen, Olaf fragt Lutz über die USA aus, Angelika und Pia unterhalten sich über die Kinder. Lange sitzen sie im Schatten großer Ahornbäume beisammen, die Zeit vergeht wie im Fluge.

Am frühen Abend gibt Angelika in einem kleinen Nebenraum Clara Muttermilch aus der Flasche und will gerade mit dem Abpumpen beginnen, als Pia mit großen Augen hinzutritt: „Was machst du denn da?" Angelika erzählt von ihren Stillproblemen in der Klinik, aber Pia will davon nichts wissen: „Hör mal, dein Kind ist kräftig und gesund – das wird sich doch holen, was es braucht! Lass das Pumpen sein ab jetzt, rate ich dir."

Ein prallvoller, fröhlicher Tag geht zu Ende. Nach einem Abschied mit mancher Träne tritt Familie König die Heimfahrt an. „Olaf, hast du gesehen, welche Menge Verpackungsmüll da angefallen ist? Nicht zu fassen: Zwei gut gefüllte Plastiksäcke hat Lutz in sein Auto geladen! Das kann man nicht verstehen, oder?" Olaf nickt nachdenklich: „Seltsam, das scheint genau das andere Extrem zu sein zu den Verhältnissen bei uns. Hier kriegst du als Einwickelpapier Zeitungen, kaum eine Tüte und viele Sachen kann man einfach gar nicht kaufen. Und drüben ist alles da – und doppelt und dreifach verpackt ..." Angelika fallen die Augen zu, erst in den späten Abendstunden erreicht die Familie ihr Leipziger Zuhause.

Olaf hat die schlafende Elli vom Auto nach oben in die Wohnung getragen und kommt jetzt mit einem Bier aus der Küche. „Eine letzte Milchportion habe ich noch, Olaf, die gebe ich Clara jetzt – dann bin ich mal gespannt, wie es wird, wenn morgen früh der nächste Hunger kommt ... Ich kann nicht mehr, ich muss dann sofort ins Bett. War schön heute!"

Und Pia soll recht behalten: In aller Frühe kräht Clara, hungrig sucht sie, schnappt sich dann die Brust ihrer Mutter – und trinkt gierig, als hätte sie nie eine Flasche kennengelernt. Angelika, immer noch erschöpft vom vergangenen Tag, laufen Tränen der Erleichterung übers Gesicht.

Elisabeth klettert nach dem Abendbrot auf den Schoß ihrer Mutter und seufzt. „Was hast du denn auf dem Herzen, Elli?“ – „Ach Mutti, ich weiß nicht, wie ich’s sagen soll ... Wenn ich mit Clara in einem Zimmer schlafen muss, da kann ich ja nie mehr abends noch lesen oder Musik hören, weil Clara davon aufwachen könnte. Das ist ganz schön blöd, oder?“ Angelika streichelt ihrer Großen über den Rücken: „Im Moment haben wir die Kleine noch in unserem Schlafzimmer, weil ich sie nachts stille. Aber du hast recht, zusammen in einem Kinderzimmer, das wird nicht einfach, da müssen wir drüber nachdenken.“

„Man könnte hier unterm Dach ein Zimmer anbauen“, überlegt Olaf, auf das Thema angesprochen. „Das wäre nicht allzu schwierig, der Dachboden ist durch die Sanierung sowieso leergeräumt und Platz ist genug. Ich ruf Happi an, sein Bruder ist Maurer, der soll sich das mal angucken. Zwei Sachen allerdings: Die *Gebäudewirtschaft* muss zustimmen – und wir brauchen Baumaterial!“ Angelika nickt, sie weiß Bescheid: Die Materialbeschaffung ist das größte Problem, es fehlt immer und überall und an Allem.

Monatelang ruft Angelika jetzt ständig beim *VEB Baustoffversorgung* an: „Haben Sie Dachkippfenster bekommen? Ich brauche zwei Stück, dringend!“ Immer wieder wird sie vertröstet, frustriert will sie schon aufgeben – da klappt es eines Tages doch. Sofort ruft sie Olaf auf seiner Arbeitsstelle an: „Ganz schnell, Olaf – fahr zur *Baustoffversorgung*, die haben zwei Fenster für uns! Wenn wir sie nicht sofort abholen, kriegt sie ein anderer!“ Hocherfreut ruft Olaf nur „Spitze!“ und legt auf.

Kurz darauf kommt er mit einem Kollegen und dessen Auto mit Hänger nach Hause, anschließend schleppen die beiden die Fenster in den vierten Stock. Hätte Olaf nicht mal was Anerkennendes zu mir sagen können …? Angelika mault im Stillen vor sich hin.

Olafs Part bei der Materialbeschaffung: Er macht Jagd auf Gasbetonsteine. Aufgebracht berichtet er zu Hause von den Telefongesprächen, die er während der Arbeitszeit mit dem Herstellerbetrieb führt: „Es ist zum Mäusemelken, du kriegst einfach keine Steine als *Otto Normalverbraucher*! Die erste und zweite Qualität geht regelmäßig auf Baustellen in Berlin, dort wird an irgendwelchen Prestigeobjekten gebaut, *Nikolaiviertel* zum Beispiel, und es darf in der Hauptstadt natürlich an nichts mangeln. Die dritte und mieseste Qualität sammeln sie und geben sie nur LKW-weise ab, sobald einer voll ist. Die Ausschussware muss für uns reichen, so ist das …" Angelika bläst die Backen auf und pustet genervt über den Küchentisch. „Einen ganzen LKW? So viel brauchen wir ja gar nicht für diese eine Mauer. Was machen wir nun, Olaf? Was hast du vor?" Aber Olaf ist schon unterwegs zum Telefon im Wohnzimmer. „Lass mich mal machen, ich werd schon genügend Abnehmer finden …", ruft er über die Schulter.

Es ist ein wahres Husarenstück, was sich jetzt abspielt, Angelika nimmt sich vor, es unbedingt ihrem West-Onkel zu beschreiben, wenn er mal wieder nach der Versorgungslage im Osten fragt: Olaf hat Bescheid bekommen, dass ein LKW Gasbetonsteine geliefert werden kann. Bedingung: Das Auto muss noch am selben Abend entladen wieder im Werk zurücksein. Olaf greift zum Telefon: „Es geht los, Happi, sag deinem Bruder und dem Nachbarn Bescheid: Morgen kommen die Steine, ab 16.00 Uhr steht der Laster bei mir vorm Haus. Ich hab noch zwei Kollegen, die auch was brauchen, und hier im Haus holt sich einer was für seine Gartenlaube. Es sollte klappen, dass wir den LKW bis abends leer kriegen."

Angelika staunt über das Gewusel am Bürgersteig, als sie mit Kaffee und Kuchen für die Männer hinunterkommt. Elisabeth bringt Milch und Zucker hinterher: „Hey, und das alles nur, weil ich ein eigenes Zimmer kriege! Boah!" Der Lastwagen steht mitten auf der Straße, um ihn herum überall Autos mit Hänger oder offenem Kofferraum. Zum Glück ist die Straße breit genug, dass manchmal noch ein Fahrzeug durchfahren kann. Unablässig wird be- und entladen. Angelika sieht, dass ein Nachbar sogar mit einer Schubkarre Steine zu seinem Hauseingang transportiert. Das hat er sauber eingefädelt, der Olaf. Pfiffig ist er, das muss man ihm lassen, denkt sie beim Kaffeeausschenken. „So, hier steht eine Stärkung für euch, Männer, bedient euch. Der Kuchen ist aber nicht selbst gebacken, sowas ist leider nicht meine Stärke!" Alle greifen beherzt zu mit ihren staubigen Händen und lassen es sich schmecken.

Es dauert nicht lange und unter dem Dach steht die neue Mauer, die Fenster und ein transportabler Ofen sind eingebaut – alles in sogenannter *Feierabendarbeit* von Freunden und Bekannten. Dann noch Verputzen und Tapezieren – und Elli kann ihr neues Kinderzimmer beziehen. Glücklich und stolz tanzt das Mädchen durch den hellen, großen Raum: „Darf ich meine Freundinnen einladen, zu einer kleinen Einweihungsparty?" – „Aber klar, das machst du. Überleg dir, was ihr essen wollt ... Käsefondue vielleicht?", schlägt Angelika vor. „Hm, klingt gut. Jetzt muss ich aber die Omi anrufen und erzählen, dass ich heute das erste Mal in meinem neuen Zimmer schlafen kann. Die Großeltern müssen unbedingt bald kommen!"

Einige Wochen später feiert die Familie Claras Taufe in Tauchnitz. Hannelore streicht zufrieden über das familieneigene Taufkleid: „Ich finde es schön, dass Olaf nichts gegen die Taufe einzuwenden hat, obwohl er Atheist ist. Es ist zu spüren, wie zärtlich er sein Kind liebt. Und er verhält sich auch Elisabeth gegenüber richtig nett, das muss man sagen. Ernst ist ganz hingerissen von dem schönen neuen Kinderzimmer!"

Angelika kaut von innen an ihren Lippen, genau wie es ihre Mutter immer tut, wenn sie nicht alles sagt, was sie denkt. „Ja, Mutti, du hast recht. Und wie du die Taufe organisiert hast, das ist wieder große Klasse. Besonders hab ich mich über den Blumenkranz um das Taufbecken herum gefreut. Danke für alles." Hannelore umarmt ihre Tochter lachend. Ja, denkt Angelika mit einem Kloß im Hals, im Grunde könnten wir eine glückliche Familie sein.

Abgrund — Leipzig, Herbst 1987

Es ist spätnachts – Olaf ist wieder mal mit *Kumpels* durch die Kneipen gezogen an diesem lauen Herbstabend. Angelika schreckt hoch und nimmt seine Bierfahne wahr, als er mit schweren Schritten ins Schlafzimmer kommt und sich in sein Bett fallen lässt.

„Mann, ich war gerade eingeschlafen! Danke, dass du mich geweckt hast. Wo kommst du überhaupt so spät her? Muss das sein? Das wird ja jetzt immer öfter. Und nach Kneipe stinkst du ..." Da stemmt sich Olaf aus dem Bett hoch, macht Licht und funkelt seine Frau unvermittelt böse an: „Ooch, nee, deine ewige Nörgelei, die geht mir so derart auf die Nerven! Kannst du mich nicht einfach mal in Ruhe lassen, du dummes Stück – oder brauchst du es etwa noch deutlicher, hä?“

Olafs Gesicht, eine wutverzerrte, fast furchterregende Fratze, ist jetzt direkt vor Angelika. Ihr wird eiskalt, in dieser Weise hat sie ihren Mann noch nie erlebt! „Damit du klarsiehst, meine Liebe: Ich treffe mich mit meinen Kumpels so oft und so lange ich will, verstanden? Und da lasse ich mir von so einer dämlichen Büchse wie dir überhaupt nichts vorschreiben, das wäre ja noch schöner – und jetzt ist Ruhe!“ Olaf wirft sich herum, knipst das Licht aus und zieht sich die Bettdecke über den Kopf.

Angelika schleicht aus dem Schlafzimmer, streichelt ihre Mädchen im Schlaf und setzt sich bekümmert ins Wohnzimmer. Sie stiert in die Dunkelheit, zu keinem klaren Gedanken fähig. In ihrem Bauch drückt ein dumpfer Sorgenkloß. Und sie fragt sich: Hab ich einen Fehler gemacht mit dem Olaf? War das alles ein Irrtum? Was für Seiten lerne ich auf einmal an ihm kennen ...? So aufbrausend und aggressiv, wie er jetzt oft ist – das gab es doch früher nicht. Wo ist der süße, freche Olaf mit den jungenhaften Grübchen hin?

Angelika wagt nicht, mit irgendjemandem über ihre Sorgen zu sprechen. Einzugestehen, dass sie sich vielleicht wieder falsch entschieden hat, das fiele ihr allzu schwer. In der Folgezeit beobachtet sie Olaf genauer, registriert jede neue Aggression bei ihm. Da findet sie die Nummer der Telefonseelsorge der Evangelischen Kirche und ruft dort an. Mit leiser, stockender Stimme schildert sie ihre Situation: „Ich habe jetzt fast Angst vor meinem Mann, er beschimpft und bedroht mich, wann immer ich etwas Kritisches verlauten lasse. Das nimmt immer mehr zu. Ich fürchte, ich habe mich in ihm getäuscht. Oder liegt es an mir, sollte ich ihn einfach nicht so sehr reizen und provozieren? Was meinen Sie?" Die Antwort des verständnisvollen Seelsorgers gipfelt in dem einen Satz: „Wissen Sie, Frau König, ich habe hier schon viele Frauen kennengelernt, die würden sich Gewaltandrohungen einfach nicht gefallen lassen. Verstehen Sie?" Angelika versteht – und fühlt sich ratlos und sehr einsam.

Westreise

Leipzig, Frühjahr 1988

„Fix Zähneputzen – und dann ab ins Bett, Elli! Es ist wieder viel zu spät geworden. Und sei leise auf dem Flur, Clara schläft schon!" Angelika belädt das Korbtablett mit dem Geschirr vom Abendbrot. Zum Glück ist Elisabeth ein braves Mädchen und macht sich bettfertig ohne große Debatten. Olaf hat samt Bierflasche im Wohnzimmer seinen Platz vor den Fernseher bezogen.

Plötzlich horcht Angelika auf: Die Tagesschausprecherin vermeldet eine neue Reiseregelung für DDR-Bürger. Ab sofort sei es möglich, besuchsweise nicht mehr nur zu Verwandten ersten Grades im Westen zu reisen, sondern auch zu verschwägerten Verwandten, zum runden Geburtstag beispielsweise. Angelika tritt in die Tür zum Wohnzimmer. „Denen fällt wohl langsam nix mehr ein, um die Leute hier zu halten ...", murmelt sie und atmet hörbar aus. Olaf wirft ihr einen kurzen Blick zu: „Da kannst du ja zum 60. Geburtstag meiner Tante Hilde nach Kassel fahren, wenn du willst. Ich war schon zweimal drüben und krieg nicht schon wieder Urlaub im Betrieb." Angelika stutzt. „Wirklich, Olaf? Und unsere Mädels?" – „Ruf doch meine Mutter an, die kann herkommen."

Beim Abwaschen in der Küche ertappt sich Angelika dabei, wie sie abwesend in der Salatschüssel herumputzt, die längst sauber ist. Ihre Gedanken sind ganz woanders: Hm, das wäre ein Traum! Meine erste Westreise ... Sowas hätte ich dem Kerl gar nicht zugetraut, bei dem ewigen Ehekrieg, der bei uns läuft.

Innerhalb kurzer Zeit hat Angelika die Reise zu Olafs hessischer Tante beantragt und kann kaum noch schlafen vor Aufregung. Endlich, der Abholtermin für die Papiere auf der Polizei. Sofort danach ruft Angelika ihre Eltern an: „Stellt euch vor, ich hab die Genehmigung, ich fahre in den Westen! Zum ersten Mal, ist das nicht toll? Ich kann es noch gar nicht glauben!" Mit Tante Hilde bespricht Angelika alles am Telefon – natürlich hat sie keinesfalls vor, wirklich zur Geburtstagfeier anzurücken. Prompt bekommt sie zur Antwort: „Mach du dir mal eine schöne Reise und nutze die Gelegenheit – ich bin überhaupt nicht böse, wenn du nicht bei mir vorbeikommst, ich habe genug Geburtstagsgäste!" Angelika freut sich, dadurch ist sie ungebunden und kann auf einer Rundreise mehrere Freunde besuchen, fast alles ehemalige Ossis.

Angelika betrachtet ihren neuen Haarschnitt vor dem Spiegel. Ob der west-tauglich ist? Muss ja nicht jeder gleich auf 10 Meter Entfernung sehen, dass ich aus dem Osten bin ... „Chic, Mutti", wirft ihr Elisabeth zu und verschwindet wieder in ihrem Zimmer, aus dem es dann noch tönt: „Ich male ein Begrüßungsbild für die Olaf-Oma, damit holen wir sie morgen vom Bahnhof ab." Clara schiebt mit lautem Jauchzen ihren hölzernen Puppenwagen über den langen

Flur. Angelika stöhnt und lächelt dann: Wie kann eine Einjährige ein solches Energiebündel sein? Da hat meine Schwiegermutter allerhand zu stemmen in den nächsten Tagen ...

Olaf nimmt sich die Autoschlüssel und will sich die Schuhe anziehen. Angelika verstellt ihm den Weg. „Du willst doch jetzt nicht weg? Wir müssen gleich essen, die Kinder könntest heute ruhig mal du ins Bett bringen, wirklich! Ich muss noch für deine Mutter alles aufschreiben, fertig packen und will zeitig schlafen gehen ...“ Mit mürrischem Brummen versucht Olaf Angelika bei Seite zu schieben, da bekommt sie die Autoschlüssel zu fassen und läuft damit in die Küche. Ein kurzes Handgemenge – und schon ist Olaf samt Autoschlüssel aus der Tür. Wütend knallt Angelika die Teller und Becher auf den Tisch und schneidet Brot ab. Sie wirft den Kopf in den Nacken und schnauft: Ich lasse mir diese Reise jetzt nicht verderben. Soll er doch bleiben, wo der Pfeffer wächst. „Mädels, das Abendbrot ist fertig! Und wir schlafen heute alle zusammen im Kinderzimmer!“ Frühmorgens schleicht sich Angelika am nächsten Tag aus der Wohnung, in allen Zimmern bleibt es mucksmäuschenstill.

Was für ein Wiedersehen mit Rosemarie, der treuen schwäbischen Freundin, auf dem Stuttgarter Bahnhof. „Isch ja irre – du im Weschten! Wer hätte das je für möglich gehalde!“ Rosi strahlt. „Des müsset mir feiern. Komm, ich lad dich zum Abendessen ein, zu meinem Lieblingsitaliener.“

Schon die Speisekarte zu lesen, ist ein echtes Abenteuer: „Rosi, hilf mir! Was ist denn um alles in der Welt Vitello Tonnato?“ Da steht bereits der Kellner am Tisch: „Prego, Signora, Vitello Tonnato iste ein Spezialität Vorspeise. Feine

Kalbefleis mit ein Sauce piccante von Thonfis und Capperi ..., äh, Kapern. Molto delizioso! Wirde Ihne ganz sicher smecken!"

Angelika ist hingerissen von dieser Komposition – so etwas hat sie noch nie gegessen. Von Rosemarie stibitzt sie sich ein paar Happen der gemischten Antipasti und ist im Siebten Himmel. Ein Teller Spaghetti all' arrabiata muss dann auch noch sein. Welch' Offenbarung, verglichen mit den eintönigen Makkaroni mit Jagdwurst und Ketchup im Osten! Rotweinselig und aufgekratzt schlendern die beiden Freundinnen heim. „Kneif mich mal, Rosi! Ist das alles ein Märchen, träum ich – oder bin ich ganz wirklich hier, raus aus dieser doofen DDR?"

Die Tage mit Rosemarie vergehen wie im Flug, schon muss Angelika ihre Sachen packen. „Komm gut an den Bodensee, meine Geli, und grüß ihn von mir. Und deinen Schulfreund dort ebenfalls, unbekannterweise." – „Mach ich, Rosi. Danach bin ich noch ein paar Tage in Karlsruhe und zuletzt in Strasbourg." Angelika schließt beim Abschied schweren Herzens ihre Freundin in die Arme. Beide haben feuchte Augen. „Bis bald!", sagen sie beinahe zeitgleich und müssen lachen.

Bodensee, Karlsruhe, Strasbourg. Wie verzaubert schlendert Angelika durch Strasbourgs malerische Fachwerk-Altstadt, blickt fasziniert zur gotischen Domfassade empor und verweilt lange in der weichen Sommerbrise in einem der netten Straßenbistros. Sie nippt an ihrer heißen Schokolade, saugt genüsslich den Duft ein und lässt die Erlebnisse ihrer Reise noch einmal Revue passieren. Staunend hat sie unterwegs Fabriken und Industriebetriebe in der Landschaft entdeckt – die sahen nicht rostig, staubig und vergammelt aus wie überall in der DDR. Nein, die strahlten in Lindgrün oder Hellgelb! Nirgendwo das triste Einheitsgrau, alles und überall immer sauber, aufgeräumt, einfach appetitlich. Stundenlang ist Angelika durch Kaufhäuser und Supermärkte gestromert, überwältigt vom riesigen Warenangebot. Wozu braucht man 25 Sorten Joghurt und 32 Käsesorten? Wer soll diese Massen von Obst und Gemüse essen? Wie soll man sich entscheiden, wenn man 20 Blusen zur Auswahl hat? Schuhe ohne Ende, Bettwäsche in allen Qualitäten und Mustern, herrlich flauschige Frotteetücher und wonnige Kinderbekleidung mit viel Witz. Angelika schwirrte der Kopf. Unter der Vielzahl der Eindrücke hat sie allen Zwist ihrer Ehe fast vollständig vergessen, aufgeatmet und sich entspannt.

Angelika lehnt sich wohlig zurück auf ihrem Kaffeehausstuhl und schließt die Augen. Seit Tagen fühlt sie sich wie im Schwebezustand vor Glückseligkeit, ihr Herz ist leicht, immerzu ist ihr zum Singen zumute. So viel warme Gastfreundlichkeit und Harmonie, so viel Schönheit ... wie sie das genossen hat! Im Orangerot vor ihren Lidern träumt sie sich in eine sorgenfreie Zukunft. Sie denkt: Ich will nie wieder zurück in die muffige Enge dieser *größten DDR aller Zeiten*. Ich will endlich frei sein und unbeschwert.

Es war ihr schwergefallen, Rosemarie ehrlich zu antworten auf die Frage: „Willst du nicht auch in den Westen kommen, hierbleiben, wie so viele von drüben?" – „Nein, Rosi, das ist für mich schon wegen der Eltern keine Option. Tut mir leid – und mit einem Mann wie Olaf ginge das sowieso nicht."

Auf der Heimreise trifft sich Angelika mit ihren Eltern in Niedersachsen, sie machen auf der Rückfahrt ihrer Urlaubsreise bei Hannelores Jugendfreundin Station. „Hast du

Ziegelsteine eingepackt?“ Ernst wuchtet ächzend Angelikas Koffer ins Auto. „Der altersschwache Lada geht ganz schön in die Knie ...“

Während der Fahrt wälzt Angelika trübe Gedanken. Wie wird es jetzt mit Olaf weitergehen, wie wird der Empfang in Leipzig sein? Ohne Versöhnung aufzubrechen, war das eine gute Idee?

Gott sei Dank sind die Eltern dabei, als sie zu Hause auf den Klingelknopf drückt, ihr ist trotzdem flau im Magen. Olaf öffnet die Wohnungstüre mit finsterer Miene, schaut seine Frau kaum an und begrüßt flüchtig seine Schwiegereltern. Jubelnd kommt Elisabeth aus dem Kinderzimmer gestürmt. „Was hast du mir mitgebracht, Mutti?“ Angelika kramt schnell die beiden bunten Kleidchen vom Sommerschlussverkauf aus ihrer Reisetasche und schon saust die strahlende Elli zum Anprobieren davon.

Angelika fühlt eine Zentnerlast auf ihren Schultern, sie weiß Bescheid: Der Krieg ist nicht beendet. Olaf läuft missgelaunt herum und sagt kein Wort zu dem in der Schmutzwäsche geschmuggelten Videorecorder, der Angelika einige Schweißausbrüche an der Grenze gekostet hat. „Sag mal, wie geht dein Mann denn mit dir um?“ Ernst ist Angelika ins Bad gefolgt, er ist sichtlich empört. „Lange sehe ich mir das nicht mehr mit an ...“, versetzt er beim Hinausgehen.

„Guckt mal, das passt ja prima, das Kleid!“ Elisabeth dreht sich vor dem Spiegel. Angelika und Hannelore lassen sich aufs Kinderzimmerbett fallen. „Wie war es denn mit Vati und der Oma, habt ihr euch vertragen?“, will Hannelore wissen. „Och, ging ganz gut, die Oma war lieb. Sie hat mir abends immer vorgelesen. Bloß singen kann sie nicht“, grinst Elli. Angelika kann die Frage nicht unterdrücken:

„Und der Vati?“ Elisabeth zieht die Augenbrauen hoch: „Naja, weißt schon, miese Laune meistens, da hat ihn sogar die Oma einmal ausgemeckert deswegen …“

Hannelore seufzt schwer und nimmt die herumkrabbelnde Clara auf den Schoß. Bekümmert schaut sie zwischen Tochter und Enkeltochter hin und her. „Das geht doch so nicht, Geli! Diese ewige Spannung hier ist Gift für die Kinder, wenn du mich fragst.“ Sie steht kopfschüttelnd auf und geht mit Clara auf dem Arm aus dem Zimmer. Angelika kann hören, wie Hannelore flüsternd im Wohnzimmer ihrem Mann berichtet. Als Olaf mit einem Korb voller Bierflaschen aus dem Keller kommt, decken die Frauen den Abendbrottisch. „Die Kiwi schmeckt wie Riesenstachelbeere, Omi, soo lecker … , warum gibt es sowas nur im Westen zu kaufen? Hier Clara, Mund auf!“ Elisabeth bringt den Obstteller vorsorglich vor ihrer kleine Schwester in Sicherheit. Angelika atmet erleichtert aus, die Mädchen zu sehen ist einfach ein Glück! Olaf dagegen mag sie gar nicht anschauen, er sitzt mit versteinerter Miene am Tisch und kaut stoisch an seinem Wurstbrot.

Am nächsten Morgen beim Frühstück – Olaf ist schon zur Arbeit gegangen –, spricht Vater Findeisen ein Machtwort: „Schluss mit dem Theater! Ihr kommt nach Tauchnitz, sobald die Ferien angefangen haben!“ Ernsts Stimme klingt entschlossen. „Aber ich bin so lange nicht Auto gefahren, Vati, ich fürchte mich …“, gibt Angelika zaghaft zu Bedenken. „Ach Quatsch, wir kommen her, du nimmst euren Lada, fährst mir nach, das kriegen wir schon hin!“

Tauchnitz, Sommer 1988

„Komm schnell, Geli, sieh nur, die Clara läuft ...!“ Omi Hannelore klatscht in die Hände und strahlt übers ganze Gesicht. „Mein Gott, jetzt hat sie's!“, singt sie in *My-Fair-Lady*-Manier. Sie stellt sich fürsorglich vor die steile Granittreppe im abschüssigen Grundstück. Tapsig und wackelig stolpert die kleine Clara auf der gepflasterten Einfahrt umher, ihr Gesichtchen leuchtet vor Begeisterung. „Ich habe aber auch genug mit ihr geübt!“, lässt sich Elli vernehmen.

Zwei Nachbarskinder kommen am Haus vorbei „Wir gehen zum Himbeeren sammeln in den Wald auf dem Hügel. Kann Elli mitkommen?“ Angelika hat keine Einwände. Flink zieht sich Elisabeth die Sandalen an. „Omi, ich will ein Eimerchen mitnehmen, das sammel ich voll, damit wir später wieder zusammen Marmelade kochen können.“ Die Omi nickt und reicht ihrer Enkelin schnell einen kleinen Plasteeimer über den Zaun, dann sie winkt ihr lächelnd nach: „Pass auf mit den Brennnesseln!“

Angelika mäht den Rasen, obwohl Ernst das nicht gerne aus der Hand gibt: „Achte unbedingt auf das Kabel, bloß nicht durchschneiden!“ Und den Zaun streicht Geli, wobei sie die Nachbarschaft mit Kate-Bush-Musik aus dem Kassettenrecorder beschallt. Ernst runzelt leicht die Stirn: „Sag mal, geht das nicht ein wenig leiser?“ Geli wirft den Kopf in den Nacken. „Nein, geht es nicht, leider! Lass doch, Vati, ich brauche das so“, lacht sie. Ernst schmunzelt jetzt über seine musikverrückte Tochter.

Gewöhnlich verkündet Ernst der Familie am Frühstückstisch seine Pläne für Tagesausflüge, immer wieder fällt ihm etwas Neues ein: Saurierpark in der Lausitz, Dampferfahrt auf der Elbe, Picknick auf der Festung Königstein, solche Sachen. „Heute machen wir eine Wanderung im Felslabyrinth. Einverstanden?" – „Kann man da klettern, Opi?", will Elli wissen. „Ja, ich denke schon, Süße. Ein wenig ..." Hannelore ist sofort mit praktischen Überlegungen dabei und erinnert an das Mitnehmen von Badesachen, Sonnenschutz und Proviant für unterwegs. Einen feuchten Waschlappen in einem Reißverschlussetui hat sie immer dabei – für alle Fälle. Geli erinnert sich schmunzelnd: Als Kind hat ihr stets gegraust vor dem nach Stunden muffigen Geruch des Lappens, wenn Mutter ihr damit den Mund abwusch ... Na, zum Glück bleibt sie mittlerweile davon verschont.

Dankbar umarmt Angelika ihren Vater am Abend: „Ach, war das heut wieder schön, ich bin so glücklich hier! Ihr seid die besten Eltern der Welt. Elli hat neulich gesagt: Ich will hier nie wieder weg!"

Omi Hannelore hat ihre große Enkelin am Mittagstisch beobachtet und sagt in der Küche leise zu Angelika: „Wie sie das macht, die Elli, das ist wirklich vorbildlich! Hast du mal beobachtet, wie sie Clara beim Essen hilft, ihr das Fleisch zerschneidet und ihr beim Trinken hilft? Wie eine kleine Mutti! Auch wie sie ihrer Schwester Bücher vorliest und mit ihr spielt, das ist bewundernswert. Da kannst du stolz sein, Geli. Ernst hat gesagt: Die Elisabeth ist ein ganz besonderes, begabtes Mädchen!"

Gelegentlich ruft Olaf aufgebracht in Tauchnitz an oder steht plötzlich vor der Tür. Angelika rutscht jedes Mal das Herz in die Hose. Jetzt gibt es wieder Debatten und Krach, das weiß sie. Er herrscht sie an: „Wieso ist das Auto weg? Was wird denn nun hier, kannst du mir das vielleicht mal sagen? Wie stellst du dir das überhaupt weiter vor? Was soll das alles?“ Aus Olaf sprechen nur Wut und Stress. Eine Antwort will er gar nicht hören. Angelika krampft sich der Magen zusammen, sie atmet schwer, in ihren Ohren ist das kreischende Geräusch, das immer wiederkehrende Alarmzeichen. „Olaf, lass uns in Ruhe reden, nicht so zwischen Tür und Angel ...“ Angelika zwingt sich zu einem sachlichen Ton. Aber Olaf macht auf dem Absatz kehrt und weg ist er.

„Besuch für dich, Geli!“ Verwundert kommt Angelika aus ihrem Zimmer und die Treppe herunter. „Huch, ich war auf dem Balkon, Mutti, hab das Klingeln gar nicht gehört ...“ Der Puppenspieler, ein früherer Klassenkamerad von Geli, steht unten im Flur. „Hallo allerseits“, grüßt er gutgelaunt. „Kennen Sie mich noch, Frau Findeisen? Ihr Mann hat mich in der Praxis mal behandelt, kurz vorm Abitur, lange her.“ – „Und wo haben Sie all die Jahre gesteckt?“ Angelika verdreht die Augen, sie findet Hannelores Frage aufdringlich. „Naja, Puppenspieler bin ich geworden, nach meinem Studium an der Schauspielschule. Meinen Studienplatz für Pädagogik haben sie mir wieder weggenommen, weil ich gegen die Ausbürgerung von Wolf Biermann protestiert hatte.“

Angelika nimmt den Puppenspieler an der Hand und zieht ihn die Treppe hoch auf den sonnigen Balkon: „Was verschafft mir die Ehre, was hast du auf dem Herzen?“ Angelika erfährt von den Plänen, nach herbem Ringen mit den staatlichen Behörden ein Puppenspielfest im Schlosspark einer Nachbargemeinde ins Leben zu rufen. Seit zwei Jahren habe man darum gekämpft, nun sei es so weit, es könne erstmals stattfinden. „Zwanzig Puppenbühnen aus ganz Deutschland werden da sein, ein kunterbuntes Programm für alle Altersklassen haben wir zusammengestellt – das wird ein richtig große Sache! Nur Werbung dafür müsste noch mehr gemacht werden, da bräuchte ich deine Hilfe, Geli ..." Mit diesen Worten überreicht der Puppenspieler Angelika ein Bündel druckfrischer Werbeplakate.

Zwei Wochen später sitzt Angelika mit Elisabeth und ihrer Freundin Ricky auf der gut gefüllten Schlosspark-Freilichtbühne und ist wie verzaubert. Drei Stücke haben sie sich seit dem Vormittag angesehen an den verschiedenen Spielstätten im Gelände, jedes auf eine andere Art phantasievoll und lustig. Jetzt läuft gerade *Der kleine Prinz*, gespielt wird in einem alten Reisekoffer. Angelika beschleicht kurz eine kleine Gänsehaut in der Erinnerung an ihre erste Begegnung mit dem Stoff, auf Bertrams Sofa vor vielen Jahren – schnell schiebt sie diese Gedanken beiseite und knufft ihre Freundin in die Seite: „Supertoll, oder? Da hat unser Puppenspieler was Feines erfunden, der verrückte Hund ...! Das soll es ab jetzt jedes Jahr geben, hat er gesagt."

Elisabeth fährt auf und hält ihrer Mutter unwillig den Mund zu: „Leise sein! Ich kann gar nichts verstehen!" Abends bringt Angelika ihre Tochter schnell nach Hause, die Omi wird Elli und Clara ins Bett bringen, damit Geli zum Fest zurückkehren kann.

Bei der Abendvorstellung bringt der Puppenspieler im brechend vollen Saal eine höchst amüsante Western-Parodie auf die Bühne, ein ums andere Mal schlagen sich Geli und Ricky vor Begeisterung auf die Schenkel und lachen Tränen. Nach dem Stück umarmt Geli ihren Schulfreund stürmisch: „Sowas Tolles! Was du da auf die Beine gestellt hast mit dem Festival – Hut ab und Gratulation! Das müsst ihr auf jeden Fall weitermachen, jedes Jahr. Versprichst du mir das?" – „Wir werden's versuchen. Hat genug Kampf gekostet mit den Genossen – vielleicht ist jetzt das Eis gebrochen.

Wir mussten alle Stücke vorher einreichen, akribisch haben sie den Inhalt geprüft, aber dann doch alles abgesegnet."

Ricky fügt hinzu: „Ab und zu waren aber trotzdem ein paar schöne politische Anspielungen drin im Text, auf Missstände und Mangelwirtschaft zum Beispiel, wie der Cowboy nur drei Kugeln Munition zu kaufen bekommen hat, weil rationiert, das hat mir gefallen. Die Puppenspieler sind ein eigenes Völkchen, was? Eher weniger *linientreu*, glaub ich." Der Puppenspieler grient: „Da hast du recht. Entsprechend ist natürlich das Publikum. Wir müssen halt höllisch aufpassen, dass wir die Genossen nicht vergraulen. Schön, dass es euch gefallen hat! Aber wir sollten noch einen darauf trinken, kommt ..."

Kurze Zeit darauf muss die kleine Clara mit schwerem Durchfall in die Kinderklinik, die Kinderärztin rät zur Eile. Ernst fährt Angelika mit der Kleinen zum Krankenhaus. Mit Tränen in den Augen steht sie an der Glasscheibe, hinter der ihre Kleine apathisch daliegt, es bricht ihr fast das Herz, das Kind so zu sehen. „Dass ich als Mutter nicht bei ihr sein darf, das ist unmenschlich, Vati! Wie kann das sein?" Ernst seufzt, streicht seiner Tochter unbeholfen über den Rücken und sieht sie traurig an. „Das tut so weh – und Olaf interessiert sich gar nicht für uns!", jammerte Angelika. „Der kommt nicht einmal her, obwohl Clara so krank ist! Weißt du, es fühlt sich an, als wenn alles kaputt wäre zwischen uns."

Hoffnungsschimmer? Leipzig, September 1988

Am Ferienende muss Angelika mit den Mädchen zurück nach Leipzig, Elisabeths Schuljahr beginnt. Nach ein paar

Tagen halbwegs friedlichen Nebeneinanders fragt Angelika Olaf vorsichtig: „Du, eine Bekannte hat mir von einer Eheberatung in der Stadt erzählt. Kannst du dir vorstellen, dass wir da zusammen hingehen? Das könnte uns helfen, glaube ich ..." Und Olaf sagt tatsächlich ja! Angelika kann es kaum fassen und beginnt Hoffnung zu schöpfen. Nach dem Besuch in der Beratungsstelle ist für Olaf jedoch klar: Das ist keinerlei Option für ihn. Sie solle gefälligst alleine da hinrennen. Traurig und enttäuscht nimmt Angelika es zur Kenntnis.

Wie sich alles ähnelt – die Hauptaussage der Eheberaterin bei Angelikas nächstem Besuch ist: „Finden Sie selbst einen Weg für sich, Frau König! Wenn ich Sie zu einer Trennung dränge, beklagen Sie sich möglicherweise Wochen später bitter bei mir..." Angelika taumelt fast, so niederschmetternd ist diese Aussage für sie. Deprimiert und selbstvergessen schleicht sie durch das Stadtzentrum, sie weiß nicht weiter. Mitten in der Fußgängerzone schreckt sie aus ihrer Grübelei hoch, beinahe wäre sie gerade mit einem Radfahrer zusammengestoßen, der sie wütend anklingelt. Da kommt ihr eine Idee: Ich könnte wieder anfangen zu arbeiten, dann komme ich auf andere Gedanken und habe Leben um mich herum. Und warum muss ich bis nach Claras drittem Geburtstag warten? Sie ist jetzt alt genug, um die Kinderkrippe zu verkraften. Gleich geht es Angelika besser. Mit energischen Schritten läuft sie nach Hause.

Drama Leipzig, Oktober 1988

Als Clara eineinhalb Jahre alt ist, beginnt Angelika wieder im Kindergarten zu arbeiten. Mit der Kindergartenleiterin

Barbara ist sie bald schon befreundet, beide verstehen sich gut. Eines Tages spricht Barbara Angelika an: „Du, entschuldige, aber ist alles in Ordnung bei dir? Du wirkst seit einiger Zeit oft erschöpft und nervös, ich mache mir Sorgen." Angelika wird heiß, sie senkt den Kopf, krümmt sich und stammelt: „Alles gut, lieb von dir, dass du fragst, danke, ich komm klar. Hab halt grade eine schlimme Magen-Darm-Geschichte hinter mir."

Sie macht auf dem Absatz kehrt. Wie schrecklich schämt sie sich für ihre kläglichen Erklärungsversuche. Natürlich ist sie oft unausgeschlafen und fahrig wegen der Konflikte daheim, das kann sie kaum verbergen. Sie rennt in den Waschraum und lässt sich kaltes Wasser über die Arme laufen. Gierig trinkt sie direkt vom Wasserhahn und wird langsam wieder ruhiger. Zu ihrem Gesicht im Spiegel sagt sie bitter: Du lügst deine besten Freunde an – wie weit willst du es noch treiben?

Angelika beobachtet Olaf genauer, beklommen registriert sie seine zunehmende Aggressivität. Bis zu dem nasskalten Herbsttag, als sie wieder einmal heftig streiten. Angelika hat das Baby Clara auf dem Arm. Olaf kommt ihr brüllend ins Wohnzimmer nach, sie dreht sich um, erwidert etwas und geht ein paar Schritte rückwärts. Da macht er einen weiteren Schritt auf sie zu und holt mit der Hand wie zu einem Schlag aus. Angelika will ausweichen, verliert einen Schuh, stolpert und fällt fast. Sie kann nur knapp verhindern, dass ihr das Baby entgleitet und mit dem Kopf auf das Laufgitter prallt.

Gallige Wut steigt in Angelika hoch, sie rappelt sich panisch auf, sucht ihre Pantoffeln zusammen. Elisabeth! So schießt es ihr in den Kopf, aber die Große ist beim

Judotraining. Dann rast Angelika atemlos, so wie sie ist, ohne Jacke und in Hausschuhen, mit der kleinen Clara vier Stockwerke hinunter zur Straßenbahnhaltestelle. Sie blickt sich kurz um und sieht, dass Olaf ihr in einigem Abstand folgt. Auch das noch!

Ihr Puls jagt, in ihrem Kopf dröhnt ein schrilles Kreischen, siedend heiß ist ihr vor Zorn und Empörung. Niemals, niemals würde sie Olaf das verzeihen! Nur mit Mühe unterdrückt Angelika die Tränen. Endlich kommt eine Bahn. Sie steigt hastig ein, kann aber nicht sehen, ob Olaf das ebenfalls tut. Bis zur Endstelle der Linie fährt sie, dort wohnt Barbara.

Ohne viele Worte nimmt Barbara die verheulte Angelika samt Baby in die Arme und geleitet sie in Wohnzimmer. Barbaras Mann kocht Tee, Barbaras Kinder spielen im Kinderzimmer mit dem Baby. Langsam wird Angelika ruhiger. „Danke, Barbara", sagt sie mit einem schweren Seufzen und schaut die ruhige, besonnene Freundin dankbar an.

Kurze Zeit später klingelt es an Barbaras Wohnungstür. Barbaras Mann öffnet, Olaf steht draußen. Angelika zuckt zusammen, als sie Olafs Stimme hört, sie gerät erneut in Panik und starrt in Richtung Flur. „Ist meine Frau hier? Die spinnt wohl, sie soll mal rauskommen!", hört sie Olaf sagen. Barbaras Mann weist ihn jedoch entschieden ab: „Nein, Angelika möchte jetzt nicht mit dir sprechen!"

Barbara beruhigt Angelika, die wie versteinert auf dem Sofa sitzt: „Ihr bleibt erstmal übers Wochenende hier, das ist kein Problem. Und die Elisabeth, die holen wir nach ihrem Training auch noch her. Ihr macht vielleicht Sachen ... Dein Tee wird kalt!" Angelika nippt an ihrem Tee und ringt sich ein gequältes Lächeln ab. „Danke, nochmal ...“, presst sie hervor und unterdrückt mühsam ihre Scham.

Untreue

Leipzig, Oktober 1988

„Hast du Lust, auf ein Gerhard-Schöne-Konzert mitzukommen, Geli?“ Nach einer Dienstbesprechung im Kindergarten hält Barbara Angelika an der Tür zurück. Barbara schaut Angelika aufmunternd an: „Es ist nachmittags, im Gemeindesaal der Lukaskirche, da kannst du die Kinder mitbringen. Gerhard Schöne macht ja auch tolle Kinderlieder ... und überhaupt, er ist spitze! Es gibt jetzt sogar eine Langspielplatte vom ihm, natürlich *nur unterm Ladentisch.*“ Angelika kennt den inzwischen sehr populären christlichen Liedermacher schon von der Werkwoche vor Jahren und ist jetzt sofort Feuer und Flamme.

Wie gebannt lauscht Angelika bei dem Konzert auf die einfühlsamen Texte, auf die vielen leisen Töne, die Zwischenmenschliches, aber auch politische Verhältnisse ansprechen. Man ist sensibel für zarte Andeutungen, für Aussagen zwischen den Zeilen, die die DDR-Zensur wohl nicht recht deuten kann. Wenn Gerhard Schöne singt: *Mit dem Gesicht zum Volke,* erkennt jeder den ironischen Hieb auf die Staatsführung. Er erntet einen Riesenapplaus und Angelika schaut Barbara strahlend an. „Ich wusste, dass dir das guttun wird!“, gibt diese zurück.

Auf dem Heimweg singt Elisabeth lauthals *Die Jule wäscht sich nie...* und tanzt aufgekratzt um Claras Kinderwagen herum. Angelika aber will der Text eines bestimmten Liedes aus diesem Konzert nicht mehr aus dem Sinn gehen:

Du hast es nur noch nicht probiert und darum glaubst du's nicht …

Unerwartet ist es noch einmal richtig warm geworden in diesen Herbsttagen, wunderschön leuchten im Rosental die rot-gelb verfärbten Ahornbäume. Angelika kommt vom Einkaufen, schnauft mit ihren Taschen die Treppen zum vierten Stock hoch. Im Gehen reißt sie sich den Schal vom Hals, zieht den Reißverschluss ihrer Jacke auf. In der dritten Etage hört sie ein Poltern und Rumpeln, die Nachbarin bohnert mit dem schweren eisernen Gerät die hölzernen Treppenstufen blank. Sie blickt auf und streicht sich das Haar aus dem Gesicht: „Ach, du bist es, hallo … Es geht mich nichts an, Geli, ich weiß – aber ich sag's dir trotzdem: Olaf bringt immer mal wieder Damenbesuch mit in eure Wohnung, tagsüber, wenn du im Kindergarten bist. Ich vermute, dass du keine Ahnung davon hast. Und als du letztens ein paar Tage bei deinen Eltern warst, wurde so ausgiebig geduscht oder sonst was …, jedenfalls hatten wir in unserem Bad darunter anschließend einen Wasserfleck an der Decke. Wir wollen bald renovieren, da ist das nicht wirklich schlimm. Wer weiß, was die da oben angestellt haben. Als Betroffene erfährt man ja meistens zuletzt vom Fremdgehen, deshalb dachte ich …"

Angelika steht starr und ringt nach Luft, ihr wird so schwindlig, dass sie sich hinsetzen muss. Die Nachbarin legt ihr die Hand auf die Schulter. „Übrigens habe ich den Olaf auf den Wasserschaden angesprochen. Der hatte es ganz wichtig damit, dass ich das für mich behalte. Aber das habe ich ihm nicht zugesagt, nee, soweit geht die Freundschaft nicht!" Mühsam steht Angelika wieder auf, nickt der Nachbarin mit einem matten Lächeln kurz zu und schleicht in ihre Wohnung. Wut kocht in ihr hoch. Sie wirft die Einkaufstasche mit einem stummen Fluch in die Küche, Tomaten rollen über den Boden. Elisabeth kommt erschrocken gelaufen: „Mutti, was ist los? Warum hast du alles fallen lassen, die schönen Tomaten ... Darf ich gleich eine essen?“ Elisabeth klaubt das Gemüse zusammen. „Nein lass – es reicht sonst nicht fürs Abendbrot, es gab für jeden nur ein Pfund.“ Elli schaut ihre Mutter mit großen Augen an: „Du weinst ja! Was ist denn los, Mutti?“ – „Ach meine Große, komm her, ist schon alles gut.“ Angelika öffnet die Arme. „Ich bin nur gestolpert und hab mir ein bisschen wehgetan am Fuß. Alles gut, alles gut ...“ Wie um sich selbst zu beruhigen, spricht Angelika dies mehrmals vor sich hin, ihre Tochter in den Armen wiegend.

„Barbara, er geht fremd, jetzt weiß ich es ...“ Barbara schaut ihre Freundin mit einer Mischung aus Mitleid und leisem Spott an, während sie ihr Büro im Kindergarten abschließt. „Und – wundert dich das, Geli? Wenn ich ehrlich bin, passt das genau in das Bild, das ich von ihm habe. Ich hatte nur für dich gehofft, dass ich mich irre.“ Angelika zieht beschämt den Kopf ein. Was soll hier bloß noch werden?

Möglichkeiten

Leipzig, Frühjahr 1989

Am Morgen im Kindergarten. Ein Vater, der gerade sein Kind verabschiedet hat, bleibt in der Tür zum Gruppenzimmer stehen und sagt leise zu Angelika: „Wundern Sie sich nicht, wenn unser Junge ab Montag nicht mehr in den Kindergarten kommt. Wir werden dann schon weg sein. Darauf warten wir seit drei Jahren. Sie verstehen, was ich meine?“

Angelika weiß Bescheid, sie fühlt einen Stich in der Brust: Gerade diese Familie war ihr besonders ans Herz gewachsen, wie schade! Auch sie werden nun nach einem Ausreiseantrag in die BRD reisen. Beinahe jeden Tag begegnen Angelika Nachrichten von Leuten, die die DDR verlassen wollen.

Angelika greift am nächsten Tag zum Telefon und ruft ihre Tauchnitzer Freundin Monika an, die mit ihrer Familie bereits seit Jahren auf die Ausreisegenehmigung wartet: „Wie gehts dir denn, Moni? Man hört ja von immer mehr Repressalien gegenüber Ausreisewilligen. Wie ist das bei dir?" – „Ach hör bloß auf! Mittlerweile bin ich regelrecht mit Berufsverbot belegt, habe gezwungenermaßen meine Arbeit in der Stadtbibliothek aufgegeben und muss monatlich zum Rapport bei der Stasi. Macht echt keinen Spaß! Zwischendurch hatte ich schlimm mit Depressionen zu tun, geht aber mittlerweile besser. Ich putze jetzt bei einer Rechtsanwältin", erzählt Monika. „Auweia, da möchte ich nicht mit dir tauschen, du Arme. Aber *kriminelle und staatsfeindliche Elemente* wie ihr Ausreisekandidaten müssen eben mit allen Mitteln bekämpft werden, das konnte man grade wieder in der Zeitung lesen. Es ist wirklich bitter!", sagt Angelika sarkastisch.

Irgendwie gärt es im Lande. Unterschwellig. Schwer zu beschreiben. Missmutig grübelnd läuft Angelika durch den regnerischen Frühlingstag, die Medikamente gegen Claras Hautausschlag sind erst gegen Abend abholbereit. Angelika passiert auf dem Weg zur Apotheke im Stadtzentrum einen der unzähligen hässlichen Holzverschläge, die vor herabfallenden Dachziegeln und ähnlichem schützen sollen. Intakte Dachrinnen gibt es fast nirgends, unter dem Bretterdach wird man etwas weniger nass. Traurig, dabei ist die

Leipziger Innenstadt mit ihrer Architektur ein Schmuckstück, denkt Angelika, während sie ein weiteres Mal einem Loch auf dem Bürgersteig ausweicht, um nicht in einem See zu landen oder sich den Fuß zu verstauchen. *Ruinen schaffen, ohne Waffen*, so hat den maroden Zustand der Bausubstanz neulich jemand im Kindergarten beschrieben. Überall bröckelt es, alles ist an einem solch trüben Tag noch trister und bedrückender als sonst, das schmutzige Grau-in-Grau macht depressiv.

„Du Olaf, wenn Anfang Mai wieder Kommunalwahlen sind, weiß ich genau, wie ich es diesmal mache!" Olaf schaut Angelika am Abendbrottisch fragend an. „Sie haben im Kindergarten erzählt, wie man es anstellen muss, damit es wirklich als Gegenstimme gilt: Jeden einzelnen Kandidaten mit Lineal und Stift fein säuberlich durchstreichen! Und dazu natürlich in die Kabine gehen, die irgendwo halb versteckt in einer Ecke steht. Bist du dabei?" – „Bin dabei", versetzt Olaf.

Sie machen es wirklich so, wie viele andere. Nicht nur Zettel falten und einwerfen – sondern richtig wählen! Fühlt sich gut an, denkt Angelika beim Verlassen das Wahllokals. „Wie die uns angeglotzt haben, als wir in die Kabine wollten. Hast du das bemerkt?" Olaf nickt: „Wer die Kabine benutzt, entlarvt sich gleich als Staatsfeind. Diesmal sind zu ersten Mal Beobachter beim Auszählen der Stimmen zugelassen, bin gespannt!" Das Wahlergebnis verzeichnet am Ende aber kaum mehr Gegenstimmen als sonst – eindeutig gefälscht ..., das ist sonnenklar.

Im Kindergarten spricht Angelika den Vater an, der in der neu gegründeten Oppositionellen-Gruppe *Neues Forum* mitarbeitet: „Was sagen Sie und Ihre Leute zu diesem

Wahlergebnis?“ Der junge Mann stößt die Luft durch die Nase und lächelt bitter. „Ein einziger Skandal ist das, wir sind alle empört. Da lässt man großzügig erstmals Beobachter beim Auszählen zu, aber alles ist nur eine Farce – am Ende sind es viel weniger Gegenstimmen, als bei den Auszählungen auftauchten, alles geschönt, alles reiner Betrug. Die Oppositionsbewegung wird stärker werden, davon können Sie ausgehen, wir werden täglich mehr und werden mit unserem Druck auf die DDR-Machthaber nicht nachlassen.“

Schiebung

Leipzig, Sommer 1989

Nach dem Frühstück schiebt Olaf Angelika wortlos die Zeitung über den Tisch und deutet mit hochgezogenen Augenbrauen auf einen Artikel auf der Titelseite. *DDR-Bürger in D-Zug in die BRD entführt* lautet die Überschrift. Angelika liest: Vermittels einer narkotisierend präparierten Mentholzigarette soll der Reisende gefügig gemacht worden sein, dann sei er gegen seinen Willen von kaltblütigen Menschenhändlern verschleppt worden. Abenteuerliche Story, die reinste Räuberpistole, denkt Angelika. Sie schüttelt entrüstet den Kopf. Die halten uns alle für dumm und meinen, sie können uns immer weiter veralbern! Reine DDR-Propaganda gegen Ausreisewillige und Republikflüchtige, skurriler geht es fast nicht mehr.

Olaf bringt am Nachmittag seinen treuen Kumpel Gerdi zum Kaffeetrinken mit und eröffnet seine neueste Geschäftsidee: „Es ist eine Supersache und ganz einfach: Man knüpft während der Fahrt auf der Autobahn irgendwo auf der Transitstrecke nahe Berlin Blickkontakte zu einem Westfahrzeug, lächelt, winkt und so. Dann bittet man mit Gestikulieren ums Rausfahren auf den nächsten Parkplatz. Klappt bestimmt. Dort einfach bissl *schöntun*, das feine Auto loben – und irgendwann die Bitte äußern, ob sie vielleicht für die Oma zum Geburtstag einen Videorecorder aus dem Transit-Intershop mitbringen könnten, damit man der Oma Urlaubsfilme zeigen kann. Dass man da ja leider als Ossi nicht rein darf in den Shop, aber das Geld schon beisammenhat. Da staunen die vielleicht, aber mit dem armen Ostler haben sie doch Mitleid und sind einverstanden."

Olaf sind Schweißperlen auf die Stirn getreten, so enthusiastisch ist er bei der Sache. Kumpel Gerdi hat mit großen Augen zugehört. Er schiebt sich ein weiteres Stück Eierschecke in den Mund und denkt eine Weile nach. „Und wie geht das weiter, wenn du das Teil hast?", fragt er mit vollem Mund. Olaf lächelt nachsichtig, mit unverhohlener Begeisterung erläutert er: „Na ganz einfach – da warten eine Menge Leute, die auf Pornofilme wild wie die Guppys sind. Die kriegen dann für eine schönes Sümmchen das Komplettpaket: Recorder plus Filme! Alles am Lager. Das *zischt ab wie ein Schnellkochtopf*, kann ich dir sagen. Ein Kumpel von mir macht das schon eine ganze Weile so."

Angelika geht in die Küche und atmet tief durch. Sie hat eine Gänsehaut bekommen bei Olafs Schilderungen und ein leichtes Gefühl von Übelkeit. Sie schüttelt sich und denkt: Erstaunlich, dass ich überhaupt eingeweiht wurde! Wo soll das bloß noch hinführen ...

Auf dem Spielplatz im Rosental vertraut sich Angelika Barbara an, während die Kinder auf der Elefantenrutsche herumtollen: „Es widert mich alles an, was Olaf da treibt. Das gesamte Metier ist mir ein Gräuel. Vielleicht will er diese Filme auch noch bei uns in der Wohnung kopieren?

Stell dir das mal vor ... Der Olaf fragt natürlich nicht die Bohne danach, wie ich das alles finde!"
Barbara erfasst sofort die Lage: „Der sagt sich bestimmt: Hauptsache, das Geld stimmt! So lautet doch ganz sicher seine Devise. Und du würdest nur stören mit deinen Bedenken." Angelika nickt bestätigend. „Und klar: Eine *Königsleistung* von Olaf König ist es nach seiner Ansicht immer dann, wenn er für sich Vorteile aus der Einfalt oder Unerfahrenheit Anderer erzielen kann. Darauf ist er dann stolz." – „Geli, dieser Mann ist nicht gut für dich, selbst wenn ich mich wiederhole. Sag mal, schläfst du eigentlich noch mit ihm?" – „Ach, wo denkst du hin! Da findet nichts mehr statt. Es ist kaum noch auszuhalten, wir reden fast nicht mehr miteinander, ewig nur frostige, eisige Stimmung. Ich werd froh sein, wenn Olaf demnächst für paar Tage weg ist. Er fährt Verwandte in Bayern besuchen, zu irgendeinem runden Geburtstag wieder mal, soviel ich weiß."

Feststellung - Untersuchungsbeleg

-Vorgangsangaben
-Ereignisort:
Raststätte Michendorf/Berliner Ring Süd
Uhrzeit des Ereignisses:
11.07.89, 17:16-18:26 Uhr
-Delikt/Begehungsform:
Zusammenkunft, offen,
Aufenthalt am Transit-Center
-Beteiligte Fahrzeuge:
PKW Trabant orange,
polizeiliches KZ UP xx-xx
-Halter: König, Angelika,
7022 Leipzig...
PKW Ford orange, polizeiliches KZ B-AT xxx
Halter: offen

Name/Dienstgrad: Grüntzschel, Oltn.

17:16 befuhren beide PKW fast gleichzeitig den PP u. parkten in derselben Parkreihe. Der Fahrer des Ford stieg aus, blieb an seinem Wagen stehen und aß Kekse. Der Fahrer des PKW Trabant stieg aus u. ging zum Fahrer des Ford. beide begannen ohne sichtbare Begrüßung mit einer angeregten Unterhaltung, wobei sie in Richtung PP-Auffahrt sahen.
17:22 ging der Fahrer des Ford zur Mülltonne vor dem Intershop u. blieb dort sehen. Der Trabantfahrer ging zu seinem PKW und schrieb etwas auf einen Zettel u. ging anschließend mit dem Zettel zum Fahrer des Ford. Er überreichte diesem den Zettel. Danach begaben sich Beide in Richtung Transitshop, welchen sie 17:24 betraten.

Im Transitcenter standen der Fahrer des Ford aus operativen Gründen nicht unter Kontrolle. Der Fahrer des Trabant verließ kurz darauf das Gebäude wieder u. begab sich zu seinem PKW. Er verblieb dort, wobei er auf die Personenbewegungen vor dem Transitshop achtete. Er lief dabei mehrmals nervös u. wartend um sein Fahrzeug herum.
18:00 stieg er in sein Fahrzeug ein.
18:14 verließ er das Fahrzeug u. ging zielstrebig zum Eingang des Transitcenters. Er betrat das Gebäude.
18:24 verließ der Fahrer des Ford den Shop mit einem gefüllten Plastebeutel. Der Trabantfahrer verließ ebenfalls das Gebäude u. führte einen Karton(60x30x40cm) mit sich.
Beide Fahrer gingen ohne Verabschiedung zu ihren Fahrzeugen u. verstauten die Einkäufe jeweils im Kofferraum.
18:26 verließen beide Fahrzeuge den Raststättenkomplex.

„Rrrrrrrrrrring ..." Angelika fährt zusammen, sie hat sich noch nicht an das Klingel-Geräusch des neuen, knallroten Telefons gewöhnt. Wie stolz hat Olaf es auf dem Garderobentischchen platziert. „König", meldet sie sich mit ihrem Namen statt des allgemein üblichen „Ja bitte"? – „Angel, ich bin's ... Hör gut zu ..." In aller Kürze lässt Olaf Angelika wissen, dass er nicht zurückkommen wird von seiner Bayern-Reise und dass ein Brief an sie unterwegs ist. Angelika hört wie versteinert seine Worte: „Das wird alles glattgehen, wirst sehen. Ihr kommt nach. Mach dir keine Sorgen, lies meinen Brief, ich kümmere mich ..." Angelika stiert sekundenlang verständnislos vor sich hin. Sie ringt nach Luft und will gerade etwas antworten, da hat Olaf bereits aufgelegt.

Jeden Tag schaut sie in den Briefkasten und einige Tage später findet sie den Brief mit der ihr gut bekannten Handschrift. Der Boden scheint unter ihr zu wanken, als sie den Umschlag aufreißt. Ihr Mund wird trocken, ihr Puls pocht, während sie die Zeilen liest.

Liebe Angelika,

diesen Brief schicke ich sofort mit Eilpost los. Ich möchte nicht, dass Du dir unnötig Sorgen machst bzw. länger im Ungewissen hängst. Auch wenn wir in letzter Zeit bisschen Zoff hatten, gibt es für mich keine andere Frau. Ich möchte Dir

kurz Bescheid geben, wie ich mir alles weiter vorstelle. Als erstes sollst du wissen, dass ich hier alles so gut wie möglich dafür vorbereiten will, dass Du mit den Mädels bald nachkommen kannst. Wir können dann hier ein freies und ruhiges Leben führen. Sobald alles geklärt ist, müssen wir uns sofort in Prag treffen. Ich rechne, dass das in ein paar Wochen klappen wird. Ich möchte Euch alle bald sehen. Liebe Angelika, mach es mir nicht schwer, halte zu mir, sei lieb und tapfer. Wir werden es uns, sobald Du da bist, mit den Kindern hier schön machen. Es ist für uns nochmal eine Prüfung, aber es kann alles nur schöner werden... Finanziell werde ich Dich in der Zeit bis dahin versorgen, sodass Du keine Probleme hast.
Ich warte dringend auf Post von Dir, schreibe bitte bald an die Adresse auf dem Absender. Ich brauche jetzt ein paar liebe Worte von Dir. Du lässt mich doch nicht im Stich?...

Dein Olaf

Angelika schnappt nach Luft und fragt sich: Was soll das alles? Völlig absurd, anzunehmen, dass ich mich auf so etwas einlassen würde: Er ist im Westen und ich hab hier abzuwarten! Was, Olaf braucht jetzt ein paar liebe Worte von mir? Wann hat er jemals nach meinen Bedürfnissen gefragt? Und nun soll ich schön hier hockenbleiben und mich um die Kinder kümmern, Repressalien und Verhöre der Staatssicherheit erdulden und darauf warten, dass vielleicht irgendwann in ferner Zukunft meine Ausreise genehmigt wird ... Nein!

Angelikas Vertrauen ist endgültig hinüber. Gleich morgen wird sie Barbara fragen, wie deren Schwester es mit ihrer Scheidung angestellt hat. Das muss jetzt endlich einmal vorwärts gehen!

Am selben Abend – Angelika hat den Mädchen gerade Gute Nacht gesagt und sitzt entspannt mit einem Glas Wein vor dem Fernseher. Hm, da wird Olaf also im Westen bleiben ... Angelika beginnt sich das Leben ohne ihren Mann auszumalen und bemerkt, wie sehr ihr der Gedanke gefällt. Da hört sie plötzlich ein Geräusch an der Wohnungstüre. Was ist das? Sie fährt im Sessel hoch, hält den Atem an und lauscht. Olaf kommt nach Hause – das darf doch nicht wahr sein! Wieso kommt er jetzt zurück? Woher der Sinneswandel? Angelika riecht Olafs Alkoholfahne bis ins Wohnzimmer. Ohne sie eines Blickes zu würdigen, wankt er in sein Bett, um seinen Rausch auszuschlafen. Angelika lässt sich mit einem Prusten in den Sessel zurückfallen. Schade, denkt sie. Wäre er nicht zurückgekommen, ich hätte ihm sicher nicht nachgetrauert.

Gehen oder Bleiben? Leipzig, September 1989

„Ich habe einen Ausreiseantrag gestellt, Geli." Angelikas treue Freundin Ricky ist am Telefon. „So lange schon wollte ich das tun, aber immer waren Skrupel und alle möglichen Bedenken stärker. Jetzt ist Schluss damit. Ich habe es einfach gründlich satt hier, diese Bevormundung, dieses Eingesperrt-Sein, diese ewige Mangelwirtschaft. Ich will nur noch raus!"

Angelika schluckt und muss sich hinsetzen, bevor sie antwortet: „Tja, Ricky, also verstehen kann ich dich – du hast keine Familie, deine Mutti ist tot und dein Vater ist mit der neuen Frau gut versorgt. Naja, es kann ja nun dauern. Hast du im Betrieb schon was gemerkt deswegen?" – „Was glaubst du denn? Postwendend war die Stasi bei mir und hat mich verhört. Monatlich muss ich mich jetzt bei denen melden. In der Werbeabteilung darf ich nicht mehr arbeiten, sie haben mich in die Materialwirtschaft versetzt. Na toll. Aber egal, irgendwann kann ich hoffentlich weg."

Angelika sitzt nach diesem Gespräch noch lange reglos da und starrt vor sich hin. Traurig denkt sie: Ricky geht einfach. Wir waren doch so gute Freundinnen. Es ist, als ob sie mich im Stich lässt, es tut weh.

Einige Tage später bespricht Angelika die Sache mit Barbara. Die bestätigt sofort: „Na klar ist das schmerzlich, wenn in deinem Umfeld dauernd Leute damit rausrücken, dass sie weggehen wollen! Das macht einen fertig. Glaub nicht, dass wir nicht auch zu Hause schon die Ausreise diskutiert haben. Gestritten haben wir! Aber die Großeltern, die Freunde, das Haus, der Garten ..., so vieles hält uns hier." – „Ganz genau. Na, ich könnte mit Olaf einen solchen Schritt ohnehin nicht gehen. Dazu muss man ein gutes Team sein ..." Angelika hebt die Schultern. Barbara fügt hinzu: „Weißt du, was mein Mann immer sagt: Alle können einfach nicht weggehen. Ein paar vernünftige Leute müssen hierbleiben und dafür sorgen, dass sich was ändert. Oder soll hier irgendwann der Letzte das Licht ausmachen?"

Am Abend klingelt das Telefon, Angelika ist mit den Kindern im Bad und hört es nur zufällig. Schnell rennt sie ins Wohnzimmer und nimmt ab. „Hallo Geli, hörst du's ...?" – „Was denn, Vati?", fragt Angelika ungeduldig. „Ich will gerade die Kinder ins Bett bringen, jetzt rück schon heraus damit." Sie hört, wie ihr Vater seiner Frau zuruft, sie solle noch lauter stellen. „Jetzt musst du es doch hören, Geli! Na? Das sind Nachrichten von *RTL* – wir haben ab sofort Westfernsehen, ob du es glaubst oder nicht ...! Heute war der Monteur da und hat die riesige Satellitenschüssel installiert, prima, sage ich dir! Naja, gekostet hat es etwa so viel wie ein neues Auto, aber das ist es mir wert, gerade in diesen Zeiten, wo sich so viel bewegt ..." – „Und wie hat der Monteur das angestellt? Solche Technik kriegt man doch hier im Osten gar nicht." – „Das ist ja das Geniale: Der findige Kerl, ein Patient von mir, hat die Schüssel selbst gebaut, mit Glasfasermatten und Spezialkleber und sich irgendwoher den Rest besorgen können, was man so an Technik braucht. Keine Ahnung, wie er das gemacht hat, vieles ist *Marke Eigenbau* – aber jedenfalls funktioniert es. Ich bin begeistert, du!"

Angelika hört aus dem Bad ein Geschrei, das Unheil verheißt. „Vati, ich freu mich sehr für dich, aber ich muss jetzt meine Monster aus der Badewanne holen. Drück Mutti!"

Elisabeth schaut ihre Mutter fragend an: „Was hatte denn der Opi Wichtiges zu erzählen?" – „Tja, der war völlig aus dem Häuschen, weil er endlich Westfernsehen empfangen kann. Zwar kein *ARD* und *ZDF*, aber immerhin ... Was hat er nicht alles angestellt in der Vergangenheit, mit immer größeren Antennen auf dem Dach, nie hatte er Erfolg – jetzt ist er richtig glücklich."

Wendeherbst

Leipzig, August 1989

„Pack dir genug zum Lesen in deinen Rucksack, Elli, wir bringen Clara morgen zur Olaf-Oma nach Tauchnitz. Dann geht's ab nach Ungarn." Noch zwei Wochen Sommerferien. Angelika nimmt Clara auf den Arm und schultert zwei Umhängetaschen voller Schuhe, um sie nach unten zum Auto zu bringen. Elisabeth springt auf dem Bürgersteig aufgeregt zwischen den Gepäckstücken umher: „Kann ich mein Schwimmkrokodil mitnehmen? Wir baden doch sicher in dem Thermalbad, von dem du erzählt hast, Mutti! Und meine Miezekatze muss auch mit und meine Kuscheldecke."

Olaf raunzt die Kleine an: „Geh jetzt mal aus dem Weg, sonst werden wir nie fertig mit dem Packen. Diese ewige Beutelwirtschaft hier, das regt mich auf. Warum kann das nicht zusammengepackt werden?" Angelika nimmt Elisabeth bei der Hand und steigt mit ihren Mädchen die vier Treppen zur Wohnung hoch. „Was hat er schon wieder, warum muss er immer so rumschnauzen, Mutti?" Angelika schluckt. „Tja, so ist er halt, das kennen wir doch, Elli. Er weiß, wie man packt, alle anderen haben keinen blassen Schimmer davon. Wollen wir froh sein, dass er überhaupt mit uns unternimmt …"

Schließlich sitzen sie zu dritt im Lada. Olaf hat akribisch aufgepasst, dass für die Campingausrüstung seines Schwiegervaters noch genügend Platz bleibt, nachdem sie Clara in Tauchnitz bei seiner Mutter abgegeben haben. Mit einem selbstgefälligen Grinsen stopft er die Zeltsäcke neben die Koffer, schichtet Luftmatratzen, Decken, Kissen und Schlafsäcke auf dem Rücksitz, verstaut das Kochzubehör im Fußraum. Triumphierend begutachtet er sein Werk: „Siehste, so geht das, wenn man richtig plant, alles tippitoppi …"

Ohne Kommentar sammelt Angelika die um das Auto verstreuten Schuhe auf, die Olaf kurzerhand hinausgeworfen hatte, sie finden alle Platz in den vielen verbliebenen

Hohlräumen. Olafs Schuhe hätte ich liegenlassen sollen, verdient hätte er es ja! Angelika wirft ihren Eltern, die vom Hauseingang aus zugesehen haben, einen vielsagenden Blick zu und verdreht dabei die Augen. Hannelore lächelt ein wenig bitter und kaut an ihren Lippen herum. Angelika tut es gut, dass sie nichts weiter sagt.

Ernst macht einen Schritt auf das Auto zu und streichelt beinahe zärtlich über das Dach seines früheren Fahrzeugs, während in der Garage sein ganzer Stolz prangt, der neue Lada 2107.

Die Autofahrt nach Ungarn ist lang, Angelika verspürt unterwegs wenig Lust, mit Olaf zu reden. Elli schläft hinten friedlich, Angelika schaut aus dem Fenster in die slowakische Hügellandschaft. Irgendwann fallen ihr eine Unmenge von ostdeutschen Autos mit Campinganhängern auf. Sie kann sich keinen Reim darauf machen, mag Olaf aber nicht darauf ansprechen. Der hat schon wieder mal Grund zum Schimpfen: „Man kommt ja nicht vorwärts wegen dieser Gespanne, zum Kotzen! Wie die Schnecken sind die unterwegs, zum Überholen ist kaum Gelegenheit!“ Angelikas Hand wandert nach hinten zu Elisabeth, die ist inzwischen wach geworden und drückt verschwörerisch die Hand ihrer Mutter.

Ungarn, Donauknie, August 1989

Viel später als geplant erreicht die Familie ihr Ziel. Das Zelt wird auf dem Campingplatz oberhalb des Donauknies aufgebaut, der Grill installiert, Olaf hat sein Bier und ist wieder friedlich. Elli verkriecht sich mit einem Buch im Zelt, Angelika geht ein paar Schritte bis zum Flussufer und lockert kreisend ihre verspannten Schultern. Die untergehende Augustsonne spiegelt sich golden in der Donau, als wolle sie Angelika trösten: Mach das Beste draus und lass dir nicht alles gefallen.

Der Tag im nahen Thermalbad neigt sich dem Ende, Angelika packt die Badesachen zusammen, Olaf rollt die Decke ein. Angelika wird unruhig. „Wo ist denn nur der Chip für das Schließfach hin?“ Olaf mustert seine Frau mit einem lauernden Blick: „Der muss doch zu finden sein!“ Seine Stimme klingt schon etwas angehoben, bei Angelika beginnt ein Warnlicht aufzuleuchten, völlig kopflos stammelt sie: „Ich habe ihn an den Badeanzug-Träger gebunden, ich muss ihn im Wasser verloren haben, ich geh schnell zum Bademeister, vielleicht weiß der Rat ...“ Olafs Gesicht verfärbt sich, er tobt und beschimpft seine Frau übel. Plötzlich meldet sich Elisabeth zu Wort, sie will etwas sagen. Olaf funkelt sie böse an: „Das Frollein hält gefälligst die Klappe, verstanden?“ Elli beginnt zu weinen und Angelika, die schon auf dem Sprung zum Bademeister war, macht auf dem Absatz kehrt. Sie nimmt die Kleine in den Arm, da schluchzt Elli ihrer Mutter ins Ohr: „Ich wollte doch nur sagen, dass der Chip bei dir hinten auf dem Rücken hängt, das kannst du ja nicht sehen ...“

Jetzt ist es genug. Angelika saust mit Elisabeth an der Hand in die Umkleidekabine, ohne Olaf eines Blickes zu würdigen. Bis zum Einschlafen spricht sie kein Wort mehr mit ihm.

Am nächsten Morgen: Schweigen am Frühstückstisch, genug Zeit für Angelika, sich die passenden Worte zurechtzulegen. Nach dem letzten Happen Butter-Kipfli knallt sie ihren Kaffeebecher mit Nachdruck auf den wackligen

Campingtisch und eröffnet ihrem Mann: „Ich mache heute mit Elli eine Bootsfahrt zur Abtei in Esztergom. Was du anstellst, ist mir egal!" Olaf schweigt und starrt stoisch geradeaus. Angelika jedoch schnappt sich ihren Rucksack und Elli, Mutter und Tochter machen sich auf zur Bootsanlegestelle.

„Mutti, lies mir mal das Schild dort vor. Wie wird das ausgesprochen?" – „Das ist aber jetzt nicht schwer: *Hajoallomaasch*, das heißt so viel wie Schiffsbahnhof. Da gibt es noch viel verrücktere ungarische Wörter."

In der Schlange am Schiffsanleger bemerkt Angelika eine Gruppe deutscher Touristen, die sich unangenehm laut unterhalten und den Steg verstopfen, als die Abfertigung beginnt. Och, diese Reisegruppen ..., ich weiß, warum ich sie so liebe – die benehmen sich immer, als gehöre ihnen die ganze Welt, laut, auffällig, rücksichtslos. Angelika hält Ausschau nach einem Sitzplatz auf dem Schiff, es ist bereits gut besetzt. Mist, jetzt müssen wir auch noch direkt neben dieser Gruppe sitzen. Und keine Ohrenstöpsel im Gepäck.

Unwillkürlich hört Angelika der aufgeregten Unterhaltung der Mitreisenden ein wenig zu. Gerade will sie sich abwenden, weil ihr das Lauschen peinlich ist, da hört sie die Gruppe von Sopron und der Grenze zu Österreich sprechen. Sie tippt dem Wortführer mit dem roten Hütchen zaghaft auf die Schulter und fragt, was denn passiert sei. „Ja, hören Sie denn keine Nachrichten? Wissen Sie gar nichts?" Der Mann schaut Angelika entgeistert an. „Gestern haben die Ungarn an der Grenze bei Sopron am Neusiedler See ein *paneuropäisches Picknick*, wie sie es nannten, veranstaltet. Ein richtiges Volksfest, mit Grillen, Wein und Musik. Ungarische Oppositionelle hatten wohl dazu die Initiative dazu ergriffen und eingeladen. Und dann hat der ungarische

Außenminister den Grenzzaun zu Österreich geöffnet! Hunderte sind hinübergelaufen, völlig unbehelligt. Dass Sie das nicht wissen ..."

Angelika ist sprachlos. Sie beschwichtigt kurz Elli, die ungeduldig an Jacke ihrer Mutter zerrt: „Was ist denn los, Mutti?" Angelika erklärt dem Hütchen-Mann: „Wir sind auf dem Campingplatz, haben seit Tagen kein Radio angeschaltet. Jetzt verstehe ich, deshalb also die vielen deutschen Wohnwagen überall. Viele müssen das mit der Grenze vorher gewusst haben, oder?" Der Mann bestätigt: „Ja, auch Nachbarn aus unserem Ort sind mit zwei Kindern im Trabi nach Sopron losgefahren, keine Ahnung, woher die das wussten mit dem Picknick. Uns haben sie vorher kein Sterbenswörtchen verraten." Die Frau an seiner Seite nickt eifrig: „Ja, genau – obwohl wir immer ihre Blumen gießen. Und inzwischen sollen sie bereits in Bayern sein, das haben wir von Freunden aus unserem Ort gehört." Ihr Mann weiß noch etwas: „Überall um Sopron herum stehen herrenlose DDR-Autos an den Straßen, die Leute konnten ja nur zu Fuß rüber ... Das ist alles nicht zu fassen oder was sagen Sie? Kriegt der *Eiserne Vorhang* langsam Löcher?"

Angelika muss erst einmal durchatmen, fast ist ihr ein wenig schwindlig. Sie nimmt Elli auf den Schoß und starrt eine Weile versunken auf die Wasseroberfläche der mächtigen Donau. Ihre Gedanken wirbeln wild durcheinander, sie fragt sich wieder und wieder: Wie konnte es dazu kommen, dass die Grenze geöffnet wird? Was bedeutet das? Wie wird es nun weitergehen?

Elisabeth stupst ihre Mutter plötzlich unsanft in die Rippen: „Da, guck mal, Mutti, das große Schloss dort oben oder was das ist, wie heißt das?" Wie aus einem Traum fährt

Angelika auf und streckt ihren Nacken: „Was hast du gesagt? Ach so, nein, das ist kein Schloss – das ist die Basilika von Esztergom, eine große Kirche und ein wichtiger Ort für die Christen in Ungarn. Wir steigen gleich da hoch, wirst sehen …“ – „Aber du hast mir immer noch nicht gesagt, was die Leute auf dem Schiff erzählt haben.“ Langsam und in einfachen Worten schildert Angelika ihrer Tochter, was sich da an der Grenze zwischen Ungarn und Österreich, zwischen Diktatur und freier Welt ereignet hat. „Mutti, ich verstehe ganz vieles nicht? Warum musste diese Grenze überhaupt immer zu sein, warum darf man in so viele Länder nicht reisen?“ – „Du, heute versteh ich selbst eine Menge nicht … Wir steigen jetzt aus, komm, nichts liegenlassen!“

In Esztergom angelangt, erklimmen Mutter und Tochter das Hochufer und schauen hinab ins Donautal. Angenehm kühlend weht der Wind herauf, es riecht nach Kräutern. Angelika sucht einen geeigneten Platz im Schatten der Kathedrale und holt die Trinkflasche und zwei Pfirsiche aus dem Rucksack. „Komm her, Elli-Maus, wir machen eine Pause.“ Elisabeth setzt sich neben ihre Mutter und kuschelt sich an sie. „Es ist so schön und friedlich hier, Mutti. Gehen wir jetzt noch die große Kirche ansehen? Ich will da unbedingt rein!“

Zurück auf dem Campingplatz schluckt Angelika ihren Groll kurz entschlossen hinunter und berichtet Olaf alles Erlebte. „Das ist ja ein Riesending! Da war wirklich die Grenze offen? Und jetzt – ist sie wieder zu?“ – „Das weiß ich gar nicht, Olaf, es war alles so aufregend, was die Leute erzählt haben, da habe ich gar nicht weiter nachgefragt. Ich war wie erschlagen von dieser Story …“ Olaf versteht und macht sich auf dem Campingplatz auf die Suche nach Deutschen, die ein Kofferradio dabeihaben.

Leipzig, September 1989

Im Westfernsehen sieht Angelika spätabends eine ausführliche Reportage über die vielen Hundert Flüchtlinge in der Prager BRD-Botschaft, die ihre Ausreise aus der DDR erzwingen wollen. Wie mutig diese Leute sind, was die alles auf sich nehmen! Wenn man doch auch einfach gehen könnte ..., denkt sie mit einem Seufzen. Sie schaut noch einmal zu den Kindern, dann schleicht sie ins Schlafzimmer, wo Olaf schon lange vor sich hin schnarcht.

An einem Montagabend Mitte September klingelt das Telefon: „Hi, hier spricht Lutz Rossmann aus Washington." – „Was? Du bist es, Lutz? Wo steckst du denn", fragt Angelika verdutzt. „Na, in Washington, sag ich doch. Sagt mal, ist das wirklich wahr, was die Medien berichten? Gehen da bei euch in Leipzig jetzt wirklich Menschen auf die Straße? Ich werde hier von allen Seiten bestürmt, von Deutschen und Amerikanern, weil ich Kontakte in den Osten habe. Erzählt doch mal! Ich übersetze das dann einem Journalisten hier in Washington, wenn ihr einverstanden seid." – „Ja, machen wir natürlich gerne! Hm, was meinst du, die Stasi wird sicher mithören, aber für die ist das ja alles nix Neues, haha!"

Angelika schaudert vor Aufregung, sie sammelt sich nur mit Mühe und winkt schnell Olaf heran. Sowas Tolles aber auch, plötzlich einen Anruf aus den USA zu erhalten, einfach unglaublich! Angelika versucht sich zu konzentrieren: „Also, angefangen hat es zur Leipziger Frühjahrsmesse in diesem Jahr. Es war schon immer so, dass während der Messe die Fernsehleute aus dem Westen jederzeit Aufnahmen in der Stadt machen konnten. Das haben sie nun auch montags an der Nikolaikirche nach dem Friedensgebet getan, da treffen sich seit dem Herbst schon regelmäßig Ausreisewillige. So kam es dazu, dass vor laufenden ARD- oder ZDF-Kameras Demonstranten von Stasileuten in Zivil gewaltsam angegriffen und Transparente heruntergerissen wurden – die ganze Welt konnte das sehen. Das hat die Demos erst recht befeuert und es wurden jede Woche mehr Teilnehmer." Lutz Rossmann stößt ein „Wahnsinn, unglaublich!" aus. „Aber sprich weiter, Angelika!"

Jetzt nimmt Olaf den Telefonhörer in die Hand: „Ich habe zwei Kollegen, die einen Ausreiseantrag laufen haben. Die waren schon ein paarmal dort, an der Nikolaikirche. Von einer Unmenge Polizisten um den Platz vor der Kirche herum haben sie erzählt und dass sie mit ansehen mussten, wie die Polizei wahllos friedliche Demonstranten verhaftet hat. Vorher wurden ihnen Spruchbänder entrissen und Plakate zerstört. Also, ich selbst war noch nicht da, das ist mir einfach zu gefährlich!" Lutz atmet deutlich hörbar aus. „Das ist ja unfassbar! Welchen Mut diese Leute aufbringen, was sie alles riskieren ... Ich muss unbedingt versuchen, Kontakt zu einem der Pfarrer in Leipzig zu kriegen. Darf ich euch wieder anrufen?" – „Ja, klar, natürlich, jederzeit!" Angelika und Olaf antworten beinahe gleichzeitig.

Lutz Rossmann ruft von jetzt an jeden Montagabend aus den USA an und will wissen, was es Neues bei den Demos gegeben hat. Sprechchöre, Spruchbänder, Transparente, gewaltsame Polizeieinsätze oder nicht ... Sofort im Anschluss übersetzt er das Gehörte einem amerikanischen Fernseh-Journalisten vom Sender *BCA*.

Im Kindergarten bittet Barbara die Erzieherinnen, am nächsten Tag zehn Minuten früher zum Dienst zu kommen, sie möchte vor der Morgenandacht noch etwas besprechen.

Mit ernstem Gesicht beginnt sie: „Gestern war eine Dienstberatung der Kirchgemeinde. Der Pfarrer hat dabei ausdrücklich davor gewarnt, am Montagabend Kinder alleine zu Hause zu lassen und zur Demo zu gehen, denn es gebe immer wieder willkürliche Verhaftungen. Das sollen wir an die Eltern im Kindergarten weitergeben. Die Zahl der Demonstranten wächst ständig und die Sorge wird größer, dass die DDR-Regierung eine Lösung nach dem Pekinger Vorbild auf dem *Platz des Himmlischen Friedens* ins Kalkül ziehen könnte, hat der Pfarrer gesagt.“

Platz des Himmlischen Friedens – Tote und Verletzte, weil eine friedliche Versammlung gewaltsam geräumt wurde. Alle starren wortlos auf Barbara, jedem ist der Ernst der Situation klar. Bei der anschließenden Morgenandacht ist Angelika mit ihren Gedanken eher auf dem Leipziger Ring um die Altstadt, marschiert im Zug der Demonstranten mit. Sie muss das unbedingt einmal mit eigenen Augen sehen.

Republikgeburtstag Leipzig, 7. Oktober 1989

Es ist der 7. Oktober, Nationalfeiertag und 40. Geburtstag der DDR. Angelika wartet seit Stunden auf Olaf und läuft unruhig in der Wohnung umher. Dann wählt sie die Nummer von Freunden am anderen Ende der Stadt: „Wegen eurer Feier heute Abend: Ich weiß noch gar nicht, ob wir kommen, Olaf ist schon den ganzen Nachmittag weg, hat nichts gesagt ... Keine Ahnung, wo er steckt. Ich bin sauer!“ Am anderen Ende der Leitung hört sie ein unterdrücktes Kichern. „Gib’s zu, ihr hattet wieder mal Zoff, oder? Also, Olaf wollte heute am Nachmittag ins Zentrum und nachsehen, ob eine

Demo stattfindet, das hat er uns gesagt. Wie auch immer, komm einfach erstmal alleine her, nimm dir einfach ein *Schwarztaxi*. Olaf wird schon noch auftauchen."

Angelika bespricht alles mit ihrer großen Tochter, bereitet schnell einen Schnittchenteller für die Mädchen vor. Dann noch die neue Bluse an, ein wenig Make-up ins Gesicht und los.

Spätabends, nachdem sie von der Feier zurück ist und von Olaf immer noch jede Spur fehlt, ruft sie bei der Polizei an und bittet um Auskunft. „Ja, es hat heute Nachmittag Zuführungen in der Innenstadt gegeben, soviel kann ich Ihnen sagen. Morgen wird Ihr Mann aber wieder nach Hause kommen, da können Sie sicher sein." Und wenn er nie wiederkommt ...?, denkt Angelika beim Einschlafen.

Nach dem Frühstück hört sie plötzlich die Wohnungstür zuklappen. Olaf ist zurück, blass und übernächtigt sieht er aus, er wirkt wie unter Schock. Atemlos berichtet er davon, wie er vom Straßenrand weg verhaftet wurde und die Nacht stehend in einem Pferdestall verbringen musste, gemeinsam mit vielen anderen Verängstigten, die nicht selten als Spaziergänger mit Familie im Stadtzentrum unterwegs gewesen waren. „Ich muss was unternehmen – die Bullen waren derartig aggressiv, haben gebrüllt, uns beschimpft und auf uns eingedroschen mit ihren Schlagstöcken ... Wir waren die ganze Nacht über nicht sicher, ob sie uns irgendwann abknallen ...!" Angelika fällt sofort das *Neue Forum* ein: „Du, ich kenne da jemanden, vom Kindergarten, der ist beim *Neuen Forum* engagiert. Das sind doch die richtigen Leute, die hören dir zu." Olaf sucht in den Folgetagen den Kontakt, erzählt einem Engagierten vom *Neuen Forum* seine Geschichte.

Am Montag, dem 9. Oktober, bringen die Eltern mit sorgenvoller Miene am Morgen ihre Kinder in Angelikas Kindergarten. Angst steht ihnen ins Gesicht geschrieben. Was wird heute Abend sein? Wird alles friedlich bleiben bei der Montagsdemo? Oder werden die bewaffneten Kräfte zuschlagen ...? Diese Fragen stellt sich wohl jeder. Die Pressemeldungen in den staatlichen Medien lassen nichts Gutes vermuten. *Notfalls mit der Waffe in der Hand* gedenkt man gegen die *Zusammenrottungen* staatsfeindlicher Elemente, die friedlichen Demonstranten also, vorzugehen, so wird ein Kampfgruppenkommandeur zitiert. Die blutige Niederschlagung der Studentendemo auf dem *Platz des Himmlischen Friedens* in Peking ist allen noch gut im Gedächtnis. Ist es denkbar, dass es in Leipzig zu einem ähnlichen Szenario kommt?

Olaf bleibt am Montagabend daheim und Angelika beschließt, etwas außerhalb der Innenstadt am Friedensgebet in der Michaeliskirche teilzunehmen. Mit der kleinen Clara auf dem Arm betritt sie die bereits völlig überfüllte Kirche, jemand überlässt ihr seinen Sitzplatz und sie nimmt die Kleine auf den Schoß.

Da drängt sich plötzlich ein Mann mit einem Blatt Papier in der Hand durch die Massen und eilt ans Rednerpult. Er verliest den Aufruf zur Gewaltlosigkeit, den die Gruppe um Gewandhauskapellmeister Kurt Masur gemeinsam mit SED-Vertretern in letzter Minute für diesen Abend verfasst hat. Angelika lauscht atemlos dem *Aufruf der Leipziger Sechs*. Er beginnt:

„Unsere gemeinsame Sorge und Verantwortung haben uns heute zusammengeführt. Wir sind von der Entwicklung in unserer Stadt betroffen und suchen nach einer Lösung.

Wir alle brauchen freien Meinungsaustausch über die Weiterführung des Sozialismus in unserem Land ..."

Der Sprecher endet mit: „Wir bitten Sie dringend um Besonnenheit damit der friedliche Dialog möglich wird."
Am späten Abend rufen, wie seit Wochen, die Freunde aus den USA an: „Wie war es heute? Wir sind gespannt!" – „Es ist ein Wunder, es blieb friedlich!" Angelikas Stimme überschlägt sich fast. „Stellt euch vor: Über 70 000 Menschen haben heute auf dem Leipziger Ring unbehelligt für freie Wahlen und Reisefreiheit demonstriert. Polizei und Armee waren zwar massenhaft da, haben aber nicht eingegriffen. Jetzt ist der Bann gebrochen! Hallo, Lutz, bist du noch da?" – „Ja, sorry, ich musste nur kurz verkraften, was du da erzählst. Dann ist es also alles wahr, was die Medien berichten? Einfach nur unglaublich, ein Wunder, genau! Ihr seid Helden, ihr Leipziger!"

Angelika hat feuchte Augen bekommen und schluckt. „Na, ihr wisst ja, wie die Sachsen so sind." – „Oh bitte, Geli, sag es nochmal, wir hören es gar zu gerne!" – „O.k., dann also – frei nach der Mundartdichterin Lene Voigt: Dor Sachse is helle, heeflich und heemtücksch!"

Eine Woche später geht Olaf abends zur Montagsdemo und kommt mit leuchtenden Augen zurück. „Gigantisch, sage ich dir, Angel. Solche Massen von Menschen, das ist einfach phantastisch. Die Kommunisten haben ausgespielt, glaube ich ..." Angelika lächelt ihren Mann an. Er hat sie wirklich *Angel* genannt. Das hat sie seit Ewigkeiten nicht mehr von ihm gehört.

Als später der Anruf aus den USA kommt, hat Olaf viel zu erzählen: „Ihr müsst euch das so vorstellen: In der Nikolaikirche läuft das Friedensgebet, der Platz vor der Kirche und die Straße bis zum Augustusplatz sind mit Menschen übersät, dicht an dicht stehen sie. Dann hört man Glockengeläut, also ist das Friedensgebet beendet. Hunderte strömen aus der Kirche auf den Nikolaikirchhof, wo aber kein Platz ist. Da hört man Rufe: Loslaufen, loslaufen! Und dann, ganz langsam und träge zunächst, setzt sich der Menschenzug zum Augustusplatz hin in Bewegung, erreicht den Ring, passiert den Hauptbahnhof, marschiert um die komplette Innenstadt. Sprechchöre erklingen, Transparente werden hochgehalten, viele haben Kerzen dabei. Alles friedlich und in gelassener Stimmung, fast schon in Feierlaune! So etwas Tolles hab ich noch nie erlebt und hätte ich auch nie für möglich gehalten!“ Olaf schüttelt wie ungläubig den Kopf und lehnt sich gegen die Wand am Telefontischchen.

Jetzt kann Angelika nicht mehr länger warten, sie muss eine Montagsdemo mit eigenen Augen sehen. „Olaf, am nächsten Montag musst du abends bei den Kindern bleiben, wirklich! Ich will auch endlich mal zur Demo gehen, du hast es ja schon gesehen.“

Es regnet in Strömen am Montagabend, Angelika holt ihren *Ostfriesennerz* aus dem Westen aus dem Schrank, der ist, mit einem dicken Wollpullover drunter, jetzt sehr nützlich. Nach einem kurzen Fußmarsch erreicht sie die Fußgängerbrücke an der *Blechbüchse*, dem *Konsument*-Warenhaus. Schaulustige versperren ihr den Blick auf die darunterliegende Straße, Regenschirme sind im Weg, sie reckt ungeduldig den Hals. Endlich tut sich eine Lücke auf, Angelika schlüpft hindurch. Wie angewurzelt bleibt sie stehen, krallt sich am Geländer fest und glaubt ihren Augen nicht zu trauen: Unter ihr schiebt sich eine riesige Menschenmenge entlang, über die Breite aller Fahrbahnspuren einschließlich der Straßenbahnspuren in der Mitte laufen Leute in gemessenem Tempo über den Ring, der die Innenstadt umschließt. Viele tragen Kerzen in den Händen, keiner scheint den strömenden Regen wahrzunehmen.

Angelika hält inne und schnappt nach Luft, Tränen steigen ihr in die Augen. Es ist also wirklich wahr, das Unglaubliche, das bis vor Kurzem noch völlig Unvorstellbare, denkt sie. Wenn ich doch nur Elisabeth mitgenommen hätte! Die hätte das mit ihren dreizehn Jahren schon verstanden und in ihrem Leben sicher nie wieder vergessen. Voller Triumph denkt Angelika an die Worte ihres Vaters: „Die Deutschen gehen niemals auf die Straße. Und wenn: Da kommen ein paar Russenpanzer und dann rennen sie wie die Hasen ..." Nix da, Vati, die Leipziger haben es den Plauenern in diesem Herbst gleichgetan, ihr Mut war stärker als ihre Angst! Eine Weile schaut Angelika wie gebannt nach unten auf die Masse der Demonstranten, dann wischt sie die Tränen ab, putzt sich die Nase und streckt sich durch. Sie verlässt die Brücke und reiht sich ein in den Demonstrationszug. Um sich herum hört sie jetzt Sprechchöre: *„Wir sind das Volk! " – „Keine Gewalt!" – „ Reiht euch ein!" – „Wir bleiben hier!" – „ Stasi in die Volkswirtschaft!" – „ Visafrei bis Shanghai!"*

Angelika ist mittendrin! In rascher Folge laufen ihr heiße und kalte Schauer über den Rücken, Euphorie und Furcht wechseln sich ab. Ist das alles real, nicht nur ein Traum? Sie blickt nach rechts und links, schaut sich die Leute an. Zwei Männer in Bomberjacken fallen ihr auf, statt einer Kerze hat jeder eine Bierflasche in der Hand, sie grölen die Sprechchöre mit, es klingt allerdings reichlich verwaschen: *„Mirsinndsvollg ..."* Das gibt es also auch. Nicht alle sind hier mit

dem heiligen Ernst der politischen Opposition dabei.
In der Nähe des Stasi-Hauptquartiers, genannt *Runde Ecke*, ergreift Angelika plötzlich eine bange Sorge. Sie blickt sich um. Wenn hier jemand die Nerven verliert und nur ein einziger Stein fliegt – dann wird geschossen, das ist ihre Angst. Sie hat genug gesehen, lieber biegt sie jetzt ab und läuft durch kleine Nebenstraßen zurück nach Hause. In ihrem Kopf wirbeln die Gedanken durcheinander, Euphorie mischt sich mit dumpfer Angst. Da ist etwas ganz, ganz Großes im Gange, denkt sie.

Zu Hause berichtet sie mit leuchtenden Augen. Olaf und Elisabeth, was sie erlebt hat. „Ich muss das den Eltern erzählen, unbedingt! Aber erstmal wird jeden Moment unser Freund Lutz aus Washington anrufen, wie jeden Montag. Mann, dem liefere ich heute eine Menge Stoff für seinen amerikanischen Fernsehjournalisten!"

Olaf nimmt die Kinder mit ins Bad. „Los, wir steigen alle zusammen in die Wanne, da kann Mutti in Ruhe telefonieren." Angelika wundert sich im Stillen. Auch so etwas ist jetzt möglich! Der Wendeherbst macht sogar aus Olaf einen richtig guten Partner, wer hätte das für möglich gehalten.

Mauerfall

Das Wunder

Tauchnitz, Leipzig, 9. November 1989

Im Oktober hatte Hannelore bei Königs angerufen, sie sprach ungewohnt schnell, mit atemloser Stimme sagte sie: „Hört mal, mein Bruder in Bad Pyrmont hat bald 60. Geburtstag und ihr als Verwandte ersten und zweiten Grades hättet die Möglichkeit, dafür eine Westreise zu beantragen. Was haltet ihr davon, wenn wir zusammen mit unserem Auto hinfahren, falls wir das wieder genehmigt kriegen? Ihr müsstet nur ganz schnell die Anträge stellen, die Bearbeitung kann ja bis zu vier Wochen dauern."

Der Plan klingt gut. Olaf und Angelika brauchen keine lange Bedenkzeit, sie leiten alles Nötige in die Wege. Die beiden Mädchen wird Olafs Mutter betreuen, sie reist dafür nach Leipzig an.

Am Morgen des 9. November startet die Familie zu ihrer ersten gemeinsamen Reise gen Westen. Ernst hat den Lada sorgfältig beladen und ausreichend Platz eingeplant, um auf der Rückfahrt Mitgebrachtes aus der BRD, wie etwa Kleidersäcke, noch unterzukriegen. „Ich staune jedes Jahr aufs Neue, dass man uns mit dem Auto fahren lässt, nur aufgrund meines ärztlichen Attests. Wie mühsam es doch wäre, mit der Eisenbahn zu fahren ", sinniert er während der Fahrt. „Die Tauchnitzer meinen sicher, ich wäre mit der Stasi im Bunde ..." Ernst grinst seiner Frau zu, die gerade Äpfel für alle zerteilt. Geli späht nach vorn auf den Schoß ihrer Mutter. Ja, wirklich, sie hat es dabei – da liegt das kleine Reißverschluss-Etui mit dem feuchten Waschlappen! Ach, Mutti, lächelt Geli in sich hinein.

„Gegen Mittag werden wir an der innerdeutschen Grenze sein", schätzt Ernst ein. „Dann machen wir eine längere Rast." – „Genau, in der Kühltasche zwischen euch beiden sind die belegten Brote, Geli, die kannst du nachher rausholen. Die Thermosflasche mit dem Kaffee hab ich hier vorn." Hannelore hat alles bestens vorbereitet.

Das Auto rollt in die Grenzstation Helmstedt-Marienborn, alle haben bereits ihre Papiere gezückt, da weist ein Uniformierter Ernst in eine Seitenspur am rechten Fahrbahnrand ein und bedeutet ihm, hier zu warten. Ernst stößt genervt die Luft durch die Nase: „Was soll das? So was hab ich ja noch nie erlebt ..." Bedrückt schweigen alle vor sich hin. Nach einer Weile tritt ein Grenzer ans Auto, verlangt alle Papiere und entschwindet damit in der Abfertigungsbaracke.

Geli schaut verstohlen aus dem Seitenfenster. Trist und öde sieht es da draußen aus, die Grenzbeamten sind allesamt mit finsteren, mürrischen Gesichtern unterwegs. In einiger Entfernung sieht Geli zwei von ihnen mit Schäferhunden an der Leine entlanglaufen, sie biegen zu einem anderen Gebäudeteil ab. Zwei Beamten schieben jetzt einen auf Rädern befestigte Spiegel unter den Wagen der Findeisens, keiner spricht ein Wort mit den Insassen oder würdigt sie auch nur eines Blickes. Geli bleibt fast das Herz stehen. „Vati, was suchen die denn bei uns?", zischt sie, Ernst aber bleibt schweigsam. Wie bedrückend ist diese Situation, wie ausgeliefert fühlt man sich dabei! Geli wird fast ein wenig übel, außerdem knurrt ihr Magen.

Der Beamte kommt mit den Papieren zurück, händigt sie Ernst aber nicht aus. Stattdessen bittet ein anderer Beamter ihn, den Kofferraum zu öffnen. Hannelore dreht sich zur Rückbank um und verdreht die Augen. „Hoffentlich räumen die jetzt nicht alles aus“, stöhnt sie. „Psst!“, macht Geli. „Alles bestimmt nur ’ne Stichprobe, damit sie irgendwo ein Häkchen setzen können ...“, murmelt Olaf, als Ernst wieder im Auto sitzt. Ernst wirft wortlos Hannelore die Papiere auf den Schoß und startet das Auto.

Es dauert geraume Zeit, bis Ernst die Sprache wiederfindet: „Ist das ein Skandal, wie man sich behandeln lassen muss! Ohne die geringste Erklärung, die blanke Willkür ..., nicht zu fassen!“ Hannelore legt ihrem Mann die Hand auf den Arm: „Reg dich bitte nicht so auf, Ernst, das ist nicht gut für deinen Blutdruck!“

Erst am Spätnachmittag treffen Angelika, Olaf und die Eltern Findeisen in Hannover ein. Sie haben hier zwei Zwischenübernachtungen bei Hannelores Freundin aus Jugendzeiten geplant. Die Frauen haben sich viel zu erzählen, deshalb brechen Angelika und Olaf alleine zu einem Stadtbummel auf. Die Gastgeberin hat einen Tipp: „Geht in die neuerbaute *Passarelle* im Zentrum, die ist sehr schön geworden, da haben viele Geschäfte eröffnet.“

Angelika und Olaf schlendern vom Hauptbahnhof die bunt erleuchtete Fußgängerzone entlang und stehen vor einem Eisstand. „Los Olaf, du hast doch noch ein paar Münzen von deiner letzten Westreise, für zwei Kugeln wird es sicher reichen – ich will Stracciatella!“ Olaf nimmt Zitrone, danach steuert er einen Drogeriemarkt an: „Hier soll es Kleber geben, der in Sekundenschnelle aushärtet ...“

Angelika verschlägt es den Atem wie auf ihrer ersten Westreise vor über einem Jahr, dieser Drogeriemarkt ist gigantisch groß und das Angebot so überwältigend, dass sie nicht weiß, wo sie zuerst hinschauen soll. „Schau mal, hier gibt es gebogene Babynagelscheren mit abgerundeter Spitze, so was könnte ich für die zappelige Clara gut brauchen!" Olaf biegt in die Werkzeugabteilung ab und taucht nach einer Weile mit strahlenden Augen wieder auf. Er hält Geli ein fremdartiges Teil entgegen: „Das ist eine Ratsche, ein verstellbarer Schraubenschlüssel, den man nicht immer absetzen muss, wunderbar! Uns armen DDR-Bürgern ist das natürlich eher unbekannt!"

Die beiden streunen weiter durch den Markt, bestaunen die CDs in der Musikabteilung, Kinderkleidung, Spielzeug, Kosmetik und Reinigungsmittel bis plötzlich eine Durchsage ertönt: „Sehr geehrte Kunden, wir weisen Sie darauf hin, dass wir in 15 Minuten unseren Markt schließen. Wir bedanken uns für Ihren Einkauf und wünschen Ihnen noch einen angenehmen Abend!"

Geli schrickt zusammen und zieht Olaf energisch von dem Regal mit den Rasierapparaten weg: „Mensch, so lange waren wir jetzt hier drin? Die warten doch sicher mit dem Essen auf uns, das ist vielleicht peinlich ..." Im Laufschritt eilen sie zur Straßenbahn.

Die Gastgeberin öffnet Angelika und Olaf mit hochroten Wangen die Haustür, in ihren Fingern knetet sie ein Taschentuch: „Kommt ganz schnell rein, vor den Fernseher! Den ganzen Abend läuft schon eine Sondersendung über eine neuen Reiseregelung zwischen Ost- und Westdeutschland. Jetzt berichten sie gerade von Berliner Grenzübergängen – dort haben sich auf der Ostseite wohl richtige Menschenmassen versammelt!"

Im Wohnzimmer verfolgen alle mit angehaltenem Atem die Fernsehbilder vom frühen Abend, von Menschentrauben am Berliner Grenzübergang Bornholmer Straße. Sprechchöre ertönen: „Aufmachen, aufmachen!", Grenzsoldaten blicken wie versteinert mit ausdruckslosen Minen drein. Nur wenig später die Sensation – der Schlagbaum an der Bornholmer Straße fällt! Die Journalisten halten atemberaubende Bilder fest: Hunderte strömen aus dem Osten über die Bornholmer Brücke in den Westteil der Stadt. „Wahnsinn, Wahnsinn!", so hört man die Begeisterten immer wieder rufen, viele Tränen fließen, Menschen mit strahlenden Gesichtern fallen sich in die Arme. Die Fernsehreporter versuchen, einige Leute zu interviewen, aber viele von ihnen, die gerade die offene Grenze passiert haben, können vor Rührung kaum sprechen.

Auch im Wohnzimmer in Hannover haben alle feuchte Augen. Hannelores schnäuzt sich die Nase und schaut ungläubig in die Runde: „Wieso haben wir heute während der Fahrt hierher nicht ein einziges Mal das Autoradio angeschaltet, Ernst? Wir wussten so ja gar nichts von der neu beschlossenen Reiseregelung und der Pressekonferenz, auf der Schabowski sie bekanntgegeben hat!" Ernst schüttelt immer wieder den Kopf. „Es ist unfassbar, ja, es ist Wahnsinn, nicht zu fassen ...", murmelt er.

Fast vergessen sie alle miteinander das Abendessen, das bereits seit Stunden auf dem Tisch steht. Heute gibt es Wichtigeres – das ist ein historischer Tag! Die Mauer ist offen! Bis in die späten Nachtstunden läuft der Fernseher, keiner hat es eilig, ins Bett zu kommen, während die Berichterstattung immer weiter fortgesetzt wird.

„Was haltet ihr davon, wenn wir heute gemeinsam einen Ausflug nach Celle machen?" Die Gastgeberin reicht beim Frühstück den Brötchenkorb herum und will gerade ihre weitere Tagesplanung vortragen, da meldet sich Ernst mit einer energischen Handbewegung zu Wort: „Bei allem

Verständnis dafür, dass ihr uns was zeigen wollt, aber nehmt es mir nicht übel: Ich will heute vom Fernseher nicht weg! Ich muss das alles weiter verfolgen, was da gestern in Gang gekommen ist und wie das Ausland darauf reagieren wird." – „Also, ich muss Ernst recht geben, das ist dermaßen spannend und aufregend,", pflichtet Hannelore bei, „ich würde auch lieber hierbleiben und fernsehen, wenn es allen recht ist. Man kann wirklich kaum glauben, dass es dauerhaft so bleiben wird mit der offenen Grenze." Die Gastgeber haben volles Verständnis, die Ausflugspläne wollen sie ein anderes Mal verwirklichen.

Die Gastgeberin schaltet die Regionalnachrichten im Radio an. Eben läuft ein Bericht über den Grenzübergang Helmstedt-Marienborn, wo sich gestern Abend, sogar noch früher als in Berlin, Menschen aus der DDR eingefunden hätten, die nur mal gucken wollten, wie das mit der offenen Grenze sei. Inzwischen sei der Grenzübergang, wie viele andere entlang der innerdeutschen Grenze, bereits auch für Pkw geöffnet. Olaf grinst: „Das werden wir dann wohl merken, wenn wir morgen zum Geburtstag weiter nach Bad Pyrmont fahren.

Am nächsten Morgen, dem 11. November, auf der Autofahrt nach Bad Pyrmont hat Olaf das Steuer übernommen. „Schaut mal raus!", ruft er. „Alles voller Ost-Autos, wie sich das seit vorgestern gewandelt hat, kaum zu glauben." Olaf hupt und winkt den Fahrern der Wartburgs, Trabis, Skodas, die alle in Richtung Westen unterwegs sind. Aus den anderen Autos winken glückstrahlende Menschen zurück. Überall Jubel, überschwängliche Freude, ungläubiges Staunen.

Die Feier des 60. Geburtstages von Hannelores Bruder, Chefarzt einer renommierten Klinik in Bad Pyrmont, beginnt am Nachmittag mit einer festlichen Kaffeetafel. Nach Gratulationen, Ansprachen und Grußworten von allerlei Prominenten aus Politik und Medizin gibt es nur ein einziges Thema: Die Grenze ist offen. Ständig läuft der Fernseher, man will auf dem Laufenden sein.

Angelikas Bruder Gerhard und Schwägerin Gabi erzählen nach dem Kaffeetrinken von ihrer Bahnanreise am Vortag. „Wir waren völlig perplex über das Gewühl und die Aufregung am Berliner Bahnhof Friedrichstraße und haben erst einmal gar nichts verstanden“, sagt Gabi. Gerhard ergänzt: „Ja, wir kamen am Vorabend unserer Abfahrt, also am 9., vom Spätdienst aus der Klinik, haben die Sachen für die Geburtstagsreise gepackt, gegessen und sind nach der Tagesschau ins Bett. Die Meldung von der Pressekonferenz mit Schabowski, wo er gesagt hat, die Reisen seien ohne Genehmigung möglich und ab sofort – die haben wir zwar gesehen, aber haben uns keine Gedanken darüber gemacht, was das für Konsequenzen haben könnte.“ Gabi fährt fort: „Dann haben wir gestern unterwegs im Zug gehört, wie die Leute von West-Berlin geschwärmt haben. Wir mussten erstmal nachfragen, was los ist. Und bekamen zur Antwort: ‚Ja, wissen Sie denn nicht, dass seit gestern die Mauer offen ist?‘ Das war wirklich kurios ...“ Gabi schaut mit leuchtenden Augen in die Runde.

Cousin Knut hebt die Cognac-Flasche hoch: „Her mit euren Gläsern, wir sollten noch mal drauf trinken – das ist doch einfach ein Wunder! Was sagst du, Papa? Kein schlechtes Geburtstagsgeschenk, oder?“ Er wendet sich seinem Vater zu, dem Geburtstagskind und Gastgeber, der zustimmend nickt und sich mit beiden Händen über die Augen wischt.

Für Olaf ist bald klar: Die offene Grenze muss er mit eigenen Augen sehen. „Ich will nach Berlin!“, verkündet er am Frühstückstisch. Das können alle verstehen. Geli möchte natürlich mit, sie hat einen Einfall: „Du, da ist doch eine ehemalige Kollegin aus dem Kindergarten, die wohnt jetzt in West-Berlin. Ich habe ihr damals, als sie die Ausreisegenehmigung kriegte, allerhand geholfen mit ihren Habseligkeiten. Vielleicht können wir bei der schlafen? Ich müsste noch irgendwo eine Telefonnummer von ihr haben ...“

Auch Hannelore steuert ein praktisches Detail zum Plan bei: „Wir könnten eure Koffer auf unserer Rückfahrt in Leipzig bei den Nachbarn abgeben, dann müsstet ihr nur das Nötigste mitnehmen. Was meinst du, Ernst?“ Einverstanden.

Freiheit
Berlin, 16. November 1989

Die West-Berliner Freundin zeigt Angelika und Olaf ihr spartanisches Ein-Zimmer-Appartement am nördlichen Berliner Stadtrand. Kahle Wände, kaum Möbel – aber die Küche ist vollständig und es ist warm. „Wir müssen improvisieren, ich hab nur zwei Luftmatratzen für euch – und zum Essen kann ich nur Spaghetti mit Tomatensauce anbieten, als Arbeitslose muss ich sparen.“ Kein Problem, Hauptsache eine Unterkunft in Berlin. Angelika nimmt die Freundin bei den Schultern: „Du, danke, dass wir hier sein dürfen!“ Olaf kämpft mit dem riesigen Berliner Stadtplan: „Wie kommen wir denn von hier ans Brandenburger Tor?“

Einige Male müssen sie umsteigen, die Busfahrer helfen freundlich mit, schließlich stehen die drei bei strahlendem Herbstsonnenschein auf der West-Berliner Seite des Brandenburger Tores. Menschen über Menschen, Übertragungs-

Wagen aller möglicher TV- und Radiosender – man erwartet, dass direkt dort die Mauer geöffnet wird. Olaf will weiter: „Lass uns nach Ost-Berlin rüber, ich muss das einmal selbst erleben, über einen Grenzübergang zu spazieren nach dem Westen!" Das findet Angelika auch spannend. Sie verabschieden sich von der Freundin und laufen über den Checkpoint Charly zum Grenzübergang Friedrichstraße.

„Olaf, guck mal, was die Leute aus dem Westen mitbringen: Klopapier und Großpackungen Glitzi-Schwämme!" – „Na ja, von den 100 D-Mark Begrüßungsgeld ..." Olaf nimmt jetzt Angelikas Hand. „Wir verlieren uns sonst, komm weiter."

Dann der wichtigste Moment: An der Grenzkontrolle auf DDR-Seite stehen zwei Uniformierte – und was tun sie? Sie winken die Menschen einfach durch! Sie haben wohl schon seit Stunden keine Stempelfarbe mehr, um die Ausweise abzustempeln, geben sich geschlagen. Angelika findet, dass sie seltsam teilnahmslos und stoisch dreinschauen, die Beamten. Was mag jetzt in ihnen vorgehen? Angelika spürt ein unbeschreibliches Hochgefühl, einen Triumph in sich. Wir haben es geschafft, jawohl! Nicht ihr seid die Stärkeren, sondern wir sind das! Wir sind das Volk – ihr sperrt uns nicht länger ein, das würde sie ihnen gern zurufen. Übermütig stößt sie ihren Mann in die Seite. „Na du, glaubst du's jetzt? Irre, was?" Fast fühlt es sich so an, als wären sie ein gutes Team.

Bis zum Ku'damm schlagen sich die beiden durch, schlendern da entlang und weiter bis zur Gedächtniskirche, wo es irgendwo auch für sie das Begrüßungsgeld gibt.

Wie aber nach Hause, nach Leipzig kommen? Sie fahren zurück in den Osten und versuchen, in Berlin-Schönefeld in einen bereits völlig überfüllten Zug einzusteigen. Dabei verlieren sie sich jetzt wirklich. Angelika reckt im Gang der Bahn verzweifelt den Kopf, um sich zu versichern, ob Olaf überhaupt mitgekommen ist. Bis nach Leipzig, auf einer ewiglangen Umleitungsstrecke, hat sie darüber keine Klarheit.

Leipzig, 19. März 1990

Montagmorgen nach der ersten freien Volkskammerwahl in der DDR. Der Morgenkreis, die Begrüßungsrunde in Kindergarten, ist gerade zu Ende. Angelika hat ihre *Zwergengruppe* in ihr Gruppenzimmer mitgenommen und will gerade die Tür schließen, da hört sie aufgeregtes Debattieren im Treppenhaus. Sie hält inne und reckt den Hals.

Der Vater, der beim *Neuen Forum* tätig ist, steht im Gespräch mit zwei anderen Elternteilen auf dem Treppenabsatz und gestikuliert erregt. „Dieses Wahlergebnis ist ein Skandal!", stößt er hervor. „Die Leute scheinen völlig vergessen zu haben, wer die Oppositionsbewegung ins Rollen gebracht hat. Das war nun wirklich nicht die CDU! Und die ist jetzt der große Gewinner der Volkskammerwahl, nur weil sie aus dem Westen unterstützt wurde. Dieses Glück hatten die Bürgerrechtler der DDR leider nicht ..."

Bitter lacht der Mann auf und winkt dann resigniert ab. Angelika schrickt zusammen und wird jäh von ihrem Horchposten abberufen. In der Kindergruppe beginnt gerade ein kleines Chaos auszubrechen, die Kleinen haben bereits ihr Frühstück ausgepackt, Brote und Obst fliegen durcheinander, weil noch keine Teller ausgeteilt wurden. Angelika ist noch immer nicht recht bei der Sache, als alle Kinder vor ihren Gedecken sitzen und sie das Tischgebet spricht: *Jedes*

Tierlein hat sein Essen, jedes Blümlein trinkt von dir. Hast auch unser nicht vergessen. Lieber Gott, wir danken dir. Amen.

Diese Wahl ..., wie großartig war es, dass man erstmals wirklich frei und geheim wählen konnte! Dass die CDU-dominierte Allianz einen derart haushohen Sieg davontragen und die Bürgerrechtsbewegung so schlecht abschneiden würde, das hatte jedoch niemand erwartet. Wie sich das in den letzten Monaten gewandelt hatte, unglaublich.

In Angelikas Gedanken reihen sich die Ereignisse aneinander. Im Oktober '89 der Rücktritt Erich Honeckers als *Vorsitzender des Staatsrats der DDR* zugunsten seines Ziehsohnes Egon Krenz, welch eine Farce! Keiner in Angelikas Umfeld traute diesem Mann wirkliche Erneuerung und Transparenz zu. Seit Bundeskanzler Helmut Kohl im Dezember '89 vor der Dresdener Frauenkirche erstmals von der Deutschen Einheit als seinem Ziel sprach, hatte sie beobachtet, wie sich die Rufe bei den Montagsdemos wandelten: Aus *Wir sind das Volk!* wurde immer eindeutiger *Wir sind ein Volk!* Im Eiltempo vollzogen sich die Veränderungen, bereits Anfang Dezember beschlossen die demokratischen Kräfte am *Runden Tisch* Neuwahlen zur Volkskammer.

Ich bin gespannt, wie es heute zur Montagsdemo werden wird, denkt Angelika beim Abräumen des Frühstücks. Lutz Rossmann wird danach wieder alles ganz genau wissen wollen, heute gibt's viel zu erzählen ...

Olaf berichtet abends wie üblich am Telefon den Amerikanern von der Demo: „Heute hat ein Meer von Deutschlandfahnen um den Leipziger Innenstadtring gewogt! Immer wieder erklang das Deutschlandlied und es war wie ein einziges Jubelfest nach dieser eindeutigen Wahl: Der Ruf nach der Einheit Deutschlands ist unüberhörbar." Angelika wendet ein: „Die Bürgerrechtler sind sauer, sie fühlen sich fallengelassen, abgestraft und verkannt." Sie schildert die Debatte im Kindergarten am Morgen. „Ich kenne aber auch viele Leute, die den Bürgerrechtlern Realitätsferne und Konzeptlosigkeit vorwerfen. An einen reformierbaren Sozialismus glauben wohl immer weniger."

Lutz hört aufmerksam zu und bittet um eine Pause, um dem Washingtoner Fernsehjournalisten alles übersetzen zu können. „Ich soll euch fragen, ob ihr euch eine Zusammenarbeit mit einem US-Reporterteam vorstellen könntet", fragt Lutz. Angelika und Olaf schauen sich fragend an. „Sobald es irgend möglich ist, würde der Sender *BCA* gerne direkt aus Leipzig berichten und da wäre es schön, wenn die Leute euch als Anlaufpunkt wüssten."

Angelika bestätigt bereitwillig. Sie muss noch etwas loswerden: „Lutz, ich hab noch einen Splitter von einer der letzten Montagsdemos. Da trug einer ein Plakat mit einer wunderbaren Egon-Krenz-Karikatur: mit einer Schlafhaube auf dem Kopf wie bei Rotkäppchen und einem riesigen Pferdegebiss! Darunter stand in großen Lettern: *Großmutter, warum hast du so große Zähne?* Ist das nicht köstlich? Was sich die Leute alles einfallen lassen, hoffentlich geht sowas nicht verloren." – „Aber sagt mal, eure neue Volkskammer, das ist ja ein recht bunter Haufen, eher eine Art Laienspieltheater, oder?", witzelt Lutz. „Eine solche Ansammlung von Kirchenleuten, und das ist dieser atheistischen DDR? Ist schon kurios ..." Angelika nickt versonnen. „Daran merkt man, dass diese Revolution aus der Kirche kam, frag mal Christian Führer, den Pfarrer von der Nikolaikirche."

Olaf und Angelika wollen mit den Kindern in den Westen, an den Bodensee, wo Rosemarie jetzt eine Eigentumswohnung hat. „Da kann das neue Auto gleich mal zeigen, was es draufhat – wir werden schweben wie auf Wolken mit diesem Schiff!“ Olaf streichelt stolz und fast träumerisch den Gebrauchtwagen. „2 Liter-Motor, das ist einfach was ganz anderes als der Lada, schon das Geräusch … Und dieser große Kofferraum!“ Vollauf zufrieden schließt Olaf die Kofferraumklappe, der Wagen ist beladen, morgen kann es losgehen.

So ganz selbstbestimmt durch den Westen, durch Deutschland, fahren zu können – das ist schon ein erhebendes Gefühl, Angelika sieht aus dem Autofenster und sinniert vor sich hin. An der früheren innerdeutschen Grenze ist ein ehemaliger Wachturm zu sehen, eine gehörige Gänsehaut rieselt über Gelis Rücken und sie denkt: Die werde ich wohl nie mehr los, wenn ich an so einem Punkt vorbeikomme. Was für ein Glück, die Grenze ist Geschichte!

„Guck mal dort, Mutti, da sind richtige Schneeberge!“, ruft Elisabeth plötzlich vom Rücksitz. Ja, schneebedeckte Alpengipfel haben sie alle noch nie gesehen. Olaf entscheidet sich spontan für einen Umweg, um den Schneefeldern näher zu kommen. Mit sonorem Brummen erklimmt das Auto die zahlreichen Serpentinen, die sich in die Höhe schrauben.

Auf einem Parkplatz mit Aussichtsplattform bugsiert Olaf den Wagen in eine Parklücke, die Mädchen hüpfen aus dem Wagen und starten eine zünftige Schneeballschlacht, sie toben nach Herzenslust und haben einen Riesenspaß. „Komm Clara, wir bauen einen Schneemann!“ Elisabeth rollt schnell ein paar größere Kugeln, stapelt sie auf und Clara steckt in die oberste Kugel Steinchen hinein als Augen. Olaf kommt mit einem Stöckchen für die Nase und macht Fotos, während Angelika das Picknick auspackt.

Endlich am Bodensee. Rosemarie kommt mit dem Zwiebelkuchen aus der Küche: „Alle an den Tisch bitte! Begrüßungsessen aus meiner badischen Heimat! Olaf, schenk doch bitte den Wein ein!" Angelika hebt das Glas: „Danke, dass wir hier sein dürfen, Rosi! Auf unser Wiedersehen und ein paar schöne Tage hier, Prost!" Rosi aber will noch etwas loswerden: „Hier kommt mein Lieblingstrinkspruch: Mir sitzed an dem runde Disch und saufed, bis er eckig isch! Jetzad, Proscht!"

Auf der Heimfahrt nach einer Woche gibt es in der Lüneburger Heide ein Wiedersehen mit Familie Rossmann, die aus den USA gerade auf Heimaturlaub da ist. „Ist das herrlich, mal wieder mit euch zusammen zu sein, Pia! Und wie die Mädchen hier auf dem Bauernhof deiner Eltern herumtoben können, das ist eine ganz neue Erfahrung für sie, einfach schön." Angelika streckt sich in der Abendsonne behaglich auf der Gartenliege aus. Pia gießt kühlen Prosecco nach und sagt lächelnd: „Ich freue mich auch, dass sie sich mit unseren beiden so gut verstehen."

„Ich würde gern noch einen Einkaufsbummel in der Kreisstadt machen, bevor wir abreisen, Olaf." Angelika hat schon eine Einkaufstasche in der Hand und nimmt gerade ihre Jacke vom Haken. Olaf aber schaut sie plötzlich finster an. „Jetzt mal langsam, das *Umrubeln* ist ja grade erst gelaufen. Ich will jedenfalls die D-Mark erst zu Hause auf unserem Konto sehen, bevor irgendwas gekauft wird, ist das klar?", ordnet er an. Wieder mal Kasernenton. Zu Befehl.

Aufgebracht beklagt sich Angelika nach der Urlaubsreise bei Barbara: „Und dabei gab es so viele verlockende, spottbillige Angebote in den Läden drüben. Man muss blöd sein, wenn man da nicht zuschlägt. Stell dir mal vor, Spannbettlaken für nur 2,99 DM, solche Sachen. Aber nee, keine Chance, der hohe Herr saß auf dem Geldsack!" – „Wie geht es sonst so zwischen euch beiden?", erkundigt sich die Freundin. „Ach du, inzwischen ist es wieder genauso beschissen wie vor der Wende. Eine Weile ging es, selbst im Urlaub noch, aber jetzt wird Olaf immer unleidlicher und wieder aggressiver mir gegenüber ... Besonders wenn ich was gegen seine ewige Geschäftemacherei sage. Ist doch bestimmt alles illegal, was er da treibt! Wenn er seine Wutanfälle hat, krieg ich richtig Angst vor ihm."– „Geli, ich wiederhole mich ungern: Trenne dich! Es ist möglich, glaub mir, und du schaffst das, auch mit zwei Kindern."

Angelika beißt sich von innen auf den Lippen herum. Wie meine Mutter fange ich schon an, denkt sie kurz. Sie weiß, dass Barbara recht hat. „Sag mal, wie hat es deine Schwester eigentlich angestellt, damals bei ihrer Scheidung? Was müsste ich denn zuerst machen? Wie lange hat es bei deiner Schwester gedauert? Und wie bin ich vor Olaf dann sicher?" Barbara schildert Angelika geduldig alle Erfahrungen, die ihre Schwester vor einigen Jahren gemacht hat. „Das Wichtigste ist, dass du dranbleibst, dass du es durchziehst! Lass dich nicht wieder einwickeln, der Olaf wird sich nicht ändern." – „Hast ja recht, Barbara. Ich hab schon zu lange gewartet. Ich muss aktiv werden, ich weiß es ja. Drück mir die Daumen."

Angelika kann immer schlechter schlafen, wirft sich oft lange grübelnd im Bett hin und her. Die Gedanken kreisen in ihrem Kopf: Wie mache ich es, wie sage ich es den Kindern, den Eltern und erst Olaf? Wird Olaf ausziehen – wenn nicht, wo sollen wir hin? Angelika fühlt sich gleichzeitig vor einer Mauer und mit dem Rücken zur Wand stehend, als sei sie eingesponnen in ein unsichtbares Netz, das ihr die Luft abdrückt und sie nahezu bewegungsunfähig macht.

Einheit

Sauerland, Oktober 1990

Barbara hat nach der Morgenandacht eine Neuigkeit zu verkünden: „Kindern aus ostdeutschen Industriegebieten soll eine Ferienwoche in guter Luft ermöglicht werden. Auch eine Gruppe aus unserem Kindergarten darf verreisen, inklusive Bustransfer, ins Sauerland, wirklich eine prima Sache. Ich habe mit meiner Familie überlegt, ich könnte mitfahren. Wer noch?“ Angelika hat sofort Lust darauf. Nur weg von Olaf, denkt sie. Zu Hause telefoniert sie mit ihren Eltern. Kein Problem, sie können Clara und Elisabeth zu sich holen – zum Glück sind gerade Herbstferien.

„Schwerstarbeit!“, berichtet Angelika ihrer Mutter am Telefon nach der Ankunft im Sauerland. „Da hütest du lieber einen Sack Flöhe als diese Rasselbande auf der langen Busfahrt…! Und dann hier in diesem katholischen Senioren-Erholungsheim: Alle beäugen uns während der Mahlzeiten und es ist nicht leicht, unsere Schäfchen halbwegs im Griff zu behalten. Abends, wenn endlich alle schlafen, fallen wir wie tot ins Bett.“

Hannelore kichert, sie denkt wohl an ihre eigene Kindergärtnerinnenzeit vor Jahrzehnten. „Aber Geli, ab morgen Abend laufen doch in Berlin die Feierlichkeiten zum *Tag der Deutschen Einheit,* das werdet ihr euch sicher im Fernsehen ansehen können. Vater ist schon ganz aufgeregt, kannst du dir ja vorstellen. Er will unbedingt sehen, wie um 0:00 Uhr die Deutschlandfahne auf dem Reichstag gehisst wird." Geli murmelt so etwas wie: „Mal sehen ..." Sie hat wenig Hoffnung, nimmt sich aber zumindest vor zu ermitteln, wo für die späteren Abendstunden ein Fernseher zur Verfügung steht.

Am nächsten Tag, dem 2. Oktober also, steht eine Busrundfahrt durch das Sauerland an. Es ist ein ruhiger, sonniger Herbsttag, aus dem nahen Wald duftet es nach Pilzen. Sehnsuchtsvoll betrachtet Angelika die prächtige Laubfärbung und wünscht sich insgeheim einen stillen Waldspaziergang. Aber es geht los, alle einsteigen! Der dicke Busfahrer, zugleich Reiseleiter, erläutert alle Sehenswürdigkeiten übermäßig ausführlich: das Wintersportzentrum in Winterberg, historische Stätten des Bergbaus und mehrere Aussichtspunkte. Aussteigen, besichtigen, die Kinder wieder einsammeln, weiter.

Auf einem Rastplatz gibt es ein Picknick, der Fahrer hat warme Würstchen und Semmeln dabei, das passt genau für die Kinder. Der Fahrer verkündet: „Bevor wir heimfahren, habe ich noch eine Überraschung für euch. Es gibt hier einen kleinen Vergnügungspark mit verschiedenen Attraktionen, vielen Spielgeräten, Rutschen, Karussells und so. Ich habe für euch alle Eintrittskarten bekommen!"

Während die Kinder jubeln, werfen sich Angelika und Barbara einen vielsagenden Blick zu. Ist ja lieb gemeint, nur sind sie bis jetzt schon vollauf gefordert gewesen mit der Aufsicht über ihre Kindergruppe, es wäre genug für heute. Man kann es dem Mann und den Sponsoren nicht abschlagen – gut, aber nur maximal zwei Stunden, entscheiden die

Erzieherinnen. Und es kommt, wie es kommen musste. So aufgekratzt, wie die Kinder von der Ausfahrt zurückkommen, so ewiglange dauert es an diesem Abend, bis auch dem Letzten die Augen zufallen. Kein Gedanke mehr an Fernsehen, nur noch Schlafen ... Das historische Ereignis in dieser Nacht vergessen Angelika und Barbara schlicht und einfach.

Am *Tag der Deutschen Einheit* beim Frühstück: Eine ältere Dame mit Goldschmuck und sorgfältig hochgesteckten grauen Haaren tritt auf Angelika zu, die sich gerade an den Tisch setzen will. Die Dame blickt sie freundlich an und sagt, während sie ihr den Arm um die Schultern legt: „Sehen Sie, jetzt gehört ihr von drüben auch wieder mit zu uns ...!" Die Frau versucht, Angelika ein wenig an sich zu ziehen. Angelika aber fühlt sich völlig überrumpelt, macht sich unbeholfen steif und schaut ein bisschen hilflos auf ihre Schuhe. Ein schiefes Lächeln gelingt ihr, dann setzt sie sich und muss erst einmal ihre Gedanken ordnen. Das war sicher sehr nett gemeint, aber Angelika hat ihre Probleme mit der Formulierung, jetzt zu irgendjemandem zu gehören. Das fühlt sich seltsam fremd an. Während sie mechanisch Marmeladensemmeln für die Kinder am Tisch schmiert und Tee eingießt, kreisen ihre Gedanken weiter um dieses Thema.

Am Abend tauscht Angelika sich mit Barbara aus. „Hast du die Szene am Frühstückstisch bemerkt?" – „Nein du, ich hatte alle Hände voll zu tun an meinem Tisch. Was war los?" Angelika schildert der Freundin die Begebenheit und ihre zwiespältigen Gefühle dabei: „Klar hab ich auch geweint vor dem Fernseher, als Helmut Kohl vor der Dresdener Frauenkirche erstmals von der Einheit Deutschlands als seinem Ziel sprach. Ich habe das Deutschlandlied begeistert mitgesungen und nie werde ich die strahlenden Augen meiner Eltern vergessen, nachdem es das erste Mal bei einer Demo auf dem Tauchnitzer Markt erklungen war. Ich habe nicht an einen sogenannten *Dritten Weg* eines reformierten Sozialismus geglaubt. Aber trotz allem: Jetzt, wo es wirklich Realität ist, Deutschland nicht länger geteilt ist, beschleicht mich bei allem Grund zum Jubel ein seltsames Gefühl. Weißt du, ich frage mich: Was fängt der Westen nur mit einem so derart heruntergekommenen, maroden Laden wie der Ex-DDR an? Wie soll das gehen? Unvorstellbar, dass wir eines Tages so leben werden wie die Leute im Westen. Oder was meinst du?"

Barbara legt den Kopf schräg und denkt nach. „Anfangs habe ich mir schon sehr gewünscht, dass all die mutigen Schritte und das Engagement der Oppositionellen dazu geführt hätten, dass wir im Osten einen eigenen Weg gehen, irgendwie. Aber ganz realistisch war das wohl nicht. Und nun stand die Tür kurze Zeit einen Spalt breit offen für die deutsche Einheit, sind wir lieber dankbar, dass die Chance genutzt wurde!"

Amerika

Leipzig, Frühjahr 1991

Es ist eine feste Tradition geworden, dass Lutz Rossmann aus Washington am Montagabend in Leipzig anruft. Er will alles wissen über die neueste politische Entwicklung und wie die Menschen im Osten Deutschlands damit zurechtkommen, was sich nun alles für sie ändert.

Angelika beschreibt die aktuelle Situation: „Im *Konsum* finde ich mein geliebtes Ost-Kloßmehl nicht mehr, das gewohnte Spülmittel ist weg, die Zahncreme auch. Klar, überall Westprodukte, aber vieles ist einfach verschwunden.

Versicherungen, Krankenkasse, Bank – überall muss man sich neu orientieren, eine ganz schöne Umstellung, kann ich euch sagen. Erst recht für meine alten Eltern, die haben tagelang über dem Gebührenkatalog für die Zahnärzte-Abrechnung gebrütet. Mein Vater will ja noch ein wenig weiterarbeiten, wenn's jetzt D-Mark gibt!" Lutz lacht: „Typisch Ernst Findeisen."

Angelika wird ernst: „Aber Lutz, es ist schade, dass der US-Sender *BCA* die Berichterstattung aus Leipzig plötzlich nicht mehr fortgesetzt hat. Und das, obwohl es sogar noch sendefertige Interviews mit Gewandhauskapellmeister Kurt Masur und dem Dresdener Forscher Manfred von Ardenne gegeben hat. Olaf hat sich da wirklich voll eingesetzt und alles organisiert. Aber man hatte anscheinend kein Interesse mehr daran. Jetzt sind die Journalisten weg aus Leipzig, das war eine interessante Zeit mit denen." – „Ich verstehe. Es war wohl für die Amerikaner erheblich medienwirksamer, was in Rumänien passiert ist. Es geht halt immer um Einschaltquoten bei den Sendern", mutmaßt Lutz. „Wenn dort Präsident Ceausescu an die Wand gestellt wird, macht das halt mehr her als Kerzen und Sprechchöre in Leipzig. Trotzdem seid ihr wahre Helden, ihr Leipziger!"

Ein paar Montage später hat Lutz am Telefon eine echte Überraschung parat: „Wisst ihr was? Kommt uns besuchen! Jetzt könnt ihr doch! Und beeilt euch, wir sind nicht mehr lange hier in den Staaten, unser Vertrag läuft aus. Bucht euch günstige Flüge, alles andere machen wir hier. Und einen richtigen großen Ami-Straßenkreuzer besorge ich euch als Mietwagen!" Angelika reißt die Augen auf und nimmt Olaf, der gerade Luft holt für eine Antwort, kurzerhand den Telefonhörer aus der Hand. „Also, Lutz, das ist natürlich eine tolle Idee, danke für die Einladung. Aber das können wir nicht so schnell entscheiden ..., sowas erfordert Bedenkzeit, bitte versteht das. Wir denken drüber nach."

Olaf schaut seine Frau verständnislos an und schüttelt nur den Kopf. Angelika schnürt es die Kehle zu bei der Vorstellung, mit Olaf eine so große Reise zu machen, mag der Gedanke auch noch so verlockend sein. Würden sie das überstehen ohne Dramen, Streit oder Funkstille, die ja mittlerweile zum Alltag gehören?

Angelika überlegt hin und her und bespricht sich mit ihren Eltern und mit Freundin Barbara. Übereinstimmend hört sie: „Sei nicht dumm, eine solche Möglichkeit muss man erstmal haben! Beiß die Zähne zusammen, du kennst Olaf doch lange genug, vermeide einfach Konflikte, dann wird es schon gut gehen ..."

Am Ostersonntag 1991 sitzt Familie König in Washington D.C. beim Brunch im Haus von Lutz und Pia Rossmann. „Nimm doch noch ein paar Shrimps, Elli, du hast doch schließlich gestern fleißig beim Schälen geholfen ..." Pia reicht Angelika die große Glasplatte mit dem Meeresgetier und den verschiedenen Dipsaucen. Angelika schrickt zusammen: „Sorry, Pia, ich bin grade in Gedanken ganz woanders ..." Sie schluckt und schnieft. „Wisst ihr, ich kann das alles noch gar nicht fassen – wir in Amerika? Ihr könnt euch wahrscheinlich gar nicht vorstellen, was für ein riesiges Abenteuer diese Reise ist für uns drei! *Fast-noch-Ossis*, wie wir sind."

Angelikas Stimme zittert, als sie weiterspricht: „Wir kommen aus dem Staunen nicht raus: Alles ist neu, fremd, spannend und meist irgendwie gigantisch! Das fängt bei den riesigen öffentlichen Toiletten an, dann diese atemberaubenden

Museen an der Mall, das stahlendweiße Capitol und die phantastische Kirschblüte am Lincoln Memorial ... Und Lutz, der Ostergottesdienst vorhin mit dem schwarzen Gospelchor, der hat mich völlig umgehauen. Solche Gesänge hab ich noch nie gehört, das ging mir sofort unter die Haut. Unfassbar, das alles – ich glaub, ich werd verrückt!" – „Das ist nur der Jetlag, Geli. Vergeht nach ein paar Tagen", kommentiert Lutz nachsichtig den Gefühlsausbruch der Freundin, die sich ausgiebig die Nase schnäuzt.

„Morgen Vormittag würde ich euch gerne den Soldatenfriedhof in Arlington zeigen, einverstanden?" Angelika und Olaf nicken zustimmend und schauen fragend auf Elisabeth, die gerade mit Charlotte, der Tochter des Hauses, aus dem üppig blühenden Garten kommt. „Ich will mit, ich will alles hier sehen, ich finde Amerika nämlich einsame Spitze! Ist es wahr, dass ich nächste Woche einen Tag mit Charlotte in ihre Schule gehen darf?" Pia lächelt amüsiert: „Klar, kein Problem, da wirst du staunen, ist anders als in Deutschland."

Der saftig grüne und bestens gepflegte Rasen und die blühenden Bäume und Sträucher in der riesigen *Arlingtoner* Friedhofsanlage sind eine Wohltat für die Augen, Angelika kann sich nicht sattsehen. „Da unten, das ist der Potomac-Fluss, stimmt's, Lutz? Da willst du mit uns Kanu fahren, wirklich?" Lutz legt den Arm um Gelis Schultern. „Genau das hab ich vor. Und zwar unterhalb des Pentagon, da werden wir morgen Abend den Fluss queren, keine Sorgen, das ist ganz leicht. Aber jetzt muss ich euch hier noch etwas Wichtiges zeigen: Das Grab von *John F. Kennedy*!"

Mit gesenkten Köpfen stehen alle vor dem Halbrund der Grabanlage und schweigen eine Weile. Angelika versucht im Stillen, die Inschrift zu übersetzen, Lutz scheint ihren Blick deuten zu können und liest es auf Englisch vor. Er nimmt wohl ganz selbstverständlich an, dass eine Übersetzung überflüssig ist, denkt Angelika. Elisabeth zupft ihre Mutter am Ärmel: „Was heißt das, Mutti?" – „Psst, Elli, ich weiß es auch nicht so genau. ‚Frag nicht, was dein Land für dich tun kann, sondern was du für dein Land tun kannst.' So ähnlich, glaub ich ... Lass uns später drüber reden." Angelika schämt sich ein wenig, sie traut sich nicht, eine Frage an Lutz zu richten.

Nach dem Frühstück am nächsten Tag legt Lutz einen Autoatlas auf den Tisch: „Wo wollt ihr denn hin mit dem Mietwagen? Was interessiert euch?" Angelika und Olaf schauen leicht verunsichert. Gemeinsam mit den Rossmanns überlegen sie, welche Reiseroute die beste wäre und beugen sich über die Straßenkarte. *Florida*, bitte *Florida*, hofft Angelika im Stillen – da ist ewiger Sommer, hat sie gehört. Sie träumt bereits vom Eintauchen in türkisblaue Karibikfluten. Doch Olaf beharrt darauf, zuerst László Kovács in Kanada anzurufen, Angelikas Ungarnflirt aus Teenagertagen. Und tatsächlich geht der Auswanderer in Toronto ans Telefon: „Oh, das ist supähr, misst ihr unbähdingt kommähn!", ruft László außer sich vor Freude. Damit sind die Würfel gefallen.

So geht es also nach Norden. Aber egal, jedes Eckchen dieses verrückten Landes ist interessant, es bleibt kaum Zeit zum Streiten. Und doch überschattet die gesamte Reise eine belastende Spannung, ein tiefer Groll, ein unüberwindliches Zerwürfnis – Angelika wird das immer wieder schmerzlich klar, wenn sie auf den langen Autofahrten mit Elisabeth heimlich Händchen hält, weil Olaf mal wieder unbeherrscht herumflucht.

Der gewaltige Ford Crown Victoria bringt die Familie in die *Great Smoky Mountains*, nach *Tennessee*, dann nordwärts bis nach *Toronto* und zu den *Niagarafällen.* Elisabeth kennt sich nach kurzer Zeit bestens aus im *Manual*, der Gebrauchsanweisung des Fahrzeugs, und findet bei vielen Fragen, wie zu Tempomat, Zentralverriegelung und Diebstahlwarnanlage, schnell eine Antwort. Angelika schmunzelt anerkennend und zwinkert ihrer Großen auf dem Rücksitz zu. Die ist ein echtes Sprachtalent, aus der könnte was werden, denkt sie. Dann vertieft Angelika sich wieder in den Straßenatlas auf ihrem Schoß, um nach der nächsten Tankstelle zu suchen.

Letzter Höhepunkt der Reise: New York! Hier bleibt die Familie nur eine Nacht, sie beziehen am Spätnachmittag ein winziges, aber preisgünstiges Zimmer mitten in Manhattan, in der Pension der *Lutherischen Seemannsmission*, auch das hat Lutz Rossmann für sie organisiert.

Mit knapper Not waren Angelika und Olaf von ihrem nächtlichen Bummel durch das nahe Kneipenviertel *Greenwich Village* wieder trocken in ihr Quartier gekommen. Die ganze Nacht hat es weitergeregnet. Jetzt am Morgen strahlt die Sonne vom wolkenlosen Himmel. Elisabeth kommt aus dem Bad und klagt über Hunger. „Kein Wunder, du hattest ja gestern Abend nur Kartoffelchips und Bananen.“ – „Aber Mutti, das hat genau gepasst, um stundenlang Cartoons auf *Disney Channel* zu gucken! Wisst ihr überhaupt, wo hier der Frühstücksraum ist? Da soll es *continental breakfast* geben, hab ich gelesen.“ Olaf zuckt mit den Schultern. „Irgendwo unten sicher ...“

Im engen Gang im Erdgeschoss der kleinen Pension entdecken sie so etwas wie ein Buffet. Olaf mustert mit mürrischer Miene das überschaubare Angebot: ultradünner Automatenkaffee oder -tee und abgepackte Kuchenteilchen. Jemand drängelt sich mit seinem Kaffeebecher hinter Olaf vorbei, der dreht sich gerade um, der andere wird gestoßen – und ein Schwall kochend heißer Kaffeebrühe ergießt sich über Olafs Arm. Er gibt einen Schrei von sich und flucht: „So eine gottverdammte Scheiße!"

Angelika stockt das Blut in den Adern. Wie peinlich! Nach ein paar Sekunden hat sie sich gefasst: „Bist du verletzt, Olaf?" Sie schaut nach seinem Arm. Olaf macht jedoch kehrt und läuft in Richtung Fahrstuhl davon: „ ... macht, was ihr wollt, ich hab keinen Appetit mehr!" So eine miese Laune! Angelika kommt der vergangene Abend in der urigen Jazzkneipe in den Sinn, sie muss grienen. Vielleicht ist Olaf der eine Zug an dem Joint nicht bekommen ... Er hat immerhin richtig tief inhaliert – im Gegensatz zu mir.

„Wir finden schon noch was Kräftiges zum Essen. Auf zur Fähre nach *Staten Island*, ich will die Freiheitsstatue sehen!" Angelika versucht, die Stimmung zu heben. „Also, ich will auf jeden Fall zuerst zur *Wall Street*." Olaf klingt entschlossen. Okay, bitte schön, dann eben so, der Herr! Liegt auf dem Weg, weiß Angelika.

Die rumpelnde New Yorker U-Bahn bringt die Familie zum Finanzdistrikt. Wie altmodisch diese Bahn ist, kein Vergleich zur eleganten, durchgestylten Metro in Washington. Und runtergekommen sieht das hier unten aus, fast wie bei uns im Osten, stellt Angelika verwundert fest. Und es riecht streng, staubig und nach Müll.

An der Börse, der *New York Stock Exchange*, finden die Königs sogar eine Besuchertribüne, wo man dem Börsentreiben zuschauen kann. Angelika schaut verwundert durch die

Glasscheibe. Welche Unzahl von elektronischen Anzeigetafeln mit rätselhaften Kurven, herumrennende und unablässig telefonierende Männer mit wehenden Krawatten; bestens frisierte Damen in eleganten Kostümen und Hosenanzügen stöckeln einher.

Die drei schlendern weiter durch *Lower Manhattan* und überqueren den *Broadway.* Immer wieder recken sie staunend die Köpfe in die Höhe und studieren die spektakulären Bauten, deren Fassaden aus Glas und Metall im Sonnenlicht glitzern. Leute rennen dicht an dicht in den Straßenschluchten entlang, keiner scheint hier langsam zu gehen. Angelika ist flau im Magen nach dem ungewohnten süßen Frühstück. Ihr Blick fällt auf ein bekanntes Fast-Food-Restaurant an der Ecke: „Das kennen wir doch! Los, wir kaufen uns hier ein Menü, dann sind wir eine Weile satt." Angelika und Elisabeth studieren das Speisenangebot an der grell erleuchteten Sichtwand. „Mutti, darf ich den Superburger?" – „Essen, meinst du wohl? Na klar. Ich nehme das *XL-Menü.*" Angelika läuft bereits das Wasser im Mund zusammen.

„Das war klar – natürlich wieder mal das Größte und das Meiste ...", hört sie hinter sich Olaf ätzen. Angelika kämpft kurz mit sich: Sie hat richtig Hunger, ja. Aber sie ist auch satt: Richtig satt davon, Zeit mit ihrem übellaunigen Mann zu verbringen. „Komm!" Energisch nimmt sie ihre verdutzte Tochter an die Hand und verlässt schnurstracks das Lokal.

„Ich weiß, was wir jetzt machen, Elli, du wirst staunen!" Nach einem kurzen Fußmarsch stehen die beiden vorm *World Trade Center,* lösen Tickets und fahren mit einem der unzähligen Fahrstühle hinauf auf die Aussichtsplattform – sind sie im 100sten Stockwerk, im 1000sten? Elisabeth rennt sofort zur Glasfront gegenüber der Liftausgänge. „Boah,

Mutti, schau doch – einfach irre ... Ein Wald aus Wolkenkratzern! Das ist das Gigantischste, was ich je gesehen habe! Wie haben die nur diese hohen Häuser gebaut? Nicht zu fassen ... cool, dass wir hier alleine sind, ohne Zank und Streit, das geht mir ja so auf die Nerven." Angelika versucht abzulenken. „Sieh mal, da links, das ist der *Hudson River* und auf der rechten Seite der *Brooklyn River*, von der alten *Brooklyn Bridge* überspannt." – „Und welches ist jetzt der höchste Wolkenkratzer der Stadt?", will Elli wissen. „Da stehen wir grade selber drauf, mein Schatz. Aber gleich danach kommt das *Empire State Building*, irgendwo da hinten. Ja, es ist atemberaubend hier oben, du hast recht."

Mit offenen Mündern stehen beide noch lange fasziniert am Sicherheitsgitter und können sich nicht sattsehen. Angelika bemerkt plötzlich, dass ihr Magen laut knurrt. „Du musst doch auch Hunger haben, Elli! Los, wir kaufen uns dort am Imbiss eine völlig überteuerte Pizza und verspeisen sie hier mit der tollen Aussicht, einverstanden?"

Mutter und Tochter treffen Olaf wieder, auf dem Vorplatz des *WTC*. Er sitzt auf einem Hydranten und schaut zerknirscht drein. „Und jetzt: *Staten Island*, *Lady Liberty*?", fragt er kurz. In Ordnung, alle einverstanden. Am Spätnachmittag geht es mit dem Mietwagen zurück nach Washington.

Beim Abschiedsessen mit Rossmanns in einem eleganten Steakhaus lernen Olaf und Angelika noch einmal ordentlich dazu: „Ihr müsst sagen, wie ihr das Fleisch wollt", hilft Lutz. Wie viele Zubereitungsarten für ein Steak es da gibt*: blue, rare, medium-rare, medium, well done.* Und was ist der Unterschied zwischen *T-bone, Sirloin, Flank und Rib-eye Steak* ...? Die Kellner fragen unablässig nach, ob mit dem Essen alles in Ordnung ist. Königs sind verwirrt und sprachlos, auch angesichts der unfassbar großen und superleckeren Fleischportionen. Zu Unrecht verrufen, die Küche der Amerikaner, schätzt Angelika ein. So ein Steak, wie man es hier serviert, kennt zu Hause mit Sicherheit keiner.

Aber eins ist merkwürdig: „Sagt mal, warum gehen fast alle Leute mit Plastikschachteln aus dem Restaurant?“ – „Liebste Angie, das nennt man hier *Doggy Bag*, also für den Hund zu Hause, was man nicht aufessen konnte …“ Lutz ist sichtlich amüsiert. Ihm fällt etwas ein: „Wie war das gleich? Sag mir doch bitte in deiner Muttersprache nochmal die drei Wörter: Tiger, Tücher und T-Shirt!“ – Angelika holt, gespielt genervt, augenrollend Luft und gibt im breitesten Sächsisch zurück: „Dieschor, Dieschor und Dieschord.“ Alle prusten los und lachen aus vollem Halse über diesen uralten Spaß, den Lutz immer wieder hervorkramt. Ein wenig hilft das über den Abschiedsschmerz hinweg.

Auf dem Rückflug setzt sich Angelika nach dem Essen die Kopfhörer auf und wählt aus dem Unterhaltungsmenü ein Mozart-Klavierkonzert. Olaf schläft bereits und Elli schaut Cartoons. Angelika lehnt sich zurück und zieht die dünne Decke höher. Ihr Blick streift über die watteweich erscheinenden Wolkenfelder draußen, die sich in der Abendsonne langsam rosa färben. Dazu Mozart – perfekt!

Angelikas Gedanken kreisen um Absonderliches und Merkwürdiges in den USA. Lutz hat vom großen Nationalstolz und Patriotismus der Amerikaner erzählt. Schwer nachvollziehbar für uns Deutsche. Da sind sie so stolz auf die Freiheit in ihrem Land und lassen sich dann so strikte Regeln auferlegen: Das strenge Tempolimit wird minutiös eingehalten und jegliche Art von Alkoholika wird selbstverständlich nur in braunen Tüten aus dem vergitterten *Liquor Store* herausgetragen. Merkwürdig. Wie passt das zusammen?

Im Abfluss von Rossmanns Küchen-Spüle hat Angelika ein Schredderwerk bemerkt, das Küchenabfälle fein zerhäckselt mit ins Abwasser gelangen lässt. Für den Orangensaft zum Frühstück goss Pia tiefgefrorenes Saft-Konzentrat mit Leitungswasser auf. An der Supermarktkasse verstaute ein Angestellter die Einkäufe in Tüten und brachte sie zum Auto und den dünnen Kaffee im Restaurant schenkte die Kellnerin auf Wunsch ohne Limit nach. Seltsam, manches irgendwie unverständlich – aber auch genial und faszinierend, denkt Angelika. Im Stillen beschließt sie: USA, ich komme wieder.

Dilemma — Leipzig, Sommer 1991

Olaf ist bis gegen Mitternacht unterwegs gewesen, wie oft in letzter Zeit. Im Bett tastet er zu Angelika hinüber und grunzt entrüstet, als sie sich abwendet. Kurz darauf ist er eingeschlafen, wie Angelika erleichtert feststellt.

Sie grübelt: Wieso bildet er sich ein, dass ich jetzt mitten in der Nacht, nach seiner Kneipentour, noch Lust auf Sex habe? Ich bin doch kein Selbstbedienungsladen! Was nützt es, dass er zeitweilig den liebevollen Familienvater spielt – zu irgendeiner Mithilfe im Haushalt ist er jedoch nicht bereit. Stattdessen geht er weiter seiner Geschäftemacherei nach, ohne mich einzuweihen, und verlässt sich darauf, dass ich ihm den Rücken freihalte und die Kinder versorge. Ich soll schön ruhig im Hintergrund bleiben, dann würde es mein Schaden nicht sein, so hat er gesagt. Pah, der tolle Hecht hat sogar eine Spülmaschine in die Küche gestellt.

Nur damit er nicht mithelfen muss ... Angelika wälzt sich hin und her und findet noch lange keinen Schlaf.

Angelika will gerade ihr Gruppenzimmer abschließen, da kommt Barbara mit ein paar Schnellheftern aus ihren Büro. „Du, warte mal, Olaf hat einen neuen *Markt* entdeckt, mit dem er anscheinend liebäugelt. Ich muss dir das erzählen!" Barbara setzt gerade zu einer Erwiderung an, aber Angelika lässt sie nicht zu Wort kommen. „Ich weiß, der Elternabend beginnt gleich. Ich mach's kurz: Olaf erzählte neulich ganz begeistert seinem besten Kumpel davon, dass ein Bekannter gemeinsam mit ein paar Eingeweihten die Versicherungen prellt. Teure Autos werden als angeblich gestohlen gemeldet und dann lässt sich der Gauner die Kasko-Versicherungssumme auszahlen." Barbara tritt nervös von einem Bein aufs andere und lauscht ins Treppenhaus, wo die ersten Eltern eingetroffen sind. „Du, und Olaf hörte sich an, als würde er das am liebsten auch machen und hat geschwärmt: ‚Das zischt wie der berühmte Schnellkochtopf, kannste glauben!' Mehr konnt ich nich mehr verstehen, weil die Männer zu ihren Autos runtergingen". – „Schon eine gehörige Menge kriminelle Energie ... Du, ich muss jetzt wirklich!" Barbara lächelt ein wenig gequält. Ja, ich weiß, ich weiß: Ich sollte mich trennen, auch wenn sie es diesmal nicht gesagt hat, grübelt Angelika.

Eines Tages ist es so weit: Nach einer weiteren Nacht mit Streit, Lärm und Drama spricht Elisabeth den alarmierenden, alles entscheidenden Satz aus: „Mutti, wenn das Theater hier bei uns nicht aufhört, kauf ich mir 'ne Fahrkarte und fahre zu Omi nach Tauchnitz!" Das zierliche Mädchen steht vor Angelika, noch blasser als sonst, ihre Finger krallen sich in das Fell ihres schwarzen Stoffkaters. Sie ist außer sich, ihr

Kinn zittert, mit erhobener Stimme hat sie die Worte hervor gepresst, ihrer Mutter entgegen geschleudert – mit all dem Kummer und Schmerz, die sie schon so lange quälen. Angelika durchfährt es wie ein Stromschlag, in Sekundenbruchteilen wird ihr klar: Du musst jetzt dringend handeln, sofort! Es geht nicht an, dass das Kind noch weiter so sehr leidet!

Wie recht Elisabeth doch hat – dreizehn Jahre alt und schon so klug! Angelikas Gedanken jagen, siedend heiß steigt das schlechte Gewissen in ihr hoch. Im Zeitraffertempo reihen sich vor ihren Augen widerliche Szenen aneinander: laute Streitereien zwischen ihr und Olaf, die die Kinder aus dem Schlaf reißen; Brüllen, Türenschlagen und splitternde Glasscheiben; die verständige Elisabeth, die ihre kleine Schwester Clara beschützend mit in ihr Zimmer nimmt, während draußen die Eltern toben. Das Leipziger Zuhause ist seit Jahren, mit kurzen Unterbrechungen, ein permanenter Kriegsschauplatz – es ist genug. Angelika hat verstanden.

Endlich schließt sie ihre Tochter fest in die Arme, wiegt sie, streichelt sie. „Ich weiß, Elli, meine tapfere Große, es ist unerträglich, es muss etwas passieren. Wenn ich doch nur wüsste, was ..." Ich bin keine gute Mutter, denkt sie im Stillen und schämt sich.

Es wird hart werden, das weiß Angelika. Sie hat Angst vor dem Krieg mit Olaf, denn er wird es ihr schwermachen, soviel ist sicher. Noch ist sie wie betäubt nach Elisabeths Aussage, ohne die geringste Ahnung, wie sie vorgehen soll. Aber alles hat jetzt ein Ausmaß angenommen, das sie unbedingt zum Handeln zwingt.

Wie eine Schlafwandlerin läuft Angelika wenig später durch die Leipziger Innenstadt. Die kleine Clara weiß sie von

Elli gut betreut, sie müsse kurz an die frische Luft, hat sie ihrer Großen gesagt. Benommen und ohne Ziel setzt sie Schritt vor Schritt, plötzlich steht sie vor der Leipziger Thomaskirche, die ihr vertraut ist. Sie betritt das Gotteshaus, läuft ein Stück im Hauptschiff nach vorn und setzt sich unweit der Kanzel in eine Bankreihe. Lange verharrt sie zusammengesunken dort, ein Häufchen Elend, verzweifelt, ratlos. Mit tränennassem Blick starrt sie in das erhabene gotische Gewölbe. Die Enttäuschung, die Wut, die Klage über die unzähligen Verletzungen, die Ausweglosigkeit, die Angst vor allem Kommenden – dies alles rast wie wild in Angelikas Kopf und raubt ihr beinahe den Verstand. In ihren Ohren dröhnt ein unerträgliches Geräusch, der kreischende Bohrer ist so laut wie noch nie in ihrem Leben.

Ohne dass Angelika es richtig wahrnimmt, bringt sie still all ihren Jammer vor den, von dem sie sich unbewusst Hilfe erhofft. Oh Gott, was soll ich nur tun? Wieder und wieder schreit Angelika diese Frage tonlos heraus. Touristen schauen verstohlen auf die weinende Frau, es ist ihr einerlei.

Ganz, ganz langsam wird Angelika ein wenig ruhiger, das Dröhnen im Kopf lässt nach, sie atmet wieder gleichmäßiger. Und dann plötzlich sieht sie einen Weg: Deutlich liegt er da, gut erkennbar führt er mitten durch das Chaos und heraus und ist überhaupt nicht angsteinflößend! Ja, es ist möglich, es geht, ich weiß jetzt, was ich tun muss. Nur keine Angst, so denkt es in ihrem Kopf. Sie trocknet ihre Tränen, putzt sich die Nase, steht auf und streckt sich. Der Text eines Kirchenliedes aus alter Tauchnitzer Kurrendekinder-Zeit kommt ihr in den Sinn: *Und ob ich schon wanderte im finsteren Tal, fürchte ich kein Unglück ...*, aus Psalm 23, ein Text wie ein Geländer!

Auf dem Heimweg überquert Angelika den Leipziger Markt und kommt am Alten Rathaus vorbei. Da ist plötzlich etwas in der Luft, das sie unwillkürlich innehalten lässt. Ein Luftzug, ein Hauch, ein Duft? Sie bleibt stehen und besinnt sich. Der Duft kommt aus einem kleinen Laden unter den Rathausarkaden, dem Gewürzgewölbe. Angelika betritt das Geschäft, ohne zu wissen, warum. Da steht sie inmitten einer aromatischen Duftwolke und ist wie betäubt davon. Was ist das nur, was mich hier so anzieht, fragt sie sich. Magie? Und gerade, als die Verkäuferin das Wort an sie richten will, wird es Angelika klar. Gewürznelken! Das ist der vertraute Geruch aus ihrer Kindheit, Nelkenöl. Das ist ein Stück Heimat, Vertrautheit, Geborgenheit, Sicherheit. Angelika muss lächeln und schüttelt fast unmerklich den Kopf. Es ist, als ob sie gerade eine Extraportion Kraft und Mut bekommen hat. Sie schließt die Augen und atmet noch einmal bewusst den würzigen Duft ein. Dann verabschiedet sie sich und eilt mit großen Schritten nach Hause. Unterwegs entsteht in ihrem Kopf bereits ein Plan für die nächsten Tage.

Eilig schließt Angelika die Wohnungstür auf und rennt ins Kinderzimmer, wo die fürsorgliche Elisabeth mit ihrer kleinen Schwester gerade ein Legohaus baut. „Elli, komm her, ich weiß jetzt, wie wir es machen. Wir werden uns von Olaf trennen, ich warte nur noch auf einen geeigneten Moment. Mach dir keine Sorgen mehr, es wird alles gut werden.“ Elisabeth schaut ihre Mutter ungläubig an. „Wieso hast du plötzlich einen Plan, Mutti?“ – „Ich kann es schlecht beschreiben, meine Große. Irgendwas ist mit mir passiert. Kann sein, dass der liebe Gott mitgeholfen hat …“

Angelika läuft Elisabeths fragenden Blicken davon und legt im Wohnzimmer die Schallplatte von ihrem geliebten

Liedermacher Gerhard Schöne auf. Richtig laut dreht sie das Lied auf: *Du hast es nur noch nicht probiert und darum glaubst du's nicht* ... Das ist heute ihr Mutmach-Lied! Ausgelassen tanzen alle durch die Wohnung, auch Clara macht jetzt mit und klatscht in die Hände. „Und als nächstes kommt noch ein so schönes Lied, das passt richtig gut für uns!", weiß Elisabeth. *Alles muss klein beginnen, lass etwas Zeit verrinnen, es muss nur Kraft gewinnen – und plötzlich ist es groß!* Angelika nickt nachdenklich: „Und wie das passt! Auf uns – und sogar auf die Montagsdemos und das, was daraus folgte!"

Aufbruch Leipzig, September 1991

Olaf nimmt seine Jacke von der Garderobe, er muss zur Arbeit. Er hat schon die Klinke der Wohnungstür in der Hand, als er über die Schulter Angelika in der Küche zuruft: „Ach übrigens, am Wochenende bin ich nicht da, ich muss mal fix nach Griechenland, geschäftlich, ist wichtig ..." Keine näheren Angaben. Angelika will auch nichts wissen. Bleib mir gestohlen mit deinen tollen Geschäften, denkt sie. Warte nur, du wirst dich wundern ... Sie befindet sich in den Startlöchern, ihr Trennungsplan steht.

„Es geht los, Barbara!" Ein Anruf genügt und Barbara ist da. Gemeinsam sichten die beiden Frauen Unterlagen und Verträge, die wichtigsten Schriftstücke kopiert Barbara im Kindergartenbüro. „Du musst dich um das gemeinsame Bankkonto kümmern, Geli. Ruf am besten gleich dort an." – „Gute Idee, Barbara!" Angelika greift zum Telefon und bekommt tatsächlich kurzfristig einen Termin bei der Bank. Freundliche Mitarbeiterinnen, solidarische Frauen, beraten

Angelika noch am selben Nachmittag über das sinnvollste Vorgehen und lassen leise durchblicken, dass Olaf bereits alle Vorbereitungen für ein Einzelkonto auf seinen Namen getroffen hat. Angelika ist, als ob sich eine der schmerzhaften Verknotungen in ihren Herzen zu lockern beginnt.

Wäre da noch die Frage der Unterkunft. In der Straßenbahn auf dem Nachhauseweg geht Angelika alle Varianten durch, die ihr zu einer Wohnung verhelfen könnten, ihr und den Mädchen. Ratlos klingelt sie noch einmal bei Barbara. „Jetzt lass mal die Ohren nicht so hängen, Geli. Komm rein, lass uns überlegen.“ Geli grüßt schüchtern in die Runde, alle sitzen am Abendbrottisch, die Oma ist zu Besuch.

Barbara hat gehört, es gebe jetzt ein Frauenhaus in Leipzig. Ja, mit ihrer Geschichte sei Angelika berechtigt, dort Unterkunft zu finden, ergibt ein Anruf in der Einrichtung. Aber das Haus ist leider voll belegt. Angelika isst schnell ein Käsebrot, das kann sie nicht abschlagen, und nach einem Schluck Früchtetee verabschiedet sie sich hastig wieder.

Angelika sucht weiter, telefoniert, rennt auf Ämter und in Büros, sortiert zu Hause, packt Sachen. „Mutti, ich brauche aber auch ein paar Kartons für mein Zimmer, hast du daran gedacht?“ Elisabeth hat im Kinderzimmer Bücherstapel aufgeschichtet, die Clara mit Begeisterung und unter lautem Quietschen ab und zu umschubst. „Ich bekomme noch Kartons aus dem Kindergarten, Elli, und im Gemüseladen kann ich mir welche holen. Wir kriegen das alles hin, keine Sorge. Toll, dass du so viel vorbereitest!“

„Wie gehts dir, meine Große?“, erkundigt sich Hannelore mit besorgter Stimme am Telefon. „Hast du schon eine Bleibe gefunden? Bis Olaf wiederkommt, muss ja alles in trockenen Tüchern sein. Wer weiß, was der sonst mit dir macht ...!“ – „Mutti, vertrau mir, ich schaffe das, ich finde was! Und wenn ich noch tagelang von Pontius zu Pilatus rennen muss, auf die Wohnungsverwaltung, die Genossenschaft, in die Pfarrämter ... Olaf kommt wohl zum Glück erst Mittwoch zurück, da habe ich mehr Zeit. Und zwei Tage Urlaub hab ich mir auch genommen.“

Ernst ist an den Apparat gekommen. „Du klingst, als könntest du Berge versetzen, Geli! So viel Energie und Tatendrang hab ich selten bei dir erlebt – kämpfst ja wie eine Löwenmutter für deine Jungen. Ich bin sicher, du findest eine Lösung. Viel Glück!“

Mit hängenden Schultern sitzt Angelika am übernächsten Tag im Pfarrbüro der Kirchgemeinde, zu der ihr Kindergarten gehört. Der Raum riecht nach Staub und alten Büchern, aber es ist anheimelnd hier, die Stimmung macht Angelika Hoffnung. „Da bin ich wieder,” sagt sie zu ihrem Chef, „und ich bin am Ende. Nichts klappt.“ Angelikas Stimme wird brüchig, ihre Unterlippe beginnt zu zittern. „Eine leerstehende Wohnung kann man sich plötzlich nicht mehr selbst renovieren. Nein, schön, dass man den Leerstand meldet, da soll nun umfassend saniert werden für neue, teurere Mietverträge. So bekommt man es gesagt. Es ist zum Verzweifeln. Grade jetzt ändert sich hier alles und alles – nur das Datum und die Uhrzeit sind gleichgeblieben, so kommt es mir vor ...Bitte helfen Sie mir!“

Der Pfarrer streicht sich übers Kinn. „Naja, ich hab nochmal nachgedacht, nachdem Sie letztens hier waren. Vielleicht hätte ich doch etwas für Sie, übergangsweise. Zwei möblierte Zimmer mit Küchenbenutzung im Haus der Kirchgemeinde, sehr einfach, natürlich unsaniert, Klo auf halber

Treppe, mit altersschwachen Nachtspeicheröfen, ohne Bad." Angelikas Augen leuchten. „Kann ich mir das gleich ansehen? Das passt sicher für uns!"

Mutter Hannelore schluckt schwer beim ersten Besuch und schaut sich mit gerunzelter Stirn um. „So kann man eigentlich nicht wohnen, Angelika! Ist dir das nicht zu primitiv?" Dabei beißt sie sich wieder mal von innen auf die Lippen, also liegt ihr noch viel mehr auf der Zunge.

„Mutti, die Hauptsache für mich ist eine Tür zum Abschließen! Und alle die Möbel hier, die konnte ich mir vom Kindergarten ausleihen, ist das nicht toll?" Angelika weist treuherzig auf das etwas abgeranzte Klappbett und die Kinderzimmermöbel, die auch schon bessere Zeiten gesehen haben. Ernst holt etwas aus Hannelores Handtasche. „Hier habe ich eine Überraschung für dich!" Er hält mit stolzer Miene etwas Langes, Dünnes in die Luft. „Das ist die Patentlösung fürs Haarewaschen über der Spüle: Ein biegsamer Intubationsschlauch von der Intensivstation der Klinik deines großen Bruders! Funktioniert ganz bestimmt. Probier's aus." Angelika drückt ihrem Vater einen Kuss auf die Wange.

„Mutti, das haben wir prima hingekriegt! Ich bin so froh, dass wir jetzt hier unsere Ruhe haben." Elisabeth kuschelt sich an ihre Mutter. „Schön war es, mit Omi und Opi hier. Aber du wolltest dich doch heute Abend mit Barbara zum Essen treffen. Geh ruhig, ich bringe die Clara nachher ins Bett." – „Du bist super, meine Elli, danke. Aber nur noch *Sesamstraße* und *Sandmännchen* gucken, ja? Danach ist Schlafenszeit. Ich mach euch schnell ein paar Brote." Angelika drückt ihre Große fest an sich und denkt: Was hab ich nur für tolle Kinder. Lieber Gott, ich danke dir.

Blick in die Zukunft

Der Wessi Leipzig, Oktober 1991

Die kleine Kneipe *Little Pub* in Leipzigs Parkstraße ist bereits ziemlich voll zu dieser Abendstunde. Angelika zweifelt kurz, ob sie, so wie sie ist, da überhaupt hineingehen soll: ungeschminkt und zerzaust, im verblichenen T-Shirt, mit verschwitzten Haaren und schrumpeligen Fingern vom Putzen ihrer neuen Bleibe.

Der Bierdurst siegt, sie zwängt sich an einigen Gästen vorbei zum dunklen Holztresen. „Ein Bier bitte!“, ruft sie gutgelaunt dem Barmann zu. „Hey, dich hat man aber hier lange nicht gesehen!“ – „Hm, ja, hatte einen Haufen Stress ...! Aber heute geht's mir gut.“

Angelika trinkt genüsslich ein paar tiefe Züge und schließt dabei halb die Augen. Tiefe Zufriedenheit durchrieselt sie und prickelt auf ihrer Haut. Sie denkt: Wie gut, dass nun alles fertig ist für meine kleine Familie und dass ich morgen die Kinder wieder zu mir holen kann. Elli von ihrer Schulkameradin und Clara von Barbara. Hab ich ein Glück, dass so viele Freunde mir helfen.

„Ja, des is scho a g'sunder Durscht!“, hört sie direkt hinter sich einen unverkennbar süddeutschen Kommentar. Der reißt sie aus ihren Gedanken. Sie dreht sich halb um, mustert kurz die zwei Herren und registriert einen Luis-Trenker-Hut. „Aus bayrischem Munde klingt das fast wie ein Lob ...“, kontert Angelika mit einem Augenzwinkern.

Es entspinnt sich ein lockeres Gespräch mit den beiden sehr unterschiedlichen, aber gleichermaßen graumelierten Münchnern. Das sächsische Bier schätzten sie sehr, obwohl es pilsiger sei als das Münchner, erzählen sie. Der Hochgewachsene, eher der Wortführer vom Typ *der Unwiderstehliche*, ergreift nach einer Weile die Initiative: „Wir warten hier nur, bis irgendwo ein Tisch frei wird. Hätten Sie Lust, mit uns zu Abend zu essen? Wir laden Sie ein, es würde uns freuen!"

So sitzen sie stundenlang an dem kleinen Tisch, die beiden haben viele Fragen zum Leben im Osten. „Alleinerziehend mit zwei Kindern, wie schaffen Sie das denn? Das machen hier wohl viele Frauen? Wir haben schon in der Firma gemerkt, was die Mädels aus der ehemaligen DDR alles leisten können, Respekt!"

Angelika schaut die beiden ungläubig an. „Dass Frauen arbeiten, ist bei uns normal. Anders kennen wir das gar nicht! Und im Westen sind die meisten Frauen zu Hause?" Dass es im Westen kaum Kinderkrippen und viel zu wenige Kindergärten gibt, kann sie kaum glauben. „Jetzt müssen Sie aber von sich erzählen! Was treibt Sie in den Osten und ausgerechnet nach Leipzig?"

Angelika reißt die Augen auf, als sie von Eigenheimen mit Pool auf dem Land und einer Zweitwohnung in München hört. Aha, die Herren bauen die Zweigniederlassung ihres Münchner Unternehmens mit auf und schlafen in privaten Kinderzimmern, weil es nicht genug Hotelbetten in Leipzig gibt. Schallend lachen muss Angelika bei dieser Vorstellung: „Kinderzimmer für die *Besserwessis*, wenn das nicht kurios ist!"

„Sagen Sie, könnt mer net amoal zusammen zum Essen gehen?", fragt Angelika plötzlich der kleinere, aber sympathischere Herr, während der andere Kollege kurz draußen ist. Angelika stockt für einen Moment der Atem. Vorsicht, neue

Beziehung, schießt es ihr durch den Sinn. Aber dieser freundliche Herr ist weniger forsch im Auftreten als der andere, dezenter, bescheidener, leiser – das erweckt Vertrauen.

Angelika überlegt nicht länger, die beiden verabreden sich für die kommende Woche. Er heißt Hansjochen Waldhauer. Er ist fünfzehn Jahre älter als Angelika und unverheiratet ...

*

Dank

Ein solches Buch könnte nicht entstehen, gäbe es nicht um die Schreiberin herum Menschen, die sie unterstützen und die ihr immer, wenn es nötig ist, Mut zusprechen.

Ich danke ganz besonders Martina Rellin, meiner Verlegerin – sie hat mich mit Handwerkszeug ausgestattet, ihre nimmermüde Unterstützung, ihre Hinweise und ihre Erklärungen waren für mich sehr wichtig.

Gerhard Schöne danke ich sehr für sein Einverständnis, meinem Text Zeilen aus seinem Mutmachlied voranstellen zu dürfen.

Herzlichen Dank sage ich allen aus Familie und Freundeskreis, die meine Testleser und Testleserinnen waren und die mich mit konstruktiver Kritik und wichtigen Anmerkungen versorgt haben.

Ein besonderer Dank gilt aber meinem Ehemann, der stets geduldig für mich da war und ist, der mich aufrichtet, wenn es nötig ist, und mir jeden Spiegel vorhält, den ich brauche. Seine Liebe gibt mir die Stabilität und Geborgenheit, in der ich Ideen entwickeln kann wie: ein Buch schreiben ...

A.S.

 # Ein etwas anderer Verlag. Der Rellin Verlag wurde gegründet im Jahr 2011, einzig um das Buch „Klar bin ich eine Ost-Frau!" (Rowohlt Berlin, 2004) wieder als schöne Hardcover-Ausgabe verfügbar zu machen. Aber dann tauchte Johannes Heine mit seinen Tagebuch-Aufzeichnungen aus der Zeit seiner Krebserkrankung in der **Rellin Schreibwerkstatt** auf und schnell war klar: Wir bringen sein Buch gemeinsam heraus – 2019 im Rellin Verlag.

Ich startete die Reihe **Leben | Rellin Verlag**, denn ich ahnte: Da gibt es noch das eine oder andere weitere passende Manuskript „direkt aus dem Leben" in der Pipeline der Autorinnen und Autoren meiner Schreibwerkstatt. Passend heißt: Das Buchprojekt hat ein Thema, das für bestimmte Leserinnen und Leser wichtig ist, und ich brenne dafür, dass sie das Buch dazu finden können – und zwar genau so, wie Autorin und Verlegerin sich das vorstellen. Das bedeutet zum Beispiel: dass wir uns auf den Kopf stellen, um auch für „schwierige" Themen Lesungen zu organisieren. Das zweite Buch in der Reihe wurde prompt „Kein Licht der Welt. Die Geschichte einer Stillen Geburt". Carola Kalks erzählt – gestützt auf eigene Erfahrung – die Geschichte von Conny, die nach dem Verlust ihres Kindes, liebevoll begleitet von ihrem Ehemann, ins Leben zurückfindet.

Mit Annegret Schowalters Buch hat es eine besondere Bewandtnis: Viele Frauen schlagen Bücher mit üblicher Frauen-Unterhaltung oft schon nach wenigen Seiten zu – zu überkandidelt erscheint die Handlung, zu fremd die Lebenswelt. Es ist ein Unterschied, ob ich mich mit einem Buch wegträumen möchte aus dem Alltag und aus meinem Leben – oder ob ich Lust habe, beim

Lesen mittendrin in diesem Alltagsleben zu landen. Nur mit einem anderen Blickwinkel.

Annegrets Geschichte von Angelika und dem **Tauchnitzhaus** weckt Erinnerungen, wir möchten am liebsten selbst erzählen, uns mit anderen austauschen. Das geht natürlich bei Lesungen ganz wunderbar – nur: Wann ist so eine Lesung bei uns in der Nähe? Und wenn es keine gibt – funktioniert der Austausch vielleicht auch übers Internet, über zoom? Ja, ja und ja! Wir haben mit der **Rellin Schreibwerkstatt** den zoom-Lese-Salon ins Leben gerufen, der einer Lesung in echt sehr nah kommt (nur ohne Fahrerei). Probiert es aus, Ihr seid herzlich eingeladen!

Du möchtest wissen, was noch in der Pipeline der Reihe **Leben** ist? Nun, besondere Bücher zu Diabetes und Parkinson zum Beispiel. Und natürlich: Unterhaltsames und Spannendes der besonderen Art, darunter ein Erzähl- und Verzück-Band von Brigitte Luber und die ungarn-deutsche Familiengeschichte von Sylvia Mönnich.

Das bisherige Verlagsprogramm steht auf den nächsten Seiten. Mehr Infos zu aktuellen Terminen von Verlag (Lesungen) und Schreibwerkstatt (Trainings) findest Du im Internet unter www.rellinverlag.de
Wer mich persönlich treffen möchte , Fragen rund ums Schreiben oder Lust auf eine Lesung hat, findet mich für gewöhnlich in der **Rellin Schreibwerkstatt** im Kurort Oybin im wunderschönen Zittauer Gebirge.
Viel Freude beim Lesen wünscht herzlich

Martina Rellin

Klar bin ich eine Ost-Frau! Frauen erzählen aus dem richtigen Leben. Martina Rellin, 278 Seiten, nur noch über den Verlag erhältlich (info@martinarellin.de), gerne mit Widmung. Im Original bei Rowohlt Berlin erschienen (Spiegel-Bestseller), bietet die Neuausgabe bis heute ein pralles Spektrum Frauen-Leben: von der Verwaltungsangestellten mit Liebhaber über die zupackende Gastwirtin in Lubmin bis zu der jungen Frau, die ihre Ost-Wurzeln erst im Westen entdeckt. Ein Klassiker zu DDR und Nachwendezeit.

Ich und die DDR. Johannes Heine, 202 Seiten, April 2023. ISBN 978-3-9814798-4-3. Gläubig, anständig, aufmüpfig – so wuppt Dachdecker Hannes Heine den ganz normalen Alltag in der DDR. Nach Feierabend – mit *Pfuscher*-Schichten für den Wohlstand aller. Bei der Fahne – mit Spezial-Kaffee gegen die Mangelwirtschaft. Am FKK-Ostseestrand – mit „Fass einem nackten Mann in die Tasche" bei der Ausweiskontrolle. Bereits mit Familie verwirklicht Hannes seinen Traum: Als Meister übernimmt er eine private Dachdeckerfirma in Grimma. Seine DDR-Lektion lernt er gründlich: Geht nicht, gibt's nicht.

Amors Kirschkern. Brigitte Luber, April 2023, 140 S., ISBN 978-3-798-5-0. „Das muss man sich mal geben. Erst starrt er mich an, bis ich mich ganz nackig fühle, und dann schleicht er sich heimlich ran und spuckt mit Kirschkernen nach mir." Nach einer kurzen und heftigen Affäre stellt sich für Sean und Ricarda die Frage: Kann, darf und wird aus dieser Sommerliebe mehr werden?

Ein Mann steigt seinem Krebs aufs Dach. Das Mutmach-Tagebuch. Johannes Heine & Martina Rellin, 380 Seiten, 2019. ISBN 978-3-9814798-1-2. Hannes Heine kannte das Hamsterrad Arbeit nur zu gut – bis er die Krebsdiagnose bekam. Er schrieb Tagebuch, um klarzukommen. Ein Buch, das Männern Gesprächspartner ist.

Kein Licht der Welt. Die Geschichte einer Stillen Geburt. Carola Kalks, 56 Seiten, Nov. 2022. ISBN 978-3-9814798-3-6. Einfühlsam erzählt Carola Kalks die Geschichte von Conny und Michael, die nach der Geburt ihres toten Kindes wieder ins Leben zurückfinden. Das Buch beruht auf eigenem Erleben.

Simone Müller

Im Rudel Hund – Mensch. So räumt Ihr Missverständnisse aus. Simone Müller, 63 Seiten, April 2023. ISBN 978-3-9814798-7-4. Überforderten Hunden und ihren verzweifelten Familien helfen – das ist die Leidenschaft von Moni Müller. Ihr Patenrezept für ein gutes Miteinander: Die Sicht der Wölfe. Ihre Tipps wirken Wunder und lassen sich leicht umsetzen.

Sonne im Schnee – Weihnachtsgeschichten. Von 20 Schreibwerkstatt-Autoren, Hrsg. M. Rellin, 104 S., ISBN 3981479823. Von Liebevoll bis skurril – Weihnachten in allen Facetten ...

Alle aktuellen Bücher im Handel.

Infos zu Lesungen (auch über zoom), Lust auf signierte Bücher?

www.rellinverlag.de, info@rellinverlag.de

Annegret Schowalter

Bereits als Viertklässlerin veröffentlichte Annegret Schowalter eine Kurzgeschichte in der örtlichen Tageszeitung: *Ein Apfel erzählt.* Bis sie auf die Idee kam, einen Roman zu schreiben, sollten noch Jahrzehnte ins Land gehen. Annegret Schowalter wurde 1956 in Sebnitz am Rande der Sächsischen Schweiz geboren. Hier legte sie ihr Abitur ab, heiratete und wurde Mutter. Nach vielen Jahren im Erzieherberuf schloss sie nach der politischen Wende eine Ausbildung zur Arzthelferin ab, arbeitete später selbstständig als Seniorenbetreuerin. Annegret Schowalter hat zwei erwachsene Söhne und lebt, nach Stationen in Leipzig und München, mit ihrem Ehemann in Sebnitz.